徳川家康家臣団の事典

煎本増夫 著

東京堂出版

はじめに

本事典は江戸幕府を創立した徳川家康の家臣団の人たちの家の系譜・地位・領主としての規模（領地）・合戦での軍功・エピソードなどについてまとめたものである。

戦国時代末期、家康が三河を統一してから織田信長をバックに東進し今川氏を圧倒し、遠江（静岡県）を統一、武田信玄と嫡子の勝頼との戦いを経て、武田氏滅亡により、駿河（静岡県）・甲斐（山梨県）・信濃（長野県）を領有し、あわせて五ヵ国を領国する大大名となった。そして関東を支配した後北条が豊臣秀吉により滅亡し、そのあと家康が関東に入国、徳川氏は関東八ヵ国の巨大大名となる。この間、家康の家臣団は三河譜代を中心とし、それに加えて今川、武田、後北条三氏の旧臣が編入され、軍事力が大幅に強化された。

家康はこの家臣団を基盤として豊臣政権では五大老の筆頭（ひっとう）となる。秀吉の死後、石田三成などとの対立の結果、関ヶ原の戦いとなりこれに勝利した。豊臣家臣の有力な大名たちが家康方に付いたのである。戦後、家康はかれらに戦前の領地高の二倍、三倍もの領地高を与えた。以後、これらの大名は外様（とざま）、関ヶ原の戦い以前に家康に属していた家臣は譜代とされ、一万石以上が譜代大名となった。その後、豊臣氏は滅亡し、家康は天下を統一した。その基盤となったのが徳川家臣団である。とくに家康を中心とした三河譜代・松平一族の結束は軍事力を質的に向上させた。織田・豊臣両氏はここのところが十分ではなかったかと思われる。それは本能寺の変、関ヶ原の戦いに象徴されているのではないか。

それはさておき、家康家臣団の家々には歴史があり、㈠大名的な存在の家柄、㈡五、六カ村から一〇カ村ていどの村を領域とする在地の領主（国衆といわれる）、㈢村の領主だが小さな城をもつ小領主となる。戦国時代において家の存続は、どの上級領主につくかを的確に判断するかによる。たとえば家康の三河統一の過程において、東三河の国衆の菅沼一族は本家と分家が別々に武田氏と徳川氏に属したものの家康に帰参した家もある。ともかく情況判断次第で家が絶えてしまうのである。本事典はそのような戦国武士の生き方に留意しながら、家康家臣団の家々の歴史をみてみた。主として使った史料は、『寛政重修諸家譜（かんせいちょうしゅうしょかふ）』である。これは江戸時代の譜代大名・旗本・外様大名の家譜である。同史料は家康没後の家々の歴史についても記されているので、本事典ではこれについてもふれておいた。なお本文ではとくに注記する場合は「寛政譜」と略す。なお、他の史料については適宜注記した。また本文中の江戸幕府の役職については『徳川幕府事典』（東京堂出版）を参照されたい。

第二章　松平一族　105

第四章　遠駿統一期に服属した今川旧臣――159

第一章

三河譜代

㈠　三河譜代について

徳川氏が天下を一統するにいたる合戦において、徳川軍団の核となっていたのが三河譜代である。この三河譜代の存在なくして徳川氏の発展はなかった。三河譜代の名称については、関ヶ原の戦いにおいて伏見城を死守した鳥居元忠の家譜に、家康の家に代々仕える「三河譜第(代)」と記している。また「岡田竹右衛門覚書」によると、天正一二年（一五八四）の長久手合戦で秀吉軍と家康軍が対陣している様子をみて、秀吉軍は「大略一季者」であるが、徳川軍の方は「皆御譜代」で「末々の者」まで「主人同じ事」とある。一季とは短期で代々でない意味だが、徳川軍の方はみな譜代で下級武士まで同様という。

三河譜代が仕えた家康の家は西三河で発展した松平氏で（のち家康は徳川氏に改姓するが一族は松平氏のまま）ある。家康の家は安城（あんじょう）松平氏が松平宗家（徳川氏）となる。三河譜代は松平氏の発展段階で岩津譜代・安城譜代・岡崎譜代と区別される。松平宗家（徳川氏）は、親氏―泰親―信光―親忠―信忠―清康―広忠―家康と続く。三代の信光が西三河の平野部に進出し安城（安城市）を拠点とする。そして親忠が周辺の在地領主を家臣とした。これが安城譜代で三河譜代の中心をなす。家康の祖父清康は三河をいったん統一したが横死し、その子広忠のころ松平一族は分裂したが、三河譜代の結束により広忠は宗家の地位を保持した。しかし尾張の織田氏の侵攻に対抗するため今川氏の援助が必要となり、幼少であった家康が人質となって駿府（静岡市）に行く破目となった。ところが広忠が横死し三河は今川氏の領国となってしまう。岡崎城の本丸には今川軍が二の丸に松平宗家の重臣が入り、「岡崎衆」（三河譜代）を統轄した。家康家臣団は今川家臣団に編入されてしまったのである。

人質になっていた家康（元信）は弘治二年（一五五六）一五歳で初陣（ういじん）し、初めて合戦に出陣した。これは今川義元の指示で矢作川沿いの三河の地に侵攻した織田軍と戦うためである。家康は三河譜代をひきい、織田方の諸城に火を放って軍を返した。今川義元は永禄三年（一五六〇）、尾張に侵入、家康は今川軍の一部将として出陣した。

家康は大高城（名古屋市）近くの丸根砦を攻めた。「武徳編年集成」などによれば、「岡崎衆」は三隊に分かれ、その数およそ二〇〇騎余となる（表を参照）。ここに書きあげられた氏名はもちろん三河譜代である（詳細については拙著『戦国時代の徳川氏』を参照されたい）。

以下、この氏名を「寛政重修諸家譜」に照合させ、不明な場所は他の史料からおぎなって、各家の歴史をみていくことにする。

氏名	旗本	正軍	遊軍	計
石川	6		3	9
加藤	2	3	4	9
天野	2	4	1	7
酒井	2	3	2	7
渡辺		4	3	7
小栗		2	4	6
大久保	2	4		6
内藤	2	1	3	6
本多	3		3	6
赤根	1	2	2	5
鳥居	3	1	1	5
村越		2	3	5
植村	4			4
筧		3	1	4
坂辺	2	2		4
平岩	3	1		4
杉浦		2	1	3
山田	1	1	1	3
山本		2	1	3
斎藤	1		2	3
青山		1	1	2
赤松		1	1	2
浅岡	2			2
浅見			2	2
足立		1	1	2
安藤			2	2
池(野)		2		2
江原	1		1	2
大橋		1	1	2
川澄		1	1	2
黒柳		1	1	2
近藤		1	1	2
榊原	1		1	2
佐野	1	1		2
土屋			2	2
同歳			2	2
平井		2		2
古谷			2	2
青木		1		1
朝比奈		1		1
阿部	1			1

氏名	旗本	正軍	遊軍	計
今村	1			1
伊藤			1	1
岩城(堀)		1		1
上野		1		1
鵜殿	1			1
大口		1		1
大見		1		1
大切		1		1
荻田			1	1
小野	1			1
川切			1	1
川上		1		1
月海		1		1
久世		1		1
久米			1	1
高力	1			1
佐橋			1	1
柴田	1			1
柴山		1		1
進藤		1		1
高木	1			1
筒井			1	1
遠山		1		1
中根	1			1
氷見		1		1
渡切			1	1
成瀬	1			1
新見	1			1
蜂屋		1		1
林	1			1
細井		1		1
水野		1		1
三浦			1	1
村井		1		1
矢田	1			1
八国			1	1
薮田			1	1
吉野		1		1
米津		1		1
全参陣者	51	69	64	184

㈡　三河譜代の系譜

1　石川氏

石川氏は三河譜代のなかで重臣のクラスである。本願寺蓮如が三河にきたころから三河の門徒武士の棟梁(とうりょう)的な存在となり、家康出自の安城松平氏の発展に寄与した。安城譜代のなかには本願寺門徒が多く、三河一向一揆に発展する。この一揆は永禄三年（一五六三）、西三河の平野部で、一向宗（浄土真宗）の門徒が家康に敵対して戦った宗教一揆である。石川一族の宗家の当主は一揆方となったが、一族はほぼ家康方についた。家康が三河を統一したあと石川家成は酒井忠次とともに家老の地位にあり、西三河の国衆（在地領主）と松平一族の統率者となった。

①　家成(いえなり)家

石川宗家を相続したのは家成で、家康とは母方の従兄弟で家成が八歳年上となる。父の清兼死後、家康の命により遺跡を継ぐ。丸根攻めでは家康の命で軍を三部に分け、酒井忠次とともに諸軍を指揮する。その後、徳川氏が三河を統一したとき西三河の旗頭となった。そして徳川氏の遠江進出で掛川城主（掛川市）となり、天正八年（一五八〇）、嫡男康通に家を譲り隠栖(いんせい)の料として伊豆国梅縄（静岡県三島市）五〇〇〇石を領した。康通は徳川氏の関東入国時、上総(かずさ)国成（鳴）戸（千葉県山武市）において二万石、関ヶ原の戦後、美濃(みの)国（岐阜県）大垣で五万石を領した。康通が死去し嫡孫幼少により美濃国大垣城に移り、再び家政を沙汰した。慶長一四年（一六〇九）死去、家成は五ヵ国領有期に重鎮としての役割を果たしたが、その後は徳川氏の中枢的存在からははなれている。

康通のあとを相続したのは忠総で、実は大久保忠隣(ただちか)の二男で母は家成の二女である。慶長三年（一五九八）より家康につかえ、関ヶ原の戦いにおける上杉征討のとき小姓組頭となった。小山在陣のとき、堀尾忠氏が異心なきことを示すため、妹をもって家康近臣に嫁せしむることを願う。家康、これをうけいれ忠総との婚姻を約した。同年家康の命により大久保をあらため石川を称す。家成死後、康通に長男忠義がいたが、幼少ということもあってか家康は忠総を家督とし、家康は忠総に次のように説諭した。

汝が実父大久保忠隣しきりに議申すといへども、汝をもって其家を継しめたり。このこと常に忘れずして、台徳院殿（秀忠）につかへ、忠誠をはげむべきむね恩命あり。

「大久保忠隣しきりに議申す」とは、忠隣は忠義を家督にすべきことを願ったことをいう。しかし家康は受け入れず

【1　石川氏略系図】

清兼 ┬ 家成 ─ 康通 ┬ 忠義
　　 │　　　　　　 └ 忠総
　　 └ 康正 ─ 数正 ─ 康長

忠総に継がしめ、二代将軍秀忠に忠誠をはげめよと諭した。家康は、安城松平氏の発展に貢献した石川宗家の存続に留意していたとみられる。寛永九年（一六三二）忠総は、加藤忠広所領の肥後国（熊本県）没収で熊本におもむき諸事を沙汰した。そして同一〇年、下総国佐倉城（千葉県佐倉市）に移封、すべて七万石となる。翌年、将軍家光上洛にしたがい領地をあらためられ、近江国（滋賀県）膳所城（大津市）にうつされた。このとし千代姫（三代将軍家光息女）生誕のとき、蟇目の役をつとめる。その後、伊勢国亀山城（三重県亀山市）五万石、山城国淀（京都府京都市）六万石、備中国松山城（岡山県高梁市）六万石に転じそして旧領亀山城にもどった。結局、徳川創業に功労のあった石川宗家は江戸幕府の要職に就くことがなかったが、忠総の二男総長は二万石を領し、その系統から奏者番・寺社奉行・若年寄となる人物がでている。

②　数正家

数正は三河統一期の徳川氏の家老であったが、小牧・長

久手（くて）の戦いのとき三河を出奔して秀吉に属したことで知られている。数正は前記の清兼の嫡男康正の嫡子であるが、石川宗家は家成の系統となった。家成は康正の異母弟で家康の母方の従兄弟である。数正が宗家の系統とならなかったのは、父の康正が三河一向一揆で総大将的な存在であったからである。もっとも数正は家康方に付いていている。

数正は天文一八年（一五四九）、今川氏の人質となった家康に随従した家臣の随一であったという。また永禄四年（一五六一）、織田信長は瀧川一益を数正のもとにつかわし、和議のことを申し入れたので数正はこのことを家康に言上し、和議しかるべき旨を申しのべた。家康はこれに同意し数正をして信長に返答せしめた。このように数正は家康の側近の重臣であるから、一揆方には立てず、一方、父には敵対出来ない状況にあったのであろう。

石川宗家の家成が掛川城主になると、家康は数正に西三河の旗頭を命じた。徳川氏の遠江統一の諸合戦で数正は先鋒として、西三河の諸将を率いて出陣している。小牧・長久手の合戦において秀吉から和議のもとめがあって、家康は諸将を集めて意見をきいたところ、数正は受け入れるべきだと主張した。その理由は家康軍に倍する大軍であるからだという。家康は数正の提言に機嫌が悪く「何ぞ大兵を畏（おそ）れむやとて」と、使者に返答せず帰した。

そのことと関係するのか、天正一三年（一五八五）、岡崎城代であった数正は「ゆへありて岡崎を出奔し」、大坂に行き秀吉につかえた。天正一八年（一五九〇）、小田原落城のあと信濃国松本城八万石を領した。文禄二年（一五九三）死去する。嫡男康長は父の遺領を継ぎ、秀吉につかえる。慶長五年（一六〇〇）、上杉征討のときは家康方となった。同一八年、大久保長安の事件に連座して所領は没収された。数正家は断絶したのである。

宗家以外の石川氏の別家は九家あるが、大体、三〇〇石前後の旗本となり、大番・書院番などの番方の役職が多い。ただ一家だけ勘定奉行をつとめている。

石川氏は三河譜代の有力一族で宗家の家成、別家となった数正は徳川氏の三遠統一期の家康の支えになったが、幕閣で名が知られることはなかった。なお、石川一族出生の地は、小川（安城市）・土呂（岡崎市）・坂崎（幸田町）・大友（岡崎市）の地名がみえる。

2　酒井氏

酒井氏は徳川氏と同祖といわれる。家康の代では家臣団の家老の地位にあり、忠次は東三河の国衆と松平一族の統率者となった。三河譜代の第一の家柄で、江戸幕府では老中などの要職についた。一族のなかでとくに傑出した武将は見られないが、徳川氏と同祖でおもんじられたとみられる。

①　忠尚（将監）家

曽祖父康忠は井田城主（岡崎市）で、文亀二年（一五〇二）死去。父の忠善は祖父の忠親に先立って亡くなり、相続は忠親の二男小五郎が継ぎ左衛門尉忠次となった。忠尚は嫡統からはずれたが、広忠・家康につかえた。「岡崎領主古記」によると、天文一八年（一五四九）のころ「御家老三酒井」に「酒井将監・同与四郎・同左衛門」を挙げている。酒井氏は三家とも松平宗家の家老であった。

三河一向一揆では忠尚は一揆方で家康に謀反している。一揆敗北後は許されたが、二年後、上野城（豊田市）に拠って再び敵対した。しかし城兵が降参したので城を出て駿河国の今川氏のもとに逃れた。その行動を考えてみると、丸根攻めで将監は正兵であったが、宗家を継いだうえに旗本にいる忠次の存在を不快とし、ひいては家康への恨みがあったのではあるまいか。

②　忠次（左衛門尉）家

先祖は松平氏（徳川氏）同祖とされるが確証はない。家康による三河統一期の首席家老で東三河の吉田城主（豊橋市）となり、東三河の松平一族・国衆（国人領主）を統率して、五ヵ国領有期の諸合戦に出陣した。妻は家康の祖父清康の息女であるから家康の伯母となる。忠次の登用のきっかけはこのへんにあったのか。それはともあれ、酒井忠次は当時の戦国大名に知られている、徳川家臣団の代表的存在で

【2 酒井氏略系図】

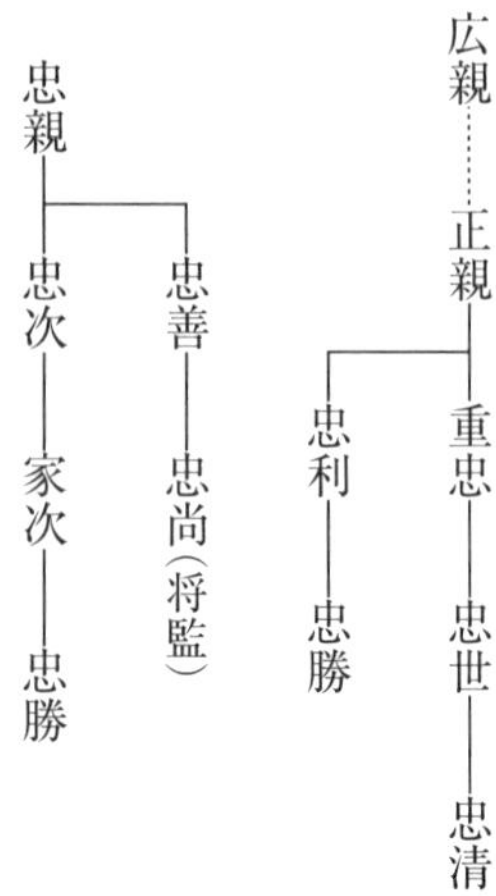

あった。天正一四年（一五八六）、家康と秀吉が和睦のとき、秀吉から近江国のうちに領地一〇〇〇石と京都に宅地をあたえられた。つまり徳川家臣団のトップの地位から引退したのである。これは当時、井伊直政・本多忠勝・榊原康政の三傑が当時の徳川首脳陣の地位に定着していたことと関係があるように思われる。さきの石川数正の出奔も同様といえる。

嫡男の家次は徳川氏の関東入国時、下総国碓（臼）井城（佐倉市）三万石で、井伊直政の一二万石をトップとする領地高の順位からすれば第八位である。この知行高決定の基準は五ヵ国領有時の論功行賞であるから、忠次が秀吉のもとに去ってからの左衛門尉家のランクはこの程度であった。ところが大坂の陣後の元和二年（一六一六）、家次は高崎から越後国高田城（上越市）一〇万石に移された。倍増になる。そして嫡子忠勝は出羽国鶴岡城（鶴岡市）一四万石を領した。やはり徳川氏草創期いらいの譜代重臣、三遠統一期の功労によるものであろう。しかし同家は幕府の重職に就任することもなく、いわゆる藩鎮としてこの地を動くことはなかった。

③ 正親（まさちか）（雅樂頭（うたのかみ））家

左衛門尉忠次家と同じく松平の祖から分かれたとされるが、両家ともその後の歴史が不明である。酒井氏の祖広親は三河国幡豆（はず）郡酒井村に居住したという。酒井村は現在の吉良町酒井だが、この地に酒井氏がいたとする伝承はない。

正親は大永元年（一五二一）の生まれで清康につかえる。清康の横死で伊勢国に逃れた嫡子広忠（家康の父）に供奉した。そして広忠の岡崎還城に計略をめぐらし、これより家老職になったとされる。今川氏の人質となった家康に従って駿府に行く。永禄四年（一五六一）吉良義昭の西尾城（西尾市）を攻略し、家康から同城を与えられた。これは三河譜代が城地を賜ったはじめであるという。正親には一二人、嫡子重忠には二四人の家康直臣が与力として付属した。

徳川氏の関東入国後は一万石、関ヶ原の戦後、上野国前橋（群馬県前橋市）で三万石余を領した。大坂の陣では江戸城の御留守となり諸事をあずかった。嫡男忠世は二代将軍秀忠に付属し家老職となった。家康没後の元和三年（一六一七）、すべて八万石を領し、国政・外交・公家・武家のことにあずかる幕府の執政職となる。そして前橋を動かず一三万石となる。子孫のうち忠清が大老となり権勢をふるい、忠道のとき姫路城（姫路市）に移封された。

雅楽頭酒井氏の系統で幕府に重きをなしたのは忠利家である。忠利は正親の三男で軍功があって関東入国のとき三〇〇〇石を与えられた。三代将軍家光の輔佐の臣となり、川越城（川越市）三万七〇〇〇石を領した。嫡男の忠勝は老中として国政・外交全般を掌握し若狭国（福井県）小浜城（小浜市）一一万石を領した。子孫のうち忠音が大坂城代・老中となっているが、その他は幕閣に入っていない。

酒井氏は、忠次が家康の三遠統一期まで徳川氏の重鎮としての役割を果すが、その後は精彩がなく、二代将軍秀忠、三代将軍家光の代になって領地高は増大し、幕府の執政職となる。何故、酒井氏がこのように徳川家の重臣の地位を占めるようになったのか。松平氏と同祖というところにあるのか、系図上、不明な点があるので検討する必要がある。

3 大久保氏

大久保氏は三河譜代では古い家柄である。家康の居城岡崎からほど近い地に居住して、同城の防衛で重要な役割をはたした。講談で有名な大久保彦左衛門は「三河物語」をあらわして三河譜代の結束ぶりを強調している。大久保氏

【3 大久保氏略系図】

忠茂─┬─忠俊─忠勝─康忠
　　　└─忠員─┬─忠世─忠隣─忠常─忠増
　　　　　　　└─忠教

は家康の父広忠の横死後、松平宗家の存続に非常な貢献をした。

① 忠勝(ただかつ)家

先祖は宇都宮氏とし新田義貞に従って越前(えちぜん)国（福井県）におもむき、義貞の敗死で帰国せず、岡崎に近い和田村（岡崎市）に住したといい、地域では「和田殿」と呼ばれていた。宇津から大窪、そして大久保と改名したという。岩津城（岡崎市）に在城していた松平三代松平信光と君臣の役をなし、岩津譜代とされる。その後は安城松平氏の家臣となったと思われるが、同氏の譜代ではなかったためか重臣に列に名がない。大久保氏が有力な三河譜代となるのは家康の祖父清康、父広忠の代である。

忠勝の祖父忠茂の建言で清康は岡崎城主松平昌安の持つ山中城（岡崎市）を攻略した。昌安は岡崎城を清康に譲り婚姻を結んだ。これより松平宗家の居住は安城から岡崎に移り三河統一の拠点となった。忠勝の父忠俊の代に、松平宗家の広忠は、庶家の桜井・松平氏の信定によって岡崎城を追放されたが、忠俊は懸命に広忠の岡崎還城につくした。信定は宗家の家臣たちを伊賀八幡宮の拝殿で、二心ない起請文を書かせたが、大久保一族を深く疑い、忠俊は嫡流であるから七枚の起請文を三度書かせたという。忠俊は神を偽る罪を背負うとしりつつも、同志とはかり、信定の留守をねらって岡崎城を占取し広忠を迎えいれた。ところが今度は広忠の叔父の三木・松平氏の信孝が岡崎城を攻めようとした。忠俊は謀計をめぐらし、信孝が通るところに伏兵を置いて射殺した。このように大久保氏は松平宗家の危機にさいして非常に貢献をしている。忠俊の跡を相続した忠勝は勇猛な武将である。弘治元年（一五五五）、今川勢が尾張国の蟹江城（蟹江町）を攻めたとき、他の士とともに槍をならべて奮戦しおおいに敵を破った。世にこれを蟹江の七本槍と称した。眼を射られたが相手を組み伏せて首をとり、世の中の人は「片目忠勝」と称した。

天正三年（一五七五）、駿河国小山城（小山町）攻めのさい、武田氏は長篠の戦いでの雪辱を期して大軍を率い、徳川軍に一戦をしかけてきた。家康はここはひとまず退却することを決し、忠勝に先導の旗を進めることを命じた。しかし忠勝は武田軍と戦うことを言上し「逃口の旗を進退すべきよう覚え候はず」と、退却の旗の指揮を断った。すると同座していた従兄弟の忠世が、「御前（家康）にありながら（何故）かかることをいうらん」といい、自分が「旗の指揮」をするから御安心されたいと、軍をまとめてひきあげた。

このような一件があってから、忠勝は蟄居させられたようで出陣の記録がない。これに対して別に述べるように花々しい活躍をして、江戸時代に入ると忠世家は一二万石の大名になっている。しかし宗家の忠勝家は子の康忠が、長久手の戦いのあと、病気により軍役を辞して蟄居し、子孫は一三〇〇石の旗本になっているのみである。

②　忠世家

忠世は宗家忠勝の父忠俊の弟忠員の嫡男である。宗家の居住地上和田村に近い羽根村（岡崎市）に居住した。忠世は忠勝が謹慎中、大久保一族の中心として武田氏との諸合戦で武勇を発揮した。忠世は三河一向一揆の戦いで眼を射られ、戦場では先頭に立って兵を指揮し、長篠の戦いでは信長の目にとまった武勇ぶりで、「武者二騎の駈引殆鬼神を欺く歎美」したという。信長は使者をして家康に姓名を問わせたところ、金の蝶は忠世、浅黄の黒餅は弟の忠佐であった。信長は家康が「士をやしなうこと、我およぶところにあらずと感じ」たと伝えられている。

天正一〇年（一五八二）、徳川氏の甲斐・信濃侵攻のとき、忠世は諏訪頼忠を降伏せしめ、小笠原などの諸氏を味方に付け、依田（蘆田）信蕃に本領を保証し先手にすれば信濃国はたやすく手に入ると家康に言上した。また武田旧臣が服属するさい、忠世はかれらの本領安堵のことを家康からまかされた。同一三年、信濃・上田城（上田市）攻めのとき、石川数正が秀吉のもとに出奔する事件が起こり、小諸城（小諸市）にいた忠世に至急、家康のもとに参上すべきとの命がくだった。そのさい、小諸城の守備を弟の忠教（大久保彦左衛門）に依頼し次のような話をしたという。

われ鈞命をうけて甲信両国に入のはじめより、命を君（家康）にたてまつる。幸にしてこれを免がれ、今、浜松にかへる。汝我一命をあたへ、かはりてこの城を守るべしと。

徳川氏の関東入国時、忠世は相模国（神奈川県）小田原城（小田原市）を与えられ、四万五〇〇〇石を領した。井伊直政・本多忠勝・榊原康政に続き第四位の領地高である。文禄三年（一五九四）、小田原城で死去した。

嫡子の忠隣は幼少から家康の側近に近侍し、浜松移城のあと二〇代前半にして奉行職につき、分国と他国往来の奉書などを管理し沙汰した。天正一二年（一五八四）、長久手の戦いのとき家康はみずから物見して先陣にすすみ、忠隣に旗本の統率を命じた。翌一三年、一〇〇〇貫文の地を与えられた。関東入国時、父忠世とは別に二万石を領した。家康の嫡子秀忠が将軍となったころ忠隣は老職につき幕閣の重鎮となったが、慶長一八年（一六一三）、京都にキリシタン改めで出張中、所領を没収されて失脚した。理由は忠隣の「反逆」とされるが真相は不明である。忠隣の権勢にかかわる徳川氏の内部分裂があったのかもしれない（拙著『徳川三代と幕府成立』）。

嫡子の忠常は上杉征討にさいし、諸事の奉行をつとめる忠隣に代って、兵を率い先鋒として宇都宮に出陣した。のち忠隣とは別に二万石を領したが破格の待遇である。同一六年、父に先だって死去した。忠常は「御当代無双の出頭人にて、その恩恵を蒙る人余りにも」多く、幕府に無届けで小田原に参集した幕臣が数百人にもなったという。忠世・忠隣は家康の功臣として家康の天下統一に重要な役割をはたしたといえよう。その後、子孫は肥前国唐津（唐津市）において八万三〇〇〇石、貞享三年（一六八六）、小田原城に復帰しすべて一一万石余を領した。改易になったとはいえ、忠世・忠隣の功績によるものであろう。のち、忠世家の系統で幕府の要職についたのは忠増で、若年寄・老中をつとめている。

大久保一族は別家が多く、忠勝系が一二家、忠世系が三九家あり、中に小大名となったのが二家、他は旗本となっている。

4 本多氏

本多氏の祖は徳川氏四代親忠（安城松平氏の祖）に仕えている三河譜代の重臣である。本多一族には本多忠勝・本多正信に代表される勇将・知将がめだっている。とくに忠勝の軍団は旗本先手役と呼ばれる家康の親衛軍団で、井伊直政の軍団（後述）と並ぶ徳川氏の精鋭軍団である。関ヶ原の戦いのとき忠勝は、石田三成謀反で西上する豊臣大名の司令官的な立場であった。また一族のなかには、家康にとって、なくてはならない存在の本多正信がいる。その子正純は家康の大御所政治を実質上、担当した。そのほか三河三奉行の本多重次など多彩である。

① 忠勝（ただかつ）家

豊後国（大分県）本多の出身という。先祖は藤原師輔（もろすけ）の系統で、足利尊氏から尾張国横根郷（愛知県大府（おおぶ）市）を与えられたという。助時のとき安城松平氏の祖親忠につかえ、平八郎の号を世襲する。嫡孫の忠豊は、清康横死のあと伊勢国に退去した広忠を、他の家臣たちと計略をめぐらし岡崎に迎えた。また安城城奪還に兵を出した広忠が、多勢の織田軍の前に進退きわまったさい、「ねがわくば君にかはりてたてまつらん。其ひまに御退陣あるべしとて敵軍に馳入」り、ついに安城畷（なわて）において討死した。

忠豊の孫忠勝は一五歳にして戦場におもむく。叔父の忠真が敵兵を突き倒し忠勝に首を取るべしというと、忠勝は、「我なんぞ人の力を借りて、武功をたてんや、とてすなわち敵軍に馳入（はせい）り首をと」ったという。猛将本多忠勝の片鱗（へんりん）をみる。三河一向一揆のとき忠勝は柵を越えて敵と槍を合わせ「その勇、人にこえたり、大権現（家康）これを感じたまう」という。永禄九年（一五六六）、一八歳にして騎馬の士五〇余人の軍団長となった。最初の家康の直轄軍団

【4 本多氏略系図】

助政─┬助時……忠豊─忠高─忠勝─忠政─忠良
　　　└定年……信重─広孝─康重
　　　　　……定吉─忠正─俊正─正信─正純

信正─重正─重次─成重

定忠─忠俊─忠次─泰俊

光勝─忠光─信俊─信勝

で旗本一手役という。合戦では先手で敵陣に突入する精鋭軍団である。元亀三年（一五七二）、武田信玄が遠江国見付（磐田市）に出張し袋井（袋井市）に在陣したとき、家康は軍を出して戦おうとしたが、忠勝は、敵は大軍ここは退陣した方がよいと進言し、みずから殿（軍列の後尾）を引き受けた。その様子は、「大軍と相戦うこと七、八度、其勢いあたありがたし、この時、家臣等火炮（鉄砲）を放ち、力をきわめてこれを支う。其隙に味方の諸軍みな天龍川をわたることをえたり」とされる。「家康は汝が今日の進退感じおぼしめすところなり、まことに我家の良将なり」といったという。

忠勝は勇将であるとともに知将でもあった。天正一八年（一五九〇）、秀吉の小田原城攻めのとき、北条氏勝を降参せしめようとの家康の命で、氏勝の叔父僧了達をして玉縄城（鎌倉市）を守ることが困難であることをさとした。氏勝は降参の取次を忠勝に頼み、家康・秀吉に降伏の意を示した。秀吉はこれを大いに喜び、「忠勝が知略もっともよし、得川（徳川）殿おほく、多く名士をもちい給うゆへなり」と言ったという。家康の親衛軍団長であった忠勝は、徳川領国の城をあたえられることなく、徳川居城の駿府にあって、平時は政事にも参与した。たとえば二八歳のとき、上杉謙信の重臣村上国清へ書状を出し、何かあれば若輩ながら家康に取次すると述べている（中村孝也『徳川家康文書の研究・上』─以下『家康文書』と略す）。家康の家臣を代表する立場にいたのである。

関東入国時には、上総国大多喜城（大多喜町）一〇万石

を与えられた。これは上総・下総の抑えとしての配置である。関ヶ原の戦いでは、石田三成征討の諸大名を井伊直政とともに下知（指揮）した。合戦が終わってから福島正則が言うには、「忠勝が今度の下知もっとも聞しにまされり」と言上したが、家康は「中務忠勝がことは今に始めざる事なり」と答えたという。忠勝は軍におもむくこと五〇余度におよび、「武功すぐれて多しといえども、いまだかつて創をこうぶりしことなし」といわれる。慶長六年（一六〇一）、大多喜城をあらため伊勢国桑名城（桑名市）一〇万石を領し、大多喜城は五万石でもって次男忠朝にあたえられた。桑名は東海道の要所であり、彦根の井伊氏とともに、大坂城の豊臣氏へのおさえであった。同一五年（一六一〇）、桑名城で死去した。忠勝家の三河時代の在所は額田郡洞村（岡崎市）で古城の跡があり、先祖代々、居城したとされる。元亀元年（一五七〇）、家康が本城を浜松に移すと忠勝は洞村をひきはらいこれに従った。前にふれた叔父忠真は、洞村の隣村の欠村に居住した。忠勝家は本多一族の中心で、洞村・欠村を領域とする在地領主であった。

　忠勝嫡子の忠政は、家康の長男で、信長の指示で自殺せしめられた信康の息女を妻とした。その子忠刻の妻は二代将軍秀忠の長女千姫である。千姫は豊臣秀頼の妻であったが、大坂の陣から脱出して徳川将軍家にもどっていた。忠勝家は徳川将軍家の姻戚となる。忠政は元和三年（一六一七）、封地を播磨国（兵庫県）姫路にうつされ一五万石を領した。西国大名へのおさえとしての配置である。

　子孫は諸城に移され越後国村上城（村上市）のころ、当主は一二歳で死去した。普通であれば家は断絶のところ「勲労の家たるをもって」、同族の忠良が相続して、遺領のうち五万石を与えられた。同六年、三河国刈屋（刈谷市）にうつされ金三千両を貸し与えられた。短期間で転封になり財政困難になっていたからか。忠良は六代将軍の側衆となり老中となった。その後また移封し三河国岡崎で定着した。幕末期、忠民が二度、老中となり名君といわれる。忠勝家は当時、五万石であったが、徳川氏草創期の武功のある家柄ということで一〇万石並の待遇をうけた。

　忠勝家の別家は嫡子なく断絶した家が二家、改易処分になったものの、「旧家たる」により蔵米五〇〇俵を扶持され絶家をまぬがれた。他の三家は一万石、寺社奉行・大番頭・書院番頭などの重職をつとめている。

②　重次家

本多重次は徳川氏の三河統一のころの、いわゆる三河三奉行の一人で、「鬼作左」と評された。気性が人にすぐれて強いことで、不正をきらい厳正に対処する性格であったからであろう。

丸根攻めには重次は旗本にあった。先祖は忠勝と同系統かどうかは不明である。信正のとき三河国額田郡欠村に住し、松平宗家の信忠・清康につかえた。重次はその嫡孫にあたる。父重正は同郡大平村（岡崎市）に住み清康・広忠に歴任した。同村は隣村の欠村・洞村を含めて本多一族の領有下にあったのであろう。三河一向一揆のとき、重次は一向宗徒（本願寺門徒）であったが、宗旨をあらため誓書をだして家康方に付いた。そしてひそかに一揆たちがいる居所にしのび入り、火をはなち数人を討ち取った。また、ある時、信長臣とのあいだで争論があってその理非が決しがたく、信長のいいつけで、両方から家士を一人ずつ出して鉄火をにぎって理非を決すことになった。鉄火というのは鉄を熱して真赤にしたもので、苦しみに堪えずなげすてたものを有罪とした。家康は当時者の家臣に代って重次にその任をあたらせたところ、鉄火をにぎった手はいささかも傷がつかず、家康家臣に理があることに決した。家康はこれに大いに感じたという。

重次は勇将であるとともに、行政・財政に関与する知将であった。三河三奉行の一人であることは前に述べた。三方ヶ原の戦いのとき、家康は武田方に敗戦しほうほうの態で浜松城に逃げ帰って、城を包囲されたとき、兵糧はあるかと重次に尋ねた。重次はこれに対して籠城もあろうかと、国中から三の丸に兵糧を多く用意していると答えたという。重次は勇猛な武将である一方、先見性を持つ知将でもあった。天正四年（一五七六）、騎士百騎が附属し同九年、遠江国高天神城攻めに一方の寄手となる。同一〇年、駿河国が徳川氏の領国となったとき、重次は江尻・久能の両城を守り、国中の政務を執った。郷代官を支配下において年貢の確保につとめている。

長久手合戦のあと石川数正が秀吉のもとに出奔したこと

で、徳川の軍法が秀吉側にしられることから再戦があるかもしれず、尾張からの入り口にあたる岡崎城を誰に守らせるかが僉議(せんぎ)された。そのとき本多正信が「まことに節に死する臣にあらばしかるべからず、大権現（家康）仰せありけるは、しからば本多重次にあらずして誰人が居せしめん」と主張して、重次が城将となった。「節に死するの臣」とは、信念を固く守ってかえない、つまり家康への忠節を裏切らない臣である意味である。秀吉のもとに走った石川数正を揶揄(やゆ)しているようにみえる。家康は二〇〇人もの城番の士を付属さしめた。再び和議がととのい、家康に上洛とひきかえに秀吉の生母(せいぼ)大政所(おおまんどころ)が人質として岡崎に来住した。井伊直政と重次はその居所のそばに薪を積み置き、もし京都にいる家康に変事があれば、ただちに大政所を焼き殺すはずであったという。のち大政所が秀吉にその話をしたところ、家康への忠義は感ずるにしても、重次には不快念をもっていたという。

　天正一八年（一五九〇）、北条征討のあと秀吉は重次を追放すべきと家康にせまった。先年、人質になっていた子の成重を、許しをえないでひそかに三河に帰らせたことなど、もちろん大政所を焼き殺す話も理由になっていたのであろう。徳川氏への内政干渉であるが、家康は従わざるをえなかったのか、重次を上総国古井戸（我孫子市）に隠居せしめ、三〇〇〇石の知行を与え、軍役を免除した。家康は重次を徳川家から追放することをしなかったのである。慶長元年（一五九六）死去し、井野の本願寺に葬られた。重次は三河一向一揆で改宗して家康方に付いたが、一向宗（浄土真宗）の禁止が解除されたので同宗にもどっていたのである。

　嫡子の成重は家康の命により松平忠直（越前松平家）に付属せしめられ、制法を沙汰し、丸岡城（坂井市）四万石を与えられた。これは忠直が幼少であったこともあってか、老臣間の紛争で収拾がつかず、家康の裁許を乞う事態がおきていた。この時期は、大坂城に豊臣秀頼がおり、越前松平家は北陸のおさえであったから、家中が分裂しては困る判断があったからであろう。のち忠直の所領没収により徳川将軍家に帰参し、六〇〇〇石を加えられて四万六三〇〇石を領した。のち御家騒動で改易になったが、二〇〇〇石の旗本として復帰した。

③ 広孝家

大永七年（一五二七）、三河国額田郡土井村（岡崎市）に生まれる。忠勝家・重次家の一族とは離れた矢作川の流域にある。先祖の系譜については忠勝家と同じである。広孝の父信重は安城松平氏三代信忠より一字をあたえられ、土井郷に城を築いて三河国に土着した。享禄二年（一五二九）、清康の吉田城攻めに従って討死した。広孝は幼少ながら家督を継ぎ、広忠に仕えて一字を与えられた。広孝家は矢作川下流域の有力な在地領主であったようである。広忠在世のころ、三河の武士のなかには織田氏や今川氏にしたがうものが多い状況であったが、広孝は異心なく広忠に従い数度の合戦でしばしば軍功があった。

永禄四年（一五六一）、家康（元康）は今川氏真と通じている吉良義昭の東条城（西尾市）を攻めた。広孝は小牧の郷に砦を構え、義昭の軍勢と戦った。広孝は敵中に攻め入り、義昭の家老で勇名な富永伴五郎を討ち取る。これにより吉良軍は戦意を失い、義昭は和をこうて城をしりぞく。この広孝の軍功に対して家康は東条領を与えている。広孝一手で吉良勢を攻めたとすれば、広孝は数百の兵力をもっていたことになる。

同七年、今川方の三河国田原城（田原市）を攻め城兵を退去せしめた。家康はその功により田原城ならびに周辺の七ヵ郷、あわせて七〇〇貫文の知行地を与えた。このような地方の領主は国人領主、史料上は国衆といわれているが、家康は三河を統一のさい、小領主の譜代臣を小大名に取り立て地方を鎮定させたのである。

その後、諸合戦で軍功があり、武田氏との合戦では殿して討死する家臣を三二人もだしている。遠江国の統一がすすむなかで、広孝は久野城（袋井市）より出陣して所々で戦い、天正五年（一五七七）、同国の河尻（吉田町）・榛原（牧之原市）・樽木（掛川市）・飯田（森町）・小刈村・原川（掛川市）などにおいて二〇〇〇貫文の地を与えられた。のち三河の旧領は嫡子康重に譲り隠居した。従五位下右兵衛佐に叙任したが、家康の命により名をあらためないで豊後守と称した。また近衛（藤原）前久より姓氏を尋ねられたので、古代より伝来した系図を見せると、天皇が御覧になることになったという。

関東入国のとき上総国白井（香取市）において隠栖の料一万二五〇〇石を領す。嫡男の康重が白井城主として二万石を与えられているので、広孝家は合わせて三万石余を領したことになる。康重は永禄五年（一五六二）、家康（元康）から一字を与えられた。天正一三年（一五八五）、石川数正が出奔のとき、有力家臣はみな人質を家康のもとにだしたが、康重もおなじく三男紀貞をさし出そうとしたが家康は、「汝が家累世の忠節うたがうこと絶えてあるべからず、なんそ質を求むや」と、紀貞を広孝の領地においた。文禄・慶長の役（朝鮮出兵）で家康が肥前国名護屋（唐津市）に出陣のとき、康重は家康の命により「関東の御留守」をつとめた。慶長六年（一六〇一）、三河国岡崎城に移され五万石を領した。のち家康が同城に行き康重に、「我初め弓箭（いくさ）をとりて此地よりおこれり、汝が家累世忠功を抽んずるがゆへにこの城をたまわるのよし」と話をしたという。広孝家は三河譜代のなかでも、家康の先祖にもっとも忠誠をつくした家であったようである。また系図を朝廷にさしだしているところからみると、本多一族の宗家かもしれない。

嫡孫の利長のとき領地を遠江国横須賀（掛川市）にうつされ、天和二年（一六八二）、治政が悪くて所領を没収されたが、出羽国（山形県）のうちで一万石の地を与えられた。その後、封地を越後国（新潟県）にうつされたが、先祖の旧勲により信濃国（長野県）飯山城（飯山市）において二万石を領した。別家は四家ありすべて旗本である。

④ 正信家

家康の天下統一になくてはならない人物が本多正信である。常に家康の側近にあって相談に与った。丸根攻めには名前がみられないがなんらかの事情があったのか。

正信は天文七年（一五三八）の生まれで代々、弥八郎を称した。始祖は他の本多一族と同じである。曾祖父忠正は清康につかえ、父俊正は清康・広忠に仕える。正信は三河一向一揆のとき一揆方にくみした酒井忠尚に付き、上野城に籠った。一揆が敗れたあと、三河国を去って加賀国（石川県）に住んだ。おそらく本願寺の関係筋の居所であろう。家康はわざわざ呼びもどした。正信はその後家康の側近にあって軍略にあずかった。姉川の戦いでは朝倉軍のなかに突入して戦っているから、一手をひきいる武将でもあった。

のち従五位下佐渡守に叙任し、関東入国のとき一万石を領す。石田三成の挙兵のとき、家康は井伊直政・本多忠勝および正信と協議して、石田征伐を先にすべしと決した。家康は中山道を行く秀忠に正信を付け参謀役とした。関ヶ原の戦い後、島津義久・義弘が上洛しないので、正信は謀をめぐらして人を介して誓書をだして、島津父子の心をやわらげたので、義弘の子家久が伏見城に来て罪を謝した。ここにおいて九州はすべて平定されることとなった。また信濃国の上田城主（上田市）真田昌幸を降参させ、高野山に蟄居せしめたことも正信の謀による。のち加恩により二万二〇〇〇石を領す。正信の人物を評して次のような記述がある。

> 乱には軍謀にあずかり、治には国政を司(つかさ)どり、君臣の間相遇(あ)うこと水魚のごとし。しかんのみならず諷諫(ふうかん)をたくみにして御親子の間むつまじく、また上下志を通ぜしむるに至るまで其(そ)（の）功おおいなり。

諷諫とは遠回しにいさめることで、家康・秀忠の親子、家臣たちの和にはたすところ大であったという。家康は将軍職を秀忠に譲り駿府に移るが、正信を秀忠の指南役として幕政にあたらせた。いかに家康が正信を信頼していたかがわかる。正信は常に家康の側にあって国政にかかわること一七年、家康死去の翌年、元和二年（一六一六）死去、京都本願寺に葬られた。

嫡子の正純は幼少のときより日夜、家康のそばで仕えた。関ヶ原の戦いが終わって、田中吉政が石田三成をいけどり正純宅にきた。正純は早速、家康に達したところ、正純の旅宿に束縛しておくべしとの命により警固する。大名・諸士たちは「正純をうやまわずということなし」との評判であった。つまりそれほど家康に信任された正純の存在が大名たちのあいだにしられていたのである。そして家康に謁見するためには正純の取次が必要とされ、「その権柄(けんぺい)いよいよさかん」となった。のち、下野国小山城で三万三〇〇〇石を与えられる。

大坂の陣で和睦の条件として惣堀を埋めるさいの奉行となった正純は、約束の堀以外本城を残してすべて埋めてしまった。大坂城から使者が来たが病気として会わず、いわば後の祭りとなった。正純は、江戸幕府の出先機関というべき駿府（静岡市）の政府で執政職の首座となり、外交・貿易に関与し、通商国から「日本国執事」と称せられている。元和五年（一六一九）、下野国宇都宮城（宇都宮市）一五万石余を領した。同八年、最上義俊の領地没収のとき、城受け取りで出羽国「最上」におもむくが、その留守中、改易（領地没収）となり、出羽国由利（鶴岡市）に配流となった。なお、知行地五万五〇〇〇石を与えられたが固辞し、一〇〇〇石のみの知行高をのぞみ許された。寛永元年（一六二四）、罪を許され将軍家綱に拝謁し蔵米二〇〇〇俵を給せられ、子孫は三〇〇〇石を知行した。

正信家の別家では、正信の弟正重の系統の正永が若年寄・老中となり、上野国沼田城（沼田市）四万石を領し、その嫡子正珍も老中となっている。

⑤　忠次家

始祖は忠勝家などと同じであるが。歴代、山城国（京都府）愛宕郡加茂郷（京都市）に住んだ。忠次の五、六代以前（室町時代後期）、三河国にきて宝飯郡伊奈郷（豊川市）に居住した。付近に丸の内、大門などの地名と本丸跡の一部が残る。城を構えていたのである。外部から入ってきて同郷を横領したと思われる。忠勝などの本多一族は岡崎周辺の地に在所があったが、忠次家は東三河南部の小領主であった。文明年中より明応のころ（一四六九～一五〇〇）にいたるまで、松平宗家の泰親・信光・親忠に味方して軍功があったとされるから、東三河の独立的な領主であった。忠次の祖父正忠が清康・家康に臣従した。忠次の父忠俊は弘治二年（一五五六）、今川義元の命で奥平貞勝を攻める。三河一向一揆では家康方で戦う。家康の東三河進出においては、嫡子忠次は岡崎城に出向き、今川氏支配下の東三河の吉田城（豊橋市）を攻略できる謀があると、先手となって攻めた。これにより守将小原鎮実は城からはなれ本国へ引き退いた。家康はその功を賞し忠次に五〇〇〇貫文の地を、家臣四人にそれぞれ五〇貫文の地をあたえた。

嫡子泰俊は実は酒井忠次の二男で母は清康の息女、家康の叔母にあたる。長篠の戦いのとき、家康の命により織田氏の人質となり岐阜城（岐阜市）に行く。のち忠次の養子となり家康の面前で元服し、一字を与えられる。天正一八年（一五九〇）の北条氏征討時、秀吉への人質となり京都におもむいた。関東入国時は五〇〇〇石、のち三河国西尾城二万石を領す。三河国大樹寺で法会があり奉行をつとめた。元和三年（一六一七）、一万石を加えられ近江国膳所城に移る。嫡子俊次は膳所城から西尾城に復した。のち二万石を加えられ伊勢国亀山城に移され五万石を領す。三代将軍家光の子亀松君誕生のとき「御篦刀の役」をつとめる。のち近江国膳所城に復し七万石、忠次家はここで定着する。別家一〇家あり、一家は一万五〇〇〇石の大名、他は大身旗本が多い。

⑥ 信俊家

信俊家は忠勝家の別家である。代々、百助を称している。与力を付属せしめられ一隊の将となる。遠江の諸合戦で戦功あり。御使番となって織田家に出向いたとき、信長から百助をあらためて庄左衛門と名づけられ、信の一字を授けられた。のち武田信玄より多くの所領を与えるからと招かれたが、ついに応ぜず家康への忠誠を変えなかった。

天正一〇年（一五八二）、信長の横死ののち、甲斐を治めていた川尻鎮吉のところへ使者として出向いたが、鎮吉は疑心をいだき信俊をあざむいて殺害した。これより所領は没収された。実弟の忠信は石田三成「叛逆」のとき、九鬼嘉隆の親族（忠信の母の父が九鬼氏）により、使者としてその居城志摩国鳥羽（三重県鳥羽市）に出向したところ、嘉隆は別心あって忠信を殺害した。その子正盛は、東照宮造営のとき使者として工事に参与したが、争論を起こし営作ののちに自害している。このように信俊家は不幸が続いた。

信俊の嫡子信勝は生まれたとき兎唇（三つ口）で、家康はこれを知って、武田家の武将山県昌景も兎唇にして武勇の士で、「彼がごとき名誉を得べしとて山縣」を幼名に名乗らせたという。家康に近侍して一〇〇〇石を領し、将軍秀忠に付属、大番頭となる。

5 加藤氏

加藤氏は家康の祖父で岡崎城主の清康のころに家臣となった岡崎譜代と思われる。加藤一族は丸根攻めに九名も参陣している。同族が一つの地域にまとまって居住していないのが特徴である。一族のなかから三河を退去して豊臣秀吉に仕え、会津若松城（会津若松市）四〇万石の大名となった嘉明（よしあきら）がいる。

① 景元（かげもと）家

景元の祖父頼景は清康に仕えた。出陣ごとに「御旗」「御幕」を受け取っていたという。家康の嫡男の信康に仕え、信康生害のあと内藤家長の隊下となる。慶長五年（一六〇〇）、伏見城（京都市）で戦死した。同家は孫の新太郎某のときに断絶した。別家は二家あり両家とも旗本となり、役職は大番を世襲している。

② 日根之丞（ひねのじょう）家

叔父の利正は広忠に仕えている。父の「比根丞某」については不明であるが、子の比根之丞は伊勢国に生まれている。もう一人の叔父正任（まさとう）と子の正次が織田信長に仕え竹本と称している。正次は永禄一一年（一五六八）、家康の命で三河に来て、本家の利正の跡を相続して加藤にあらためた。元亀三年（一五七二）、三方ヶ原の戦いで従弟の源四郎某とともに討死し、家は断絶している。本家を相続した正次の家は江戸時代に入って旗本となり、二〇〇〇石を知行している。

③ 嘉明（よしあきら）家

大久保忠真の家に付属した家臣の系譜によると、左馬丞朝明（ともあきら）が清康に仕え、三河国加気郷を領して加藤と称した。その長男の景嘉（三之丞）は広忠・家康に仕え、三河一向一揆では一揆方にくみし三河国を退去した。その子嘉明は後年、会津若松城四〇万石の大名となった加藤嘉明である。父三之丞とともに秀吉に仕えて部将に取り立てられ、一〇万石を領した。関ヶ原の戦いでは家康方につき戦功をあげている。嫡子の明成は多病で国務にたえられないとし、領地を返上した。子孫は近江国水口城（甲賀市）二万五〇〇〇石を領した。この家は三河譜代家としては異彩である。

④ 重常家

重常は丸根攻めに記載があるが、『寛政譜』では、重常は天正四年（一五七六）に家康に仕えたとする。「干城録」はこれを疑問とし留保している。父の常正は広忠に仕え、天文一一年（一五四二）に死去した。重次は寛永二年（一六二五）八四歳で死去している。合戦の参陣などの事績に付いては不明である。重常家は江戸時代に入って旗本になり九〇〇石を知行している。

⑤ 忠正家

丸根攻めの名にはみえない。岡崎においては家康に仕え、三河国額田、碧海二郡のうちに知行を与えられた。子孫は旗本となり六〇〇石を知行した。

⑥ 正成家

父勘右衛門某は清康・広忠に仕え、天文一一年（一五四二）、三河国の合戦で戦死する。正成は広忠に仕え、父が討死のとき相手の敵を討ち取った。その後、信康の傅となり、天正六年（一五七八）死去した。子正次は三河一向一揆のとき家康方で高名をあらわした。丸根攻めの前記の名前に一致しないが、正次か正成のいずれか参陣していたのではあるまいか。同家は江戸時代、旗本となり一七〇〇石を知行した。役職は書院番などについている。

⑦　正重家

丸根攻めには名はみられないが、父正久は清康・広忠に仕え、某年、碧海郡合歓木（岡崎市）において死すという。正重は永禄一二年（一五六九）、遠江国掛川合戦のとき討死した。子孫は旗本となり三〇〇石を知行した。役職は大番などをつとめている。

⑧　一義家

丸根攻めには名はみられないが、家康に仕え、「御馬廻（近臣）をつとめ」たという。慶長元年（一五九六）死去する。子の一義は大坂の御金奉行などをつとめた。子孫は六六〇石余を知行、役職は大番を世襲している。

⑨　光末家

丸根攻めには名がみられない。父光重は清康に仕え、三河国大谷郷（岡崎市）において八〇貫文の地を与えられ、のち広忠に仕え某年、三河国で死去した。子の光治は家康に仕え、徳川氏の関東入国のとき、遅参したため旧地はおさめられ、三〇〇石の知行を与えられて小田原城の守衛をつとめた。子孫は蔵米二〇〇俵を与えられた。

以上、加藤一族で丸根攻めに名のある九名のうち、「寛政譜」に名前が一致するのは四名である。一致しない家の場合も経歴からみて出陣していたと思われる。名前の不一致は記録上のミスかもしれない。それはともかく加藤氏一族は多いが同一地域に居住していたのであろうか。加藤一族が在地していたのは、大谷（上地）・土呂・坂崎・合歓木などとされる。このうち合歓木以外の三村は、岡崎市南部から幸田町に接する地点にあって近接している。合歓木村は矢作川東岸にあり、前記三カ村から大分離れたところにある。これは多分、知行地で、加藤一族は前記の三カ村でまとまって居住していたのではないようである。たとえば坂崎村についてみると、三河一向一揆では一揆側に石川姓八名、佐藤姓三名、波切・浅井各姓一名、家康側として天野姓五名、平岩姓四名、加藤姓三名の名が当村出身である。同村の江戸初期の村高が一二八二石余、八カ村の小村が含まれているから、各氏とも一つの小村に集住していたのではあるまいか。加藤氏はおそらく、一家が地侍（じざむらい）ていどの小領主で、惣領家がまとめて一円的な地域を支配する在地領主層ではなかったと思われる。

6 天野氏

先祖は伊豆国の出身といわれ転々として三河国に定着し、徳川氏の祖親氏に仕えたとされる。一族は多いが同一地域に居住していない。一族のなかで三河三奉行の天野康景は剛直な武士としてのエピソードを伝えている。

① 康景（やすかげ）家

康景の先祖は伊豆国田方郡天野郷（長岡町）を領してから天野氏を称したといい、源頼朝に仕えたという。南北朝時代、尹良親王（これよし）を奉じて処々に逃れ、ついに三河国額田郡岩戸村（岡崎市）に隠居したとされ、この子孫を岩戸の天野という。康景の祖父遠房（とおふさ）は清康に、父景隆は広忠に仕え、嫡子康景を今川氏の人質となった家康（元信）に仕えさせた。

康景は三河一向一揆のとき改宗して家康方に味方した。これは康景が家康の近臣であったからであろう。家康の三河統一期のとき本多重次・高力清長とともに奉行職をつとめ、軍功により元亀三年（一五七二）、三河国渥美郡のうちにおいて二〇〇貫文の地を与えられた。のち駿河国江尻（静岡市）の城代となり、また近江国（滋賀県）甲賀の士八三騎を付属せられ、家臣二四人を加えて三河・遠江両国で二二〇〇貫文の地を領した。関東入国では三〇〇〇石を与えられ、慶長五年（一六〇〇）、大坂城の西の丸（家康の座所）の城代をつとめた。翌六年、駿河国のうち一万石、徳川直轄領二万石を預けられ興国寺城（沼津市）の城主となった。ところが事件が起こって康景は同城をさることになった。家伝によると、城の修築用の竹木を盗んだ「公民」（幕府直轄領の農民）を城兵が殺したため、幕府代官が訴えたところ、本多正純は康景に対して「公民」を殺した「軽卒」（足軽）をさしだすべきと通達した。これには裏があって、罪のない「公民」を殺害したと代官が報じたので、家康の「御勘気」を蒙ったという。康景は「盗賊を殺すは定りたる法度」であり、罪のない「軽卒」を差し出せないとして興国寺城を去った。もし康景の方が正当であれば、天野康景は剛直な三河武士として評価されるであろう。康景は嫡男の康宗とともに相模国小田原の西念寺に蟄居した。それから二〇年たった寛永五年（一六二八）に赦免になり、蔵米一〇〇〇俵を与えられた。子孫は一〇〇〇石を知行し書院番などをつとめている。ところで康景の出身地は三河国額田郡坂崎村で、神明社境内に「康景邸」の碑がある。

【6 天野氏略系図】

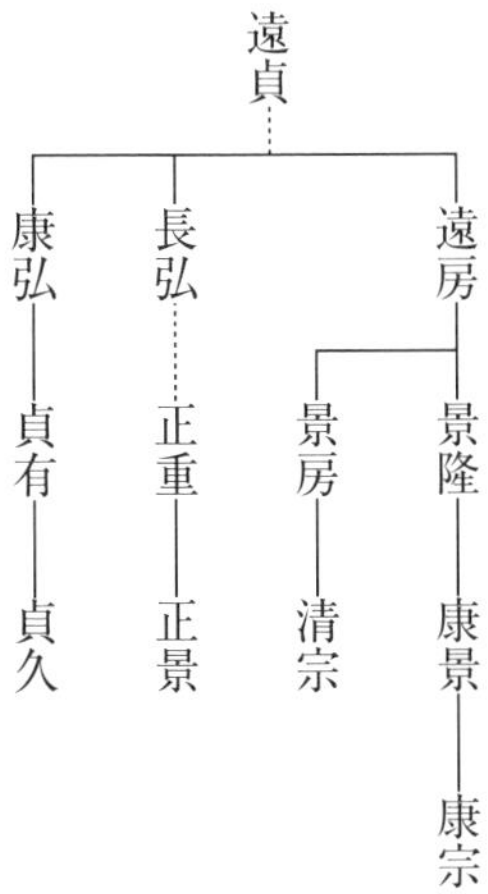

② 家次家

清兵衛ははじめ正次であったが、家康の一字を与えられて家次と名乗る。後述の止景家の「一家」という。徳川氏の五ヵ国領有時、普請奉行・郡奉行をつとめ八〇〇石（石高記載は疑問）の知行を与えられた。関東入国時は普請奉行となり、江戸時代の本城（本丸）・西城（西ノ丸）および諸士の宅地、町割などのことをつとめた。知行は一〇〇〇石を加えられた。慶長四年（一五九九）、罪あって知行地は没収された。出身地は額田郡六名村（岡崎市）とされる。のち家の再興がなり知行四〇〇石、書院番などの役職をつとめた。

③　景房家

景房は康景の弟である。家康に仕え「御年男（としおとこ）の役」を勤める。三河一向一揆では家康の側近で従軍した。関東入国時、五〇〇石の知行地を与えられた。嫡子清宗は徳川忠長に付属し、駿河国で五〇〇〇石余を知行したが、忠長の改易により没収され、「月俸（俸給）四〇口」を与えられ下野国烏山（那須烏山市）に蟄居した。嫡孫清倫（きよとも）は赦免のうえ旗本となり蔵米三〇〇俵を給された。景房の出身地は六名村である。

④　助兵衛家

家譜にはみえないが、一向一揆には家康方になっているから、この時期の人であったことは間違いない。在所は額田郡赤渋村（岡崎市）で村内には古屋敷跡があり、戦国期には天野助兵衛など土豪が居住していたという。

⑤　太郎兵衛・甚四郎家

両家とも家譜にはみえないが、甚四郎は三河一向一揆で家康方にあり、丸根攻めに参陣していたのであろう。

⑥　正景（まさかげ）家

祖は康景家と同じ。藤左衛門長弘は岩戸村を領し、永享（一四二九〜四〇）のはじめより「御当家」（徳川）に仕え、正景の父正重は三河国吉田攻めで戦死した。丸根攻めにはなにかの事情で参陣しなかったのであろうか。正景は吉田攻めでは父とともに出陣し、麦畑において高名を上げたので、家康の命で麦右衛門と称した。嫡系は麦右衛門を世襲し三五〇石を知行した。大番などをつとめる。別家の二家も旗本である、

⑦　貞有（さだあり）家

貞有の祖父清右衛門政則は三河国板田村（岡崎市）に住み、

父の康弘は清康に仕える。板田村は岩戸村の隣村である。定有は広忠につかえ、代官などをつとめ、一四カ村の知行地を与えられ、安城に居住したという。『岡崎市史』によれば、清右衛門康親が天文二四年（一五五五）、「岡崎奉公人」の一人であったとされる。貞有の父康弘の別名であったかもしれない。一四カ村の知行は当時の弱体となった松平氏の状態から考えられず、おそらく代官として支配したのであろう。それはともかく、家康が誕生したとき命により宅地に別館をつくり、貞有の妻が乳をたてまつったという。その後の業績は不明であるが、子孫は三〇〇石を知行し大番などをつとめる。

⑧ 忠俊家

忠俊は長親に仕え命によりその子の親盛（福釜松平氏）に属した。三河国宇利城（新城市）攻めで負傷しほどなく死去した。子孫は福釜松平氏から離れて旗本となり、武蔵国忍城の番をつとめ五五〇石を与えられた。のち忍城近郷の代官となる。また鷹場制の廃止により丹後国（京都府）の論地を検察した。

⑨ 政豊家

広忠・家康に歴任す。子孫は鳥見役・土蔵番頭をつとめ、のち大番を世襲した。蔵米三〇〇俵を与えられた。別家の政成家は大番から代官、御勘定吟味役にすすみ、のち佐渡奉行、御旗本奉行をつとめた。

以上天野氏は三河の土豪領主として一族が多い。ほとんどは安城松平家の直轄軍に編入された。三河奉行の天野康景は有名であるが、江戸幕府の要職につく家はなく、大番などの中堅の旗本になっている。

7 渡辺氏

渡辺氏は嵯峨源氏の系統とし祖は左大臣源融とされる。子孫は白河天皇に仕え、このときより摂津国（兵庫県）に住んだと伝えられる。その後、三河国に移住し、安城松平氏に仕えた。一族は多い。そのなかには、〝鎗半蔵〟として知られた渡辺守綱がいる。一族には三河一向一揆では一揆方で敗北のあと、三河から離れて松永久秀に仕えた者、今川氏真に属しのち帰参した者、武田氏の家臣となっていて、家康の甲斐侵攻時、家康に属した者がいる。

① 守綱家

守綱は三河譜代のなかで〝鎗半蔵〟として有名である。祖父の氏綱は清康・広忠に仕え、永禄六年（一五六三）、浦部村（岡崎市）で死去する。父の高綱は広忠・家康に仕える。天文一六年（一五四七）、広忠が三河国上野城を攻めるとき先鋒で高名あり。三河一向一揆では門徒方にくみし、針崎（岡崎市）で戦死する。守綱は弘治三年（一五五七）より家康に仕える。時に一六歳。永禄五年（一五六二）、三河国八幡の戦いのとき、先陣の酒井忠次が後退したため、軍が二手に分かれ、守綱・石川新九郎某などは田の畔に沿って退いたが、敵が追撃してきたので迎撃すること三度、守綱ひとり踏みとどまって殿し、槍で大いに戦い、軍を引き返させる。のち首実検の場で家康がいうには、「先陣敗北に及び、一方の士卒は恙なかりし事、これ守綱ひとり踏みとどまり鎗をまじえてよく防ぎしがゆへなりと仰あり」とし「これより世人、鎗半蔵と称す」とされる。

三河一向一揆のときは一揆方にくみす。「其党」（渡辺一族）の「赦免」のとき、守綱も許されて父の遺跡を継ぎ三河国額田郡のうち、「百貫文」の地を、のち同郡のうちで「三〇貫文」の地を加えられた。その後、遠江国の諸合戦では槍でもって力戦し、とくに三方ヶ原の戦いでは軍功があり、同国のうちで「百貫文」の地を加えられた。長久手の戦いでは旗本本営の足軽頭となる。敵方の豊臣秀次軍の一軍が旗本近くにせまったとき、「守綱速に我兵を指揮してしきりに鉄砲をうたせ、また大音をあげて敵の本陣已（すでに）にやぶれたりと呼ばわりければ、敵軍大に騒動して兵をかえす」という奮闘ぶりであった。また小田原の陣においても足軽頭として旗本を固めた。関東入国のとき二〇〇〇石を与えられあわせて三〇〇〇石、足軽五〇人の頭となる。慶長五年（一六〇〇）、上杉征討にさいしては、多年の軍功により家康から南蛮（なんばん）鎧を与えられ、「これを着しわかやぎて軍事をつとむべき」のことばと、足軽五〇人を加えられすべて一〇〇人の足軽を預けられた。関ヶ原の戦いにおいても「御旗本」にあり、本陣を高地に移すことを言上し、許可されたので地利を選び陣所がうつされた。のち六〇〇〇石の地を加えられ騎馬同心三〇人の給米にあてられる。渡辺守綱は家康護衛の警備隊長的な役割をはたしていたのである。

【7 渡辺氏略系図】

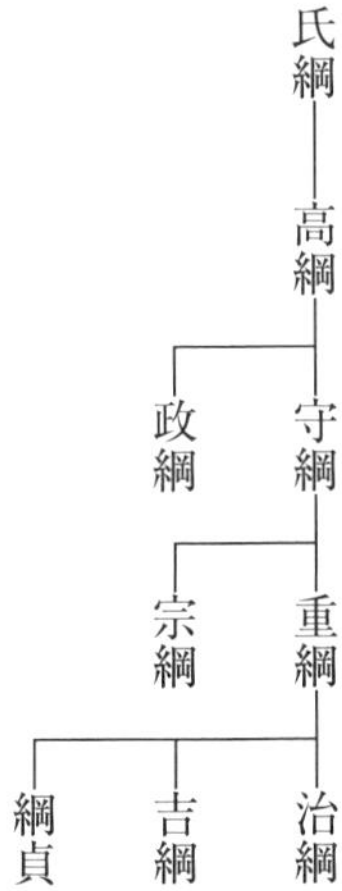

　慶長一八年（一五九〇）、尾張・徳川家の義直に属したとき家康は、「義直は幼少のため、殊さら諸事に心を用うべし、もし意にまかせざる事あらば、ふたたび御旗本にかえるべしとの恩命をかうぶり」と、五〇〇〇石を加増され、義直よりも五〇〇〇石の地を与えられた。すべて一万四〇〇〇石を領しもとのごとく歩行（かち）同心を預けられる。大坂の陣で義直のそばにあって、嫡男の重綱を先手とする。元和六年（一六二〇）名古屋で死去した。嫡孫の治綱は父に継いで尾張・徳川家に仕え代々同家の臣となった。

② 政綱（まさつな）家

　政綱は嫡家守綱の弟である。永禄二年（一五五九）より家康に仕える。東三河の合戦に高名し、長久手の合戦では御旗奉行をつとめる。子の秀綱は慶長一九年（一六一四）、尾張・徳川家に付属せられ、子孫、代々同家に仕える。

③ 吉綱（よしつな）家

吉綱は守綱の嫡男重綱の五男である。兄忠綱の旧知行の三〇〇〇石を合わせて三五二〇石余を与えられる。書院番となり城引渡しの役をつとめる。大坂の城番となり、新恩一万石を加えてすべて一万三五〇〇石余を領す。子孫は領地を近江国にうつされ大坂の城番となる

④ 綱貞（つなさだ）家

綱貞は守綱の孫である。家光に仕え小姓組となる。時に一六歳。五〇〇石を知行し新番頭となり関東国々の野山の論地を検視する。従五位下大隅守に叙任する。裁判の件で不始末があり八丈島に流される。

⑤ 宗綱（むねつな）家

宗綱は守綱の二男である。御使番をつとめた。元和元年（一六一五）、大坂夏の陣のとき命により大坂城中におもむき様子を報告する。豊臣秀頼生害のとき、井伊直孝・安藤重信にしたがい城内におもむく。目付となり加藤忠弘・福島正則改易の処理にあたる。最上義俊改易のさい命により伊達政宗の雑兵三〇〇〇人をひきいて出羽国におもむき領内の城々をうけとる。加増の地とあわせて三七〇〇石を知行する。従五位下、図書介（ずしょすけ）に任ぜられる。家光上洛のとき美濃国の山中に番所をつくり警備する。のち常陸国（ひたち）（茨城県）下館（しもだて）城を守備する。

⑥ 遠綱（とおつな）家

遠綱は庶流の系統である。三河国額田郡浦辺村に住み、清康・広忠・家康三代に仕え、天正一五年（一五八七）、同地で死去する。嫡子の直綱は永禄二年（一五五九）より家康に仕える。時に一六歳。同三年、尾張国大高城に従軍

する。三河一向一揆のとき一揆方になったが赦免される。天正一八年（一五九〇）、一〇〇俵を給せられ。関東入国のとき三〇〇石を与えられる。嫡孫の綱治は大番となり七五〇石を知行し、寛文元年（一六六一）、徳川綱重に付属、甲府城代となり甲斐・信濃両国のうち三〇〇〇石を領し、従五位下豊前守に叙任した。

⑦ 有綱家

有綱は庶流の系統である。三河国碧海郡赤渋村に居住する。清康・広忠に仕える。嫡子の義綱は広忠・家康に仕える。天文九年（一五四〇）、三河国安城の城門を守りこのとき敵数多を射殺す。永禄一二年（一五六九）同村で死去する。弟の雅綱が家を継ぎ慶長五年（一六〇〇）伏見城において討死。子孫は大番などをつとめる。

⑧ 競家

競家は三河国八名郡和田村（豊橋市）に居住した。信忠・清康に仕え天文三年（一五三四）かの地で死す。嫡子の信は清康・広忠に仕え、旗本の組頭となり、同村で領地を与えられる。子孫のうち勝は家康に仕え足軽頭をつとめる。のち同家は二五〇〇石を与えられる。

⑨ 茂家

競家の別家で茂は信の三男である。姉川、三方ヶ原、長篠、小田原の諸合戦に参陣し、慶長一〇年（一六〇五）、「大番の頭」となり、従五位下山城守に叙任す。元和三年（一六一七）、家康の息女振姫が伊達忠宗に嫁すとき土井利勝とともに随従する。のち駿府城を守衛、二条（京都市）の城番となり、加増で七〇〇〇石を与えられる。養子の忠は徳川忠長に付属するが忠長改易により蟄居する。のち同家は二代将軍秀忠に召し出され知行五〇〇石。

⑩ 真綱家

真綱の祖父治綱は清康・広忠に仕える。父正綱は広忠・

家康に歴任する。真綱は永禄元年（一五五八）より家康に仕え二〇貫文の地を与えられる。同三年、尾張国大高より岡崎城へ家康帰陣のとき従う。三河一向一揆のとき一揆方となり、三河から離れて松永久秀に仕え、のち今川氏真に属し一字を与えられる。同一二年、徳川家に戻ったが直臣になることを許されず、本多忠勝に付属せしめられた。慶長六年（一六〇一）、忠勝の二男忠朝が上総国大多喜城主になるとき、忠勝は真綱を忠朝に属せしめ知行二〇〇〇石を与え、家康からの領地を返上させた。真綱はこれをこころよしとせず三河国の旧住所の浦部に潜居した。大坂の陣には三男の勝綱を連れて参陣したいことを乞い許された。大坂の陣後五〇〇石を与えられた。勝綱は御先弓頭、一〇〇〇石知行、嫡男の輝（てらす）は山田奉行となる。

⑪ 悦（えつ）家

天正一〇年（一五八二）、家康の甲斐出陣に石川数正に属し戦功あった。のち小牧・小田原陣に従い軍功があり、のち大番となり知行二〇〇石、子孫は書院番などをつとめる。

⑫ 定正（さだまさ）家

先祖は渡辺囚獄佑（ひとやすけ）守の同族という。定正は武田信玄・勝頼に仕え、家康の甲斐侵攻のときに属す。天正一一年（一五八三）、甲斐国の旧領四〇貫文を安堵される。甲府の町奉行をつとめのち徳川忠長に付属する。

8 内藤氏

先祖は鎌倉幕府将軍家に仕えるとされる。宗家の家長は猛将として勇名をはせた。また石田三成謀反のとき、伏見城の副将として戦死している。一族のうち信成（のぶなり）は家康の異母弟の説がある。一族は多く江戸幕府では重職についている。

①　家長家（いえなが）

家長家は内藤氏の宗家である。祖父の義清は信忠・清康

【8　内藤氏略系図】

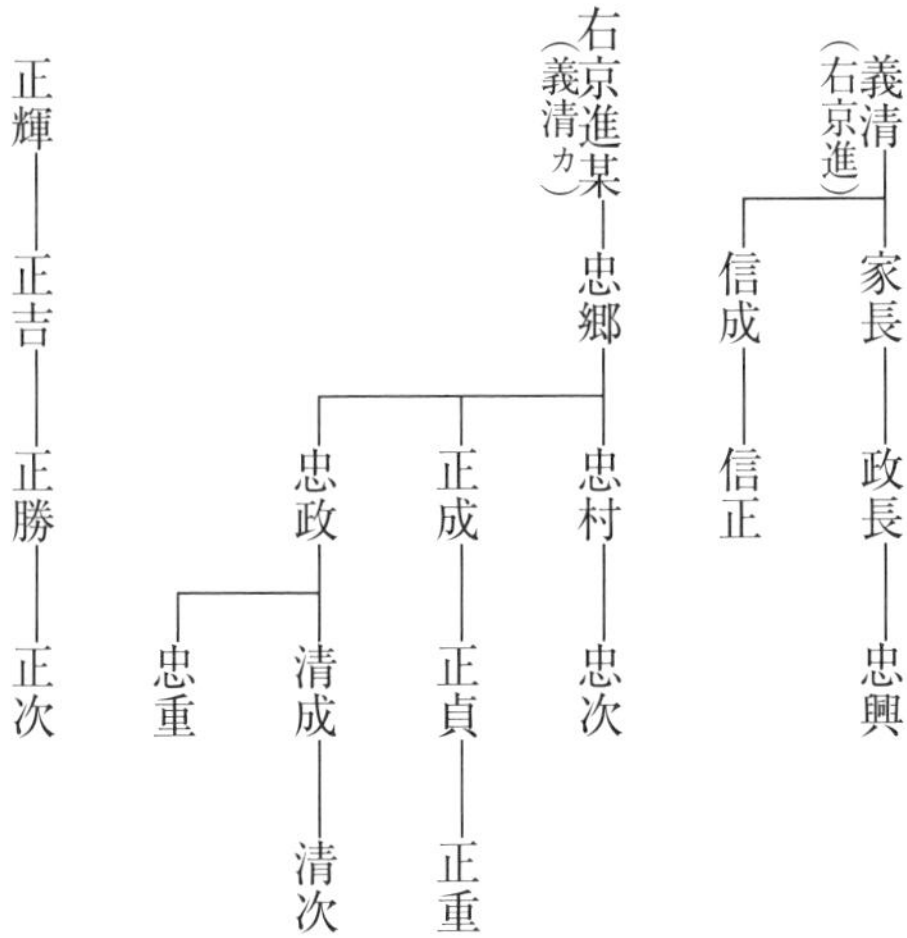

に仕え三河国上野下村城（豊田市）を与えられる。「岡崎の五人衆」といわれるから重臣であったのであろう。父の清長は清康の一字を与えられる。天文一一年（一五四二）、居城に織田の軍勢が攻めてきたとき、甥の正成とともに防戦、敵兵数一〇人を討ち取る。のち遠江国二俣城（浜松市天竜区）を守衛する。本籍地は「桜井姫城」（安城市）または「内藤藪」といわれ、城というよりも堀をめぐらしたいわゆる「屋敷城」である。

家長は天文一五年（一五四六）、三河国に生まれる。家康に仕え一字を与えられた。石川数正の組に属して先手となる。家長は「力量人に勝れ、騎射の達者」で、遠江国二俣城攻めの家長の「弓勢」をみた城主の依田信蕃（のぶしげ）が、「近代無双（ぶそう）、今辨慶と称すべし」と語ったという。三河一向一揆では門徒であったが家康方となる。天正七年（一五七九）、信康自殺のあと付属の士二五人をあずけられ、同一三年、数正が秀吉のもとに出奔したとき、数正の「馬乗同心」八〇騎を属せられる。小田原陣のとき、「兵五十騎其余雑兵数百人」で参陣したが、秀吉は「其容貌将師の器にあたれり」と、鉄砲三〇挺を与える。関東入国のとき上総国佐貫

城（富津市）二万石を領す。慶長五年（一六〇〇）鳥居元忠などと伏見城（京都市）を守り戦死す。

嫡子の政長は秀吉より豊臣の姓を与えられ、従五位下、左馬助に叙任する。里見忠義の所領没収で安房国におもむき、その居城を壊し「国中の制法を沙汰」した。元和八年（一六二二）、陸奥国平城（いわき市）七万石を領す。嫡子忠興は大坂城代となり、子孫は日向国延岡城（延岡市）に移封となる。家長の別家のうち二家は大名となり、うち一家は上野国安中城（安中市）主となった。

② 信成家

先祖は松平氏という（『寛永諸家系図伝』―以下「寛永家系」と略す）。信成は家康の異母弟の説がある。内藤家の養子となるが、家長は実子をもうけたので別家となる。弘治三年（一五五七）、はじめて家康（元信）に謁して一字を与えられて近侍した。丸根攻めでは護衛の陣にあった。遠江での合戦のとき本多忠勝・大久保忠世などと軍議している。三方ヶ原の戦いで家康敗軍により兵を引き取るさい、信成はふみとどまり防戦し、与力・郎党など一〇余人が戦死した。長篠の戦いでは大久保忠世などと侍大将となる。この合戦での戦いぶりが信長の目にとまり、「誠に先駈の猛将奇異の士なり」と賞せられる。その他、諸合戦で力戦し討ち死にする家臣「多し」という。

甲斐侵攻のとき、甲斐国常光寺城（韮崎市）に居城し、与力の士五〇人を与えられた。関東入国時、伊豆国のうちにおいて一万石を与えられ、韮山城（韮山市）に居住する。このとき三遠甲三国の与力数十人のうち一〇人を家臣とすべきとされ、上杉景勝征討のとき駿河国沼津・興国寺両城を守り、嫡男の信正は居城の韮山城を守るよう命ぜられた。関ヶ原の戦いでは美濃国岩村城（恵那市）をうけとり同城を守る。慶長六年（一六〇一）、同八年、従五位下・豊前守に叙任する。近江国長浜城（長浜市）四万石を与えられたが、家康は「信成にこの城をたまふところは、上方の警衛たらしむ」からであるとした。そして「修造の料」白銀五千枚を下賜し、美濃・飛騨（岐阜県）・近江三国の「役夫」に造営させた。同一七年（一六一二）、長浜において死す。

嫡子の信正は一九歳にして大番の頭となる。この職は壮年のものに任ぜられるが、信正の帯する刀を家康はみて、「代々よく武勇の統を継たりと御感悦」であったという。大坂の陣では命により長浜城を守り、大坂冬の陣では摂津国尼崎城（尼崎市）を守る。元和元年（一六一五）、摂津国高槻城（高槻市）に移り、同三年、伏見城代となり、のち越後国村上城（村上市）に移される。弟の信広は大番頭で一万五〇〇〇石を領した。隊下の与力がキリシタン信者で刑に処せられた所領七〇〇〇石を削られる。その他二家は旗本となる。

③ 忠郷家

忠郷（甚五左衛門）は丸根攻めにみえる。内藤右京進某の二男である。三木・松平氏の信孝に仕えるが、天文一二年（一五四三）、信孝にそむいて広忠に仕える。三河国鷹落（西尾市）・名田・野羽（幸田町）の本領一〇〇貫文の地を与えられた。長篠の戦いに家長とともに出陣、戦闘をともにする。軍功をはげむこと一六回という。その子忠成は五〇〇石を知行したが、改易となった。

④ 忠清家

忠清は忠郷の孫である。家康に仕え小姓となる。小田原陣では使番となる。のち秀忠に仕え普請奉行をつとめた。丹波国篠山城（篠山市）の城普請を奉行する。二〇〇〇石を知行する。子孫は大番・書院番をつとめる。

⑤ 忠次家

甚五左衛門某（忠村）の三男である。家康に仕え御使番をつとめ、のち三河・遠江二国の町奉行となる。嫡子の忠政は与力一〇騎をあずかり一〇〇〇石を与えられる。その子忠吉、「父子一時に狂気し二男某および下人などを殺害し、」「後家」に火を放って自殺した。

⑥ 正成家

正成は忠郷（内藤義清の子）の二男、丸根攻めに名前あり。伯父の清長に属し三河国上野・下村城に住んだ。天文一一年（一五四二）、一六歳のとき織田氏の軍勢が来襲し二の丸に入ってきた。正成は、矢を射て応戦し、敵二〇〇人あまりを死傷させ、織田軍は退却した。この軍功により三河国幡豆郡羽角村（西尾市）で領地を与えられた。信長が列国の兵士の姓名を書き集め、武功者にはこれに墨点を入れたが、正成もそのなかにあり。関東入国のとき五〇〇〇石を与えられる。嫡子の正成は二〇〇〇石を加えられ伏見城代となる。

⑦ 正貞家

正貞は正成の長男であるが、父の勘気をうけて家を継がなかった。姉川の合戦で味方がすでに引退したとき、槍を敵の陣中に落としたので、これを敵にわたすと後でそしりをうけるので、馬をかえし敵陣にはいり馬より手を低くしてその槍を取って引き返した。このことが家康の耳に達し、「勇にほこりて死を軽むずるものは、功を立ることなし」としばらく反省の期間をおくために「屛居」（隠居）せしめた。しかし五、六日をへて父正成を呼び、この合戦の物語をして、「正貞が勇、正成に劣るべからずと賞誉あり」と話したという。天正元年（一五七三）、浜松で村越左吉某と口論して争論したことで、正成は家康に言上して正貞を放逐した。のち駿府に閑居し書を読み歳月を送った。家康はこれを聞き、子の正重の領地に住まわせる。正重は祖父正成が領す三河国羽角村に住んでいた。天正一七年（一五八九）、家康が三河国に鷹狩をして正成の屋敷に立寄ったさい、正重ははじめてまみえる。時に一二歳。のち二九〇〇石を知行する。関ヶ原の戦いでは使番となる。その後、五〇〇〇石を領した。

⑧ 忠政家

忠政は忠郷（義清子）の四男である。幼少より家康に仕え、しばしば戦功があった。三河一向一揆のとき家康の命で伊勢国におもむくとき、海賊が船路をさえぎった。忠政はみずから鉄砲を撃って「魁首」を殺し、無事、使をつとめた。関ヶ原の戦いでは家康の命により江戸にとどまり、石川家成とともに江戸城西の丸を守衛する。のち駿府の家康のもとで、居所・御殿「両宇」を与えられる。慶長一一年（一六〇六）、駿府において死去した。嫡子の清成は実は竹田宗仲某の子で岡崎に生まれ、忠政の養子となり浜松において家康の小姓をつとめた。天正八年（一五八〇）、青山忠成とともに秀忠に付属され、傅となる。相模国のうちで五〇〇〇石を与えられ、文禄三年（一五九四）、従五位下修理亮に叙任する。のち本多正信とともに「関東諸務の事を奉行すべき」命を蒙る。慶長六年（一六〇一）、すべて二万一〇〇〇石を領し、与力二五騎・同心百人を預けられる。同一一年、家康放鷹のさい、鳥獣の猟を禁じているにもかかわらず、鳥をとった形跡があり、これは清成と青山忠成が許可したと申し出る者がいて、家康の「御気色甚よからず」、「台徳院殿（秀忠）の御聴に達し」た。「重科（重罪）のところ、本多正信のはからいで罪はゆるされ「籠居」せしめられた。

嫡子の清次は幼少より秀忠に仕え、遺領を継ぎすべて二万六〇〇〇石を領す。家光に付属し老中となる。子孫のうち重頼は大坂城代となり三万三〇〇〇石を領す。

⑨ 忠重家

忠重は忠政の二男、清成の弟である。慶長四年（一五九九）、秀忠に仕え時に一四歳、同一五年、家光に付属せられ傅となる。のち志摩国鳥羽城（鳥羽市）三万五〇〇〇石を領した。別家は六家、そのうち大名で一万五〇〇〇石、他は一家をのぞいて上級旗本となる。

⑩ 正次家

正次は与三兵衛で丸根攻めには旗本にあり。祖父の正輝、父正勝は清康に仕え、正勝は天文八年（一五三九）より広忠に仕える。同一一年、家康誕生のとき付属せられ、駿府に人質になったさい、阿部正勝・天野康景などと随従する。正次は同二〇年、駿府の家康（元信）に仕えのち丸根攻めに出陣する。その子正守は大番となり蔵米四〇〇俵を与えられた。

⑪ 忠成家

広忠・家康に仕える。天正一九年（一五九一）死す。嫡孫の重次は家康に仕え御側小姓をつとめる。子孫は金銀奉行をつとめており、五六〇石を知行した。

9 小栗氏

小栗氏は常陸国の出身とし、先祖は平氏一族で壇ノ浦の合戦で討死したとされる。室町時代末期、三河国に移住している。「寛政譜」には家康以前から松平宗家に仕えたとする記述がない。一族のなかには松平一族との婚姻で成立した松平系小栗家が存在する。

① 正重家

額田郡筒針村（岡崎市）に古城があり小栗氏一党の小栗正重が居住したとする。正重は家康に仕え、文禄四年（一五九五）に死去した。養子の正次は将軍秀忠に仕え知行二八〇石余、大番をつとめた。

別家の久次は三河国青野（岡崎市）に居住していたところ、同地に放鷹した家康に召し出され永禄九年（一五六六）より仕える。鷹匠（鷹つかい）の同心を部下にして、鳥見（鷹をみつける）衆を差配した。諸合戦で軍功あり、関ヶ原の戦いでは使番をつとめた。のち一八〇〇石を知行した。子孫は鷹匠頭を世襲している。正次の義兄弟である正勝も青野に居住した。元亀三年（一五七二）、家康に召し出され、関東入国のとき鉄砲同心二〇人をあずけられ、武蔵国忍城（行田市）の番をつとめた。五五〇石を知行、代官もつとめた。ほかに久勝家が存在し、永禄一一年（一五六八）、家康に仕える。九〇〇石を知行した。

② 吉忠家

松平宗家系統の太郎左衛門信吉が、筒針の城主小栗正重の妹のあいだに男子をもうけ、忠吉と名付ける。忠吉の子は広忠の小姓となり成長ののち吉忠といい、松平氏をあらためて小栗氏を称す。吉忠、広忠の小姓をつとめ一字を与えられる。三河一向一揆のとき吉忠は、一族とともに筒針の砦を守り一揆軍と戦う。永禄一二年（一五六九）、掛川の城攻めに先手に加わり、このとき同心給として八二四貫文の地を与えられ、これは同心一人の給知にあてる。天正一年（一五八二）、武田氏を征討した信長が天竜川に到着するということで、吉忠は浅井道忠とともに家康の命をうけて、船橋を設け旅館を修補して信長軍を迎えた。信長は喜び両人に「禄」（給与）を与えた。嫡子忠政は幼少から家康に仕え小姓となる。姉川の戦いのとき一六歳であったが、敵兵が家康の床几（腰掛）間近く来るのを見て、傍にあった「信国」の槍をとって応戦し、味方が来て敵を討ち取った。家康は若年ながらよく戦ったとして賞して、その槍を与えた。忠政はその後も随一の高名をあげたので、名を又一とあらためさせた。子孫は二五〇〇石を知行し、小姓頭・書院番の役職をつとめている。別家は六家ありすべて中堅的な旗本である。

10 鳥居氏

鳥居氏の始祖は源頼朝より数ヵ所の地頭職を与えられている。のち三河国に来住し、新田義貞に属したという。いわゆる商人武士で財力があった。関ヶ原の戦いでの伏見城を死守した鳥居元忠は有名である。

① 元忠家

始祖重氏の嫡子忠氏の母は源為義の息女で、源頼朝より数ヵ所の地頭職を与えられたという。のち三河国矢作庄（岡崎市）にいたり、「渡里（わたり）（渡）」（岡崎市）に居住した。これより渡里伝内忠利と称す。先祖のうち忠景は新田義貞に属し、亘新右衛門と称し、義貞戦死ののち姓名を変えて三河に帰住した。

元忠の父忠吉は「先祖より代々譜第（代）の御家人たり」であった。忠吉は清康・広忠に歴任し渡を領した。渡は額田郡渡村で矢作川右岸沿いにある。城跡は輪中（わじゅう）のように高堤をめぐらして洪水を防ぎその遺構が残存している。天文一六年（一五四七）、長男忠宗が渡河内において戦死したさい、広忠はこれを憐みこの地を忠吉に与える。のち西三河が今川氏の領国になったとき、今川義元は石川右近某・安部大蔵元貞を岡崎城代とし、忠吉と松平重吉を惣奉行として三河譜代を統率せしめた。三河が今川領国となったころ、駿府での家康の人質生活は不自由であったようで、「富饒（ふじょう）」（富裕）であった忠吉は、常に衣服や食料を送っている。そして時々、駿府に行き家康にいろいろ話をしたとされ、「御親み最厚し」であった。鳥居氏の財力の様子をみよう。

（家康が）御年十五にならせたまうのとき、岡崎城に帰らせたまう。御譜第の輩挙て相喜びこれを迎えたてまつる。忠吉進んで御手を取て導きたてまつり、わが家蔵を開いて米穀資材等を見せまいらせ、某（それがし）、年老てはしり廻りの事はかないがたし、よりてかく家蔵をおおく構えて兵糧をたくわへ、我君善士を多く集めて、威名を四方に奮（ふる）わせ給わむ事を冀（ねが）う処なり、もし明日にも御出馬あらむにおいては、軍用に事欠給うことはあらじ、御心安くおぼしめされよ。

忠吉は家の蔵を家康（元康）に見せて将来、出陣のさい兵糧は十分あるので安心されたいといっている。さらに銭蔵に一〇貫文ずつ堅につんでいるところを指差して、横に積むのが普通だがそうするとこわれると言上した。家康は老年にいたるまで忘れることなく、銭を積むときはこの方法を用いた。

三河一向一揆のとき、忠吉は鶴之助某・久九郎某などと一揆勢と戦っている。この二人は丸根攻めにも名前がみえるが、「寛政譜」には記載がみえない。忠吉は元亀三年（一五七二）死去する。

元忠は三男で、長男の忠宗は広忠に仕え、天文一六年（一五四七）の合戦で戦死したため、元忠が家を相続した。元忠は一三歳のとき、人質になって駿府にいる家康に近侍した。諸合戦では旗本一手役の部将として数々の戦功あり。天正一〇年（一五八二）、家康は新府に陣を移すとき、元忠と水野勝成に古府（甲府）を守らせた。そこへ北条氏忠が一万余の兵をひきいて郡内（山梨県都留郡）に入り、見坂峠を越えて東郡に至り上口山に陣した。これを知った元忠は二〇〇〇騎の兵で不意に北条氏勝の陣を攻めた。黒駒で合戦した結果、北条軍は敗退した。逃げる北条軍を追って「首を獲る事三百余級」という。これは新府（韮崎市）の家康陣に送られ、首級は城外の若神子の北条陣の面前に晒された。家康は「汝が武勇をもって取得たる地」であるとして、元忠に郡内の地を与え、「永くこれを領すべし」とした。

天正一四年（一五八六）、家康上洛のとき、秀吉のはからいで徳川氏の功臣数人が叙爵（官位をくだす）し、元忠にもその沙汰があったが、元忠は次のように述べて断ったという。

某不才なれば他家の恩恵をうけて、二生に忠を盡すべき道をわきまえず。しかのみならず三河譜第のものにして、万事疎忽（粗忽）なれば官位すすみて、殿下（秀吉）の御前に出仕すべき器にあらずとて、堅くこれを辞す。

さらに秀吉は、元忠の嫡子忠政を家臣の瀧川雄利の養子とし自分に仕えるようにと命じた。元忠は、雄利の息女との婚姻は受けるが。養子となって豊臣家に仕えることは断り、そのわけは「譜第の者なれば、子孫にいたりても他家につかうべきいわれなし」とした。関東入国のとき下総国矢作城四万石を与えられた。北条滅亡後、九戸一揆で陸奥国に兵を進めた秀吉にしたがい、軍功により感状を与えられようとしたが、他家（豊臣家）に仕えていないので、その感状をもって後日の証として人に誇るつもりはないと固辞した。

慶長五年（一六〇〇）、上杉征討のさい家康は伏見城の守衛を元忠および松平家忠・内藤家長・松平近正などに託した。家康に叛意のある石田三成は、大老の毛利輝元の下知と称し開城すべしと、使者をして伝えせしめた。これに対し城兵の大将である元忠は次のように答えた。

某（それがし）等この城を守ることは主君の命によりてなり、譬（たとえ）豊臣家の仰なりというも、関東（家康）の沙汰なくしてこれを渡しがたし。内府（家康）の家、勇士多きが中にも、敢てさらじ。孤城援勢なし、速に来り攻て、我輩の武勇を試みらるべしという。

石田三成に同調した「大坂の諸将」一〇万余の軍勢が伏見城を包囲した。元忠は諸士を本城に集めていうには、「ひとり某においては城を枕として討死を遂、天下の士に義をすすめ、且、当家（徳川）の風儀は其預る城を人にあたうる法なき事を、世に示さむとおもうなり」と。結局、力戦したが大軍に抗しえず討死した。戦死した家臣五七人、その余、兵七〇〇余人、歩卒数百人におよんだという。

嫡男の忠政は、父の忠死により新たに六万石を加えられて、陸奥国岩城（いわき市）一〇万石を領し、その後、さらに二万石の加恩があった。慶長一九年（一六一四）、大坂の陣では、奥平忠昌・最上家親などと江戸城の留守番となる。これはもし福島正則（江戸在中）などが逆意を企てるようであれば、すみやかに討つべしとの家康の内意によるという。そして問題がおこったとき、最上・宇都宮・会津などの軍勢、江戸町奉行を指揮する権限を与えられた。大坂冬の陣にも江戸城の留守をつとめた。元和八年（一六二二）、出羽国最上郡において二〇万石を領し、城地を山形にうつされた。東国のおさえである。のち加恩二万石ですべて二二万石の有力な大名となった。子孫は相続上の不正があって改易となったが、旧功により信濃国高遠城（伊那市）三万石余を領し、以後、近江国水口（みなくち）城（甲賀市）、下野国壬生（みぶ）城（壬生町）に移封された。宝暦一〇年（一七六〇）、忠意（ただおき）が若年寄、のち老中となった。元忠の嫡統で幕府執政職となったのは忠意のみである。

別家の元忠の三男成次について次のような話が残されている。関ヶ原の戦いのあと捕えられた石田三成を預けられた際、「父が仇（元忠は伏見城で戦死）なれば其憤りをなぐさめよ」との家康のことばがあったが、成次はよくもてなし衣服をあらためさせ、いささかも恨む風はなかった。三成は涙を流してその厚意を感じたという。そして家康に次のように言上した。

三成父が讐（あだ）（仇）なりといへども、もとより元忠は君のために一命をたてまつりしなれば、敢て三成が所為というべからず。依てこれにたいしてわたくしの恨みあるべきようなし。天下の御敵なれば他人にめしあづけられたまわるべきよしを言上す。

成次はのち、将軍秀忠の命により徳川忠長に付属せしめられて家老になり、甲斐国谷村において三万五〇〇〇石を領した。忠長改易により山形に蟄居するが、のち赦免され子孫は二五〇〇石を知行した。

② 吉守(よしもり)家

先祖は紀州鱸(すずき)氏、法眼重氏(ほうげんしげうじ)、熊野権現の鳥居をたてたことにより鳥居法眼と号した。これにより鳥居氏としたとされる。吉守は鳥居法眼一六代の孫、元忠の祖父忠明の叔父である。子孫は旗本で二〇〇俵、小十人を役職とす。

11 平岩氏

先祖は奈良時代、河内国で勢力があった弓削(ゆげ)氏といわれる。のち三河国に移り、のち新田義貞の子義興に仕えたとされる。家号を平岩とあらため、松平宗家三代信光に仕え譜代となる。宗家の親吉は家康側近の重臣で、尾張徳川家の家老となり一二万石の城主となった。

① 親吉(ちかよし)家

始祖の照氏は、三河国碧海郡上野城に住し上野を称し新田義興に仕える。その後、弓削(ゆげ)にあらためるが、氏貞のとき家号を平岩と称した。氏貞は今川氏に属した。かつて三河国額田郡坂崎村（幸田町）に巨岩があって、「平にして座すべし、里人その地を呼びて平岩と名づく」という。親吉の祖父重盛は松平宗家の信光・親忠・長親に歴任し、額(ぬか)

田郡の代官を勤める。父の親重は長親・信忠・清康に仕え天正五年（一五七七）死去する。弟の親長は人質時代の家康に随従した。親吉は天文一一年（一五四二）、三河国に生まれ、利発な少年であったようで広忠死後、家康に随従して近侍した。丸根攻めでは家康の旗本を守衛する。三河一向一揆のとき弟正広とともに岡崎に馳せ参じた。一揆勢が大久保一族の守る上和田を攻めたとき、親吉は筧正重と戦い、正重が放った矢が耳に当り倒れ、正重が親吉の首を取ろうとした。これをみた家康が馬をすすめてきて、「大に正重を叱した」ので、正重は恐れて退いたという。家康は親吉の一命を助けたとされる。

　家康の長男信康の傅役（守役）になった親吉は、謀反の疑惑で信康を自害させよ、との信長からの家康への指示があったさい、自分の責任だとして自分の首をはねて信長のもとにおくり、憤りをとどめてもらいたいと願ったが、その甲斐なく退いて閑居した。のち家康は親吉の出仕をもとめ、信康の旧臣のうち一四人を付属せしめた。天正一〇年（一五八二）、甲斐国の郡代となり「一万三千石」（石高は疑問）の領地を与えられた。同一二年、長久手合戦のとき、親吉は鳥居元忠・武川衆とともに甲斐国を守衛した。このころ武田旧臣の今福某が甲斐国に潜居し陰謀を企てたため、親吉、ひそかに招いてこれを殺す。また、家康の命により、甲斐の国中から武田信玄の治国・軍事などの書籍を捜して提出した。同一六年、従五位下主計頭に叙任している。後北条征討中、親吉は本多忠勝・鳥居元忠などとともに武蔵国岩槻城（さいたま市岩槻区）を囲む。親吉の軍が同城に突入のさい、敵は城門を閉じて鉄砲をはなつ。この戦いで従者の死する者一四人、敵首四七を得る。家康はこの軍功を賞し感状を与えた。

　関東入国のとき封地をうつされ、上野国厩橋（前橋）城（前橋市）を与えられ三万三〇〇〇石を領す。関ヶ原の戦いでは同城にあって上杉景勝に備える。慶長六年（一六〇一）、封地を甲斐国にうつされ三万石を加え、新しく「府中城」（甲府城）を築く。この年、武川の士七四人が附属する。同八年、家康の八男義直が甲斐国の国主になったとき、義直の家老となり国政を執行した。のち、義直が尾張（愛知県）に領地をうつされると親吉は犬山城（犬山市）に転じ、すべて一二万二〇〇〇石を領したが、平常は清須城

（清州市）に住し国務を沙汰した。同一五年、義直が名古屋城に移るとき親吉は二の丸に住す。翌一六年、危篤に及んで城中に死せんことをはばかり、私邸に帰り死去す。親吉は在世中に子が無かったが継嗣を願わず。そのため家が絶えた。実は生前の慶長四年（一五九九）、家康は八男仙千代を親吉の養子としたが、同五年死去している。継嗣をのぞまなかったのはこの事と関係があるかもしれない。

②　正広（まさひろ）家

正広は親吉の弟である。丸根攻めには「正兵に列して直にすすみ」敵を討つ。のち領地は子の正当（まさあつ）に譲り、正広は親吉に属し尾張中納言義直に仕える。関東入国後は一三〇〇石を知行する。大番・御船奉行をつとめる。

12　村越家

村越氏の氏名のいわれについてエピソードがある。「兵庫頭顕光」のとき、家康の陣にあって物見（ものみ）の役で、敵地に近い村を越え、危険の場をしのいで帰陣し、敵軍のありさまを言上すると、その勇猛ぶりを賞し石川をあらため村越と名のるべきとされたという。もっとも「寛政譜」は実証性に欠けるとあり。一族の村越茂助は関ヶ原の戦いで家康の意をまげることなく、立派に伝令の役目をはたした。

①　光（みつ）勝家

光勝は石川を称すといい、清康・広忠・家康に歴任す。慶長一七年、（一六一二）死去する。嫡子顕光は家康のとがめをうけ三河国を去って、豊臣秀長に仕え一〇〇〇石の知行を与えられる。秀長死後、ふたたび徳川家臣にもどる。

関ヶ原の戦いでは藤堂高虎の手に属し討死す。顕光の養子正重は家康に仕え小姓となった。小姓組のとき中国地方を巡見した。一二〇〇石を知行し子孫は小姓組・書院番をつとめた。

② 直吉（なおよし）家

直吉は村越茂助で知られている。父俊吉は酒井忠尚のもとにあり、弟の俊信は家康に仕えている。直吉は家康に仕え一〇〇〇石を知行した。石田三成追討で諸将が尾張国清州城に帰陣しているところに、直吉は家康からの慰労の書と指令を授かり同地に行く。諸将を指揮する立場にある井伊直政・本多忠勝は、主君家康の出陣を待っていたが、どうして遅くなっているのかと直吉に聞くと、直吉がいうには、家康は諸将が三成と絶交しているのかどうかを確かめているのだと答えた。両将は諸将には異心はなく、家康の着陣を待って忠戦をつくす覚悟のようで、諸将に家康のことばを伝えるさい、三成との件は伏せた方がよいと注意した。しかし直吉はそのまま伝えた。これは使命であるからだという。福島正則・黒田長政などの諸将は家康の命令に服してただちに陣を進めた。直吉は使番の役目を立派に果たしたのである。

関ヶ原の戦いで石田方が敗退したあと、家康の命により、松尾山に陣する石田方の小早川秀秋に会い、秀秋を家康の本陣に連行した。また家康の命で、捕えられていた石田三成・小西行長に時服（じふく）（季節の服）を渡した。また慶長一八年（一六一三）、安藤重信の副（助役）として池田利隆の城地姫路城に行き、政務を監した。嫡子吉勝は秀忠に仕え小性組・御膳奉行をつとめた。父直吉の知行一〇〇〇石に加え、二〇〇石、五〇〇俵、一〇〇〇俵、五〇〇俵と加増された。のち勘定頭（勘定奉行）、町奉行となっている。

13 植村氏

植村氏はもと土岐を称し、美濃国より遠江国上村（天竜市）にうつり住して植村を家号とする。のち上村から三河に来て安城松平氏（松平宗家）二代の長親に仕えたとされる。家康の三河統一のころ、家老職や三奉行をつとめたとされるが検証が必要である。

① 家存（いえさだ）家

家存の父氏明（うじあきら）は清康に仕え、天文四年（一五三五）、尾張国森山の陣において、阿部弥七郎某が清康を殺害したとき、氏明はすみやかに弥七郎を誅した。時に一六歳であった。清康横死に乗じ織田信秀が大樹寺に発向し、「岡崎（松平氏）の寡兵（かへい）（弱小兵力）を侮り伍（ご）を乱して競いかかる。岡崎勢防ぎ戦う中に、新六郎（氏明）衆に抽で尾張勢を数多うちとる」という。また広忠を殺害した浅井某を誅殺したとされている。同二一年（一五五二）、尾張国沓懸において戦死す。嫡男家存は家康につかえしばしば軍功あって「軍配団扇」を下賜され、出羽守と称す。このとき与力三〇騎を付属せられ、「御旗本先手の諸将」に列し、家康の三河統一のさい、酒井忠次・石川家成・同数正などと家老職となる。弟の氏宗は三河一向一揆で土呂（とろ）（岡崎市）において討死する。

家存嫡男家次は家康の長男信康自害ののち流浪し、その後、榊原康政の推挙で上野国のうちにおいて五〇〇石を扶助せらる。その子家政は秀忠に付属して小姓となり従五位下志摩守に叙任した。大坂両度の陣に供奉、斥候をつとめ凱旋ののち一〇〇〇石の加恩、出羽守にあらたむ。家光将軍のとき大和（やまと）国高取城（奈良県高取町）二万五〇〇〇石を領す。

② 泰職（やすもと）家

泰職は家存の祖父氏直の三男、家存の伯父である。広忠

【13　植村氏略系図】

氏直─┬─氏明──家存──家次──家政
　　　└─泰職──泰忠──泰勝

正忠──正勝──正元

に仕えしばしば軍功あり。子の泰忠は幼少のころ父にわかれ、鳳来寺の二位法印教円にやしなわれ、土佐と称し同寺の薬師別当となり安養院と号す。三方ヶ原の戦いでは援兵として家康にしたがい軍功があった。遠江国（静岡県）のうちで領地を与えられ、還俗（僧籍から俗人へ）して土佐守泰忠と改める。小田原陣のとき命により、親族の本多忠勝とともに武蔵国岩槻城を攻め力戦し、秀吉、その軍功を賞す。関東入国のときこの功により三〇〇〇石を与えられる。

慶長五年（一六〇〇）、上杉景勝征討のとき、命により近国の「賊徒」抑圧のため領地の勝浦（勝浦市）を守る。翌六年、二〇〇〇石の加恩ですべて五〇〇〇石を知行する。その子泰勝は本多忠勝の手に属し戦功あり。大坂陣のとき命により阿部正之とともに、尼崎の海上の抑えとなり和睦ののち伏見城を守る。元和元年（一六一五）の再陣では本多忠朝に属し先陣にあった。同五年、大番頭となる。別家は三家、大番・書院番などをつとめる。

③　正勝家

先祖は土岐氏、はじめは飯島で家康の命により植村にあらためる。正勝の父正忠は広忠・家康に仕える。一八歳のとき家康の面前で不法のふるまいをしている者をからめとる。三河一向一揆では門徒であるが、浄土宗にあらため軍功をつくす。天野康景・高力清長とともに三奉行と称す（本多重次の説あり）。郡奉行をつとめ「軍士七〇騎」をあずけられる。その領地として三〇〇〇貫文の地をあわせ領す。のち遠江国堀江城（浜松市）を守った。

天正一四年（一五八六）、家康駿府より浜松に「入御」のとき浜松城を警備する。小田原陣には相模国足柄（南足柄市）を守る。このとき秀吉の招きにより「婦人多く此関をとおらんと」したが、正勝は軍令を守り通さなかった。秀吉は怒って家康に告げる。これにより領地を没収せられ「逼塞（ひっそく）」せしめられる。関東入国後、子の正元の領地に蟄居し、文禄元年（一五九二）同地で死す。嫡子正元は家康に近侍する。別家は六家あり、大番・書院番・近習蕃などをつとめる。

14 赤根氏

丸根攻めには甚五郎・新右衛門・弥次郎・弥六郎・弥太郎・藤三郎の名があるが、その後の赤根氏の動向については不明である。

15 筧（かけい）氏

筧氏は伊勢国山田の住人であったとされる。筧豊後守正行の後胤兵衛正綱のとき、三河国六名郷に移住し、安城松平氏の祖親忠に仕えた。丸根攻めには兵三郎重忠・牛之助重成・助太夫正重の名がある。重忠父の正治は長親・信忠に仕える。天文一六年（一五四七）、松平忠倫（ただとも）が上和田（岡崎市）において謀反し、織田信秀に内応して岡崎城を攻め取ろうとした。これにくみする諸士が少なからず、岡崎城は危機的な情況であった。広忠は重忠に「汝ひそかに上和田に至り、忠倫を撃（ち）取（る）べきむねおほせかうぶり」、上和田に忍びいり、ついに忠倫を刺してもどった。広忠は「重忠が忠節比類なく、子々孫々に於てわすれまじきよしの感状をたまい」、三河国野羽（のば）（幸田町）において「万疋（まんびき）の地」を与えられる。「武徳編年集成」には「給恩一〇〇貫文の地」とある。永禄三年（一五六〇）、丸根攻めに参陣する。三河一向一揆のとき重忠は門徒であったが、一揆方にくみせず家康に忠誠をつくした。弟の正重は清康・広忠・家康に仕えた。弘治二年（一五五六）、織田家の臣柴田勝家などが酒井忠次の守る「福釜の砦」（安城市）を攻めるとき、大久保忠勝・渡辺義綱などとともに福釜にいたり高名をあらわす。家康、遠江国の横須賀（掛川市）に城を築き大須賀康高に守らしめ、正重を副える。のち康高の武者奉行となった。

重忠の嫡男の重成は家康に仕える。丸根攻めには父とともに出陣する。永禄三年（一五六〇）の尾張国の石瀬合戦で高名し元康（家康）から感状を与えられた。のち御旗奉行となる。嫡子の元成は家康に仕え抜群の高名をえた。のち御鎗奉行をつとめる。その子政次は秀忠につかえ知行二〇〇石、のち加増されて八一〇石余を領す。別家は一四家である。役職は大番・小姓組・目付・勘定奉行などをつとめている。

16 坂辺氏

坂辺氏については、天文一七年（一五四七）の小豆坂合戦に坂部又太郎正利という人の名がみえる。坂辺氏は広忠在世期には臣属している。坂辺氏は本願寺門徒で、三河一向一揆では一揆方に付いた。坂辺氏の動向がわからないのは一揆後、三河国を出て帰参しなかったからであろう。

17 青山氏

青山氏は藤原秀郷子孫で近江国蒲生氏の庶流という。系譜では南北朝の内乱時、南朝方で上野国吾妻郡青山郷（中之条町）に住す。これより青山氏を名乗るという。のち三河国碧海郡にいたり「坂井某」のもとに「寄食」（居候）し、徳川氏の祖とされる親氏に仕える。光教（みつのり）のとき信光に仕え、岩津城攻略のさい戦功あって同地で「八百町の地」を与えられ百々（どど）村（岡崎市）に住す。百々は岡崎より北部に通ずる要害の地、百々城の跡に青山塚がある。一族が多く江戸幕府では要職をつとめる。

①　忠成（ただなり）家

忠成の祖父忠世は長親、信忠に仕える。松平宗家の家臣たちは信忠を廃し、弟の信定を嗣とする動きがあったが、忠世はこれにくみせず、信忠がたとえ「不正の御行ひありとも」世子の清康（家康の祖父）がいるので、どうしても信定を主君とすることはできないと忠を変えなかった。信忠はこれを聞き清康に家を譲り、大浜（碧南市）に退隠した。天文二年（一五三三）、旧領百々郷八百町の地を安堵される。同四年、伊田野合戦で討死する。父の忠門は広忠に仕える。弘治二年（一五五六）、駿府で人質になっていた家康（元信）が岡崎城に帰陣のとき随従する。その後、尾張国に出陣しているから、丸根攻めに加わわっていたことは間違いない。三河一向一揆では岡崎城を守衛する。元亀二年（一五七一）、武田信玄の兵が岡崎城を攻めるとの風聞により、忠門は命により百々村に柵を構え岡崎への道路を守った。実際、一揆勢が来たが進むことができず引き退いたという。また遠江国の「郷民等一揆を起こし、作手（つくて）口より岡崎城にはせむかい」岩津村（岡崎市）を放火した。「北口七手の列」にある内藤家長・松平玄鉄（げんてつ）とともに命をうけ、忠門は弟忠重・俊成、一族の青木長義・卯野某とともに岩津村にいたり力戦した。忠門は阿知和村（岡崎市）の左石において武田兵

【17　青山氏略系図】

- 長光
  - 忠世
    - 忠門 — 忠成
      - 忠俊
      - 幸成
    - 忠重 — 成重
  - 忠教 — 長利

と戦い、そのときうけた傷のため死去した。三河国額田郡池入山に葬る。

忠門の嫡子忠成は幼少より家康に仕え、小姓をつとめる。天正八年（一五八〇）、命により内藤正成とともに秀忠に付属し、与力二五騎・同心一〇〇人をあずけられ久野衆という。関東入国のさいあらかじめ諸事を沙汰すべきとの命で江戸におもむく。このとき芝の称名院を増上寺とあらため、堂宇造営の奉行をする。入国後、五〇〇〇石を与えられた。家康は江戸城の西部で放鷹のとき、「赤坂の上より西原野村にいたり、御目におよぶかぎりの宅地にたまうべき旨おおせをこうぶる」とのことで、忠成は早速、馬で巡視し木に紙を結び境界とした。赤坂の麓より渋谷の西川にいたるこの地は、もと原宿というがこれより青山宿と呼ぶ。文禄元年（一五九二）、家康が肥前国名護屋に在陣時、秀忠は江戸城にあり、忠成と内藤清成は諸事を奉行する。在京の料として二〇〇〇石の地を与えられた。

慶長六年（一六〇一）、一万五〇〇〇石の加恩、奉書（主人の上意を奉じた文書）の列（連署できる地位）に加わる。同年、「市町の司及び関東の奉行職を兼」ね、与力二五騎・同心一〇〇人をあずけられ、裏門同心六〇人を付属せらる。のち二万八〇〇〇石を領す。慶長一八年（一六一三）死去、嫡子忠俊は慶長一二年（一六〇七）、三代将軍家光に付属せられ書院番頭となり、父の旧領をあわせ三万五〇〇〇石を領す。大坂の陣後、安藤重信・阿部正次とともに大坂城中の金銀をあらためる。酒井忠世・土井利勝とともに家光の輔翼を命ぜらる。家光、忠俊邸に二度も「渡御」あり。元和六年（一六二〇）、岩槻城に住し四万五〇〇〇石を領す。同八年、家光の「気色」（気分）をそこね、上総国大多喜城（大多喜町）にうつされ二万石を与えられる。その後、大多喜城を返上、寛永二年（一六二五）、遠江国の小林村に退去、一〇〇〇石を扶助せらる。のち弟の領地の相模国今泉村（座間市）に移り住す。

忠俊の子宗俊は同一五年（一六三八）、書院番頭となり三〇〇〇石を与えられ、のち大坂城代に昇進しすべて五万石を領す。延宝六年（一六七八）、浜松城（浜松市）を与えられる。営中において杖つくことをゆるされた。子孫、丹波国、丹波亀山城（亀山市）、同国篠山城（篠山市）に移封。

② 幸成家

幸成は忠成の四男である。慶長四年（一五九九）、秀忠の面前で元服する。時に一四歳。同六年より「近侍列」にあって「御配膳の役」をつとめる。父の遺領のうち一五〇〇石を分地される。大久保忠隣の子忠常の病気見舞に幕府の許可をえずに小田原城に行き、出仕をとどめられる。ひそかに大坂の陣の井伊直孝の手に属し戦功をあげる。元和五年（一六一九）一万三〇〇〇石を領す。書院番頭となりはじめて評定所に列し、命により奉書の判形に加わる。寛永一〇年（一六三三）、一万石を加えられ掛川城二万石、のち摂津国尼崎城（尼崎市）に移封、五万石を領す。危篤のとき将軍家光は松平信綱をつかわし願いごとがあればと問うと、「某が命旦夕（さし迫る）にあり、只子孫忠誠をつくし君恩にむくひたてまつらむことをねがうの他事なし」と答えたという。子孫は大番頭、駿府城代など要職をつとめる。

③ 忠重家

忠世の三男である。丸根攻めに参陣する。三河一向一揆のとき家康に属す。元亀二年（一五七一）、遠江国の郷民が一揆を起こし岡崎城へはせむかうとき、忠重・兄忠門とともに岩津村に出張して討死する。養子の成重は家康の近習となり秀忠の御傅をつとめ、関東入国時、三〇〇〇石、のち一万石となり奉書に加判すべく命ぜられた。のち大久保忠隣の事件に連座して知行を減ぜられた。

④ 忠教家

長光の二男、忠門の叔父である。忠教は信忠（家康の曾祖父）に仕える。子の長利は清康に仕え、使番をつとめる。三河国宇利城を攻めたとき、「浅黄四半の指物」に虎の字をかき、具足羽織に虎をえがいたことから虎之助を名乗るように命ぜられ、子孫、これを名とする。三河一向一揆のとき上宮寺にしのび入り放火するが、敵のために討死する。家康、愛惜ありて上宮寺の門前に石碑をたてその功を示す。

18 赤松氏

丸根攻めには日根之丞（ひねのじょう）・新左衛門の名がみえるが、「寛政譜」にはその姓名はない。

19 朝岡氏

家譜には藤原道兼一三代康藤は宇都宮左近将監と称し、新田義貞に仕え義貞滅亡ののち三河に居住する。国泰のとき三河国吉良に住しはじめて朝岡を称す。その子泰弘、広忠に仕える。泰弘の子泰国は石川数正に属して家康に仕えて、丸根攻めに出陣する。丸根攻めには久五郎と新蔵の名がある。天正一三年（一五八五）、数正、豊臣秀吉のもとに去ったとき、泰国は数正に従わず徳川家にとどまる。「ときに数正を御旗下（徳川家）に帰参せしむべしとの仰をこうぶるがゆえに、男香松を人質とし、本多平八郎忠勝に託して、のち数正がもとにいたり御使をつとむ」という。のち命により秀忠に仕える。子の泰勝は秀忠につかえ、杉浦親俊とともに諸国より納めるところの金銀を奉行する。

20 浅見（阿佐見）氏

丸根攻めは主殿介・金七郎の名がある。金七郎には家康元康から永禄四年（一五六一）に判物（はんもつ）状がだされている（『岡崎市史6』）。両人とも三河一向一揆では一揆方に付いている。おそらく三河から離れて帰参しなかったのであろう。「寛政譜」には記載がない。

21 足立氏

丸根攻めには左馬助・孫四郎の名がみえ、左馬助の父は広忠に仕えている。子の左馬助は永禄二年（一五五九）、三河国寺部城（西尾市）攻めに家康に従って参陣している。弟の甚尉も兄とともに出陣したが、「火砲」にあたって討死した。子孫は大番の役職を世襲した。足立氏は松平氏（徳川氏）出身地の賀茂郡松平村（豊田市）に居住したという（『松平町誌』）。中村孝也氏のいう「松平郷譜代」か。ほかに碧海郡上条（じょうじょう）村（安城市）、同郡渡刈村（豊田市）も出身地とされるが事実は不明である。また左馬助にかかわる碧海郡上野村は、三河一向一揆のとき一揆方に付いた酒井忠尚に属していたからであろう。左馬助は一揆後、赦免されている。

22 安藤氏

先祖は安倍仲麻呂の後裔安倍朝任。鳥羽院より藤原氏をたまい、両氏の文字を合わせて安藤と称す。家重はその一五代の孫という。古城跡として安藤氏代々の居城桑子城（岡崎市）跡がある。妙源寺には安藤家歴代の墓がある。

【22　安東氏略系図】

- 家重
  - 基能
    - 直次──重長
    - 重信
  - 家定
  - 家次
  - 定次──正次──正珍

①直次家（なおつぐ）

直次は幼少より家康に近侍し、一六、七歳のころ姉川合戦にしたがい首一級をえる。遠江合戦のとき突然の大雨で洪水となり、兵糧の運搬ができなくなり、直次は自分の食べ物を家康に献じ、空腹のままであったという。長久手の戦いでの直次の勇戦ぶりを「寛政譜」から引用する。

こだかきところに黒母衣（ほい）かけたる敵兵三〇人ばかりあるまる。直次鎗をとって突てかかる。其勇気におそれ、敵ひらき退く。ここに井伊直政敵兵と組で雌雄を決せず。直次ことばをかけてはせよるのところ、ついに敵を組ふせ討とりしかば、直次諫めて、およそ諸軍を下知する人は進退にかなうをむねとす。豈（あに）一人の功を専にせむやという。直政これをききてすみやかに帰りて其軍伍をととのう。

このとき直次は池田勝入（恒興）に「鎗つけ」、永井直勝がその首をとる。その息子、父の死を聞き馳せ来たるところ、直次は槍をもって突き倒し首を取った。家康は「其所為すこぶる武事に老練せるもののごとし。其勇抜群なきのみならず、一日に内に敵の大将二人をうつはまれなる事」と賞した。関東入国後、一〇〇〇石を与えられ、関ヶ原陣では使番をつとめる。慶長一〇年（一六〇五）、二〇三〇石余を加増、近習の臣となり、本多正純・成瀬正成とともに国政に参与する。

慶長一五年（一六一〇）、徳川頼宣（紀伊・徳川氏）に附属せられたが、なお「天下の政務」（国政）に参与し、「内外の事において忠志をつくさずということなし」という。大坂の陣で頼宣に従って出陣したが、「軍事に鍛錬なるをもって」、しばしば「計策」を家康に提言し、また諸軍に命令を伝えた。

直次の剛毅な性格を伝える話が「寛政譜」にある。これは元和・大坂の陣で長男の重能が力戦して戦死したさいの直次の行動である。

直次がいは（わ）く、男児難におもむきて辺野に死せん事要す。今なんぞ驚くにたらんやとて、先陣の勢をはげまし、あいともに敵を追行所に重能が死骸路のかたわらにあり。いかんすべきやと、直次聞て犬に喰わせよとて相見ざるもののごとし。まことにこれ戦（い）

に臨で私情をわするるというべし。

のち遠江国掛川城二万石を領し、頼宣が紀伊の国主になって、同国の田辺城（田辺市）にうつされる。このさい横須賀党のうち与力・同心の給知をあわせすべて三万八八〇〇石を領す。「寛政譜」の編者は直次の事績をつぎのように要約している。

直次、東照宮（家康）にまみえたてまつりてよりこのかた戦伐あるごとに、従いたてまつらずという事なく、その勲功あまたなりといえども、直次、天性善にほこらず。一生のあいだ曾てかつおのれが功をかたらず。これによりて其始末たしかならず。たまたまその明（ら）かなるをとりてここにのす。

寛永一二年（一六三五）死去。葬地は桑子の明眼寺（岡崎市）に葬る。のち頼宣は直次の功業を追慕し和歌山の城北に一寺を建立し、崇賢寺と号し、その影像を安置した。子孫は各代ともかならず将軍にまみえる。将軍家からの付家老であった。

②重信（しげのぶ）家

重信は直次の弟である。天正一二年（一五八四）長久手の戦いに出陣する。のち一六〇〇石を与えられ五〇〇〇石の加恩あって、奉行職となり執政に関与する。その後、一万石を加恩される。元和元年（一六一五）、大坂の陣の和議後、命により大坂にとどまること三、四日、埋めたところの隍塹（こうざん）（からぼり）を監視する。大坂の陣がふたたびおこり、重信、一隊の士を率いて御旗本の後陣となる。重信は秀忠の側で「士卒」を指揮する。大坂城落城のとき豊臣秀頼が母淀君とともに「廩（りん）中」（倉）にかくれる。井伊直孝・本多正純・阿部正次等討手をうけたまわり、重信は検使の役となって城中に赴き、「直孝等と相はかりて秀頼をあざむき大路に引出し、諸軍に見せて生捕んとて、速水甲斐守時之（ときゆき）をまねきて、秀頼もし速に降参あらば母とともに死をゆるさるべし」と告げた。

そこで豊臣家臣の大野治長が「輿二丁」をもとめたので「輿一丁、馬一疋」を与え、ふたたび輿を求めたことにより用意しようとしているところに、家康の命により倉に火を放ったので、秀頼母子などことごとく生害して焼死したという。重信はのち上野国高崎城（高崎市）五万六六〇〇石を領した。福島正則改易のとき、永井直勝などとともに西国の諸勢を率いて安芸国（広島県）広島に行き城を引き渡させ、広島にあって国務を執行した。

養子の重長は本多彦四郎某の長男、母は重信の息女である。幼少より家康・秀忠に仕え二万石を与えられる。遺領をつぎ書院番頭となる。後全て六万六六〇〇石を領す。子孫は各所に移されるが老中など要職をつとめている。別家は四家、一家を除いて大身旗本で役職は大番頭など要職についている。

③　家定家

安藤氏の家祖家重の三男である。家康に仕え軍功あり。三方ヶ原の戦いで討死する。嫡子の定正は今川氏真に属した。その後、北条康成に属し戦功あり。のち母に会うため本国（三河）に帰ろうとし、康成は武功のある定正をひきとめようとしたが、三河国に帰り家康に謁して鳥居元忠の組に属す。小田原陣において戦死する。子の定智は書院番となり一七〇〇石を知行する。子孫は御側・小姓組番頭などをつとめ三〇〇〇石を知行する。別家は二家、一家は一五〇〇石の知行、書院番などをつとめた。

④　家次家（いえつぐ）

家次は家重の四男である。家康に仕え、三河一向一揆では一揆方になり赦免されて直臣に復帰した。諸合戦で軍功あり。嫡子の次吉（つぐよし）は家康に仕え三河国三島の代官、伊勢国山田奉行をつとめる。四五〇石の知行を与えられる。

⑤　定次家（さだつぐ）

定次は家重の五男である。家康（元康）に仕え、三河一向一揆では一揆方になり赦免あって直臣に復し、家康の長男信康に付属する。その後、石川数正の隊下となり小田原陣では内藤家に従う。「軍功をはげます事凡（そ）一六度におよぶ」という。伏見城死守のさい敵兵の射る矢が左の股を貫いたが、その矢を抜いて士卒を指揮しついに戦死した。その子正次は関東入国のとき四〇〇石を与えられる。関ヶ原の戦いでは使番となり清須におもむいて軍の様子、岐阜城落城のあとの敵軍の行方などを報告する。慶長六年（一六〇一）、一一〇〇石加恩があった。のち諸大名のところへ使番となる。

同一四年、秀忠が三河国田原に狩りをしたとき、秀忠の面前にせまった野猪を射殺する。また野猪がはしり来るのを見て、持っていた槍を投じてこれを突き、その槍が猪を貫いて岩にとおったのをみた秀忠は、この槍を「岩突」と号すべしと賞誉した。同一九年、小田原城の外郭破却のとき奉公する。大坂の陣で上杉景勝が鴫野（しぎの）に陣をはるとき、正次は軍監をつとめる。大坂の陣で和睦ののち命により大坂城の石塁をこわし、「外隍（がいこう）」（からぼり）を埋めることを奉行する。すべて二〇〇〇石を知行する。元和陣では御旗奉行をつとめる。

嫡子の正珍（まさよし）は元和元年（一六一五）はじめて秀忠にまみえる。ときに一二歳。小姓組となり二五四〇石を知行する。子孫は新番頭などをつとめる。別家の一家は二〇〇〇石を知行する。

以上の安藤一族のほか、三河一向一揆の一揆方として治右衛門・太郎左衛門・近助の三人がみえる。

23　池野氏

丸根攻めには波之助・木之助の名がみえる。一族のなかに池野大学の名があり、岡崎城の築城者とされる。「寛政譜」にはない。

24 江原氏

丸根攻めには孫助と孫三郎の名がある。孫三郎某は、清康に仕え三河国坂崎において領地を与えられる。嫡子の利全（としたけ）は広忠・家康に近侍し、遠江国石田村において領地を加えられ、今川氏に人質となった家康に随従する。永禄元年（一五五八）、家康初陣の三河国寺部城攻めに従軍し、敵将神戸甚平某を討取る。慶長七年（一六〇二）死去する。利全の嫡男金全は家康に仕え、駿河国田中村（藤枝市）のうちで領地を加えられる。関東入国のとき知行二二〇石を与えられた。大番の組頭をつとめる。慶長八年（一六〇三）、秀忠息女千姫が大坂城に輿入れのとき付属し、家老となりすべて二二〇〇石を知行する。その子宣武は目付になり因幡国鳥取（鳥取市）におもむく。江原古城跡があり（『日本歴史地名大系』―以下『地名大系』と略す）、『西尾私史』に「砦始址、幡豆郡三和村大字江原字屋敷あり。城山と呼ぶ。境城東西一町七間、南北略同じ」とある。江原屋敷とよばれ今も大きな土塁が残る。江原丹波守は、竹千代（家康）が尾張から岡崎に帰り、駿河に赴く時、供をした一人である。今川義元に属したが、その子孫三郎は一向一揆では門徒側、土呂・善秀寺で敗れる（『三河一向宗乱記』）。「寛政譜」には以上の記述はない。ほかに与左衛門・丹後守の名があり、吉良・江原（西尾市）に出生とある（「三河出生直参覚」）。

25 大橋氏

丸根攻めに伝七郎と右馬助が出陣している。「寛政譜」など家譜には見えないが、「三河物語」には三河一向一揆の一揆方に大橋伝一郎の名がある。善秀寺の門徒で久保田村（幸田町）に居住したとされる（『地名大系』）。両家とも江戸時代の旗本に名がない。「寛政譜」によれば親俊家の系譜がある。これによると、先祖は肥後国山本郡大橋に居住していたので家の称号としたという。子孫は二〇〇〇石知行、大番などをつとめている。

26 川澄氏

丸根攻めには又七郎・文助の名があるが、「寛政譜」などの家譜にはみえない。川澄氏の在所は額田郡丸山村（岡崎市）でここには古城跡が三ヵ所あり、そのうち一ヵ所は川澄文助居城跡とされる。村内の屋敷跡には川上左衛門・粂新四郎・榊原式部の名がある（『地名大系』）。江戸時代の村高は三〇〇石で広い村域と思われないから、城といっても小規模の屋敷城ていどであったであろう。

27 黒柳氏

丸根攻めに彦内と金七郎の名がみえる。「寛政譜」には該当に氏名はないが、三河一向一揆の一揆方に金十郎・孫左衛門・治郎兵衛の名がある。黒柳氏は一揆方となって三河国から離れ帰参しなかったか、または同心として誰かに付属したかいずれかであろう。

28 近藤氏

近藤氏は徳川草創の地である三河国賀茂郡松平（豊田市）の出身とし、親氏・信光に仕えたとされる（『松平町誌』）。「三河物語」によれば、近藤一族の某が田植作業をしているところを広忠がみて、相応の知行を与えることができない自分を責め、「人間之宝は譜代之者なり」とする記述がある。近藤氏の在所として坂崎村・中之郷村（岡崎市）がみられ、地誌には中之郷村の古屋敷があったとされる（『歴史地理資料』）。三河一向一揆のさい近藤一族が同村に在地していたという。丸根攻めには伝十郎と場左衛門の名前がみられるが「寛政譜」にはみあたらない。「三河物語」には、三河一向一揆には一揆方として伝次郎が上野城に籠っており、また馬左衛門（場左衛門）が家康方に付いていたとされる。「寛政譜」には(1)了金（りょうきん）某が清康に、(2)太郎右衛門が広忠に、(3)助右衛門勝俊が広忠に仕えている。子孫は大番・書院番などをつとめている。

29 榊原氏

先祖は伊勢国で三河国に来住して松平宗家（徳川氏）に仕えた。嫡流の忠政は家康の父広忠に仕え家老、軍奉行（いくさぶぎょう）をつとめた。別家で徳川氏の部将として有名な榊原康政は、家康側近の武将で息女は二代将軍秀忠の養女となった。

① 忠政家

榊原氏の先祖は伊勢国の出身とされ、一六代続いた壱志郡榊原村（津市）を領したとされる。忠政家の祖経定は伊勢国司北畠家に属し、そののち三河国額田郡山中郷（岡崎市）に来て親氏に仕えるという。忠次のとき「植村飛騨守某・酒井左衛門尉とともに」広忠の家老となり、一字を与えられる。嫡子忠政は人質となった家康に随従し、「供奉七人の列」で近侍した。諸合戦で先登して勇戦す。永禄一二年

（一五六九）の遠江国掛川攻めでは、内藤信成・本多重次・渡辺守綱とともに軍奉行であった。姉川の戦いでは家康の「御馬の左右をはなれず」、帰陣ののち遠江国において七〇貫文の地を与えられた。天正一七年（一五八九）、秀忠に付属せられ近侍する。家康の命で先祖の称号の摂津守にあらためる。関東入国のとき二三〇〇石を知行した。嫡孫忠豊、寛永一〇年（一六三三）死去。嫡子なく家は断絶する。

【29　榊原氏略系図】

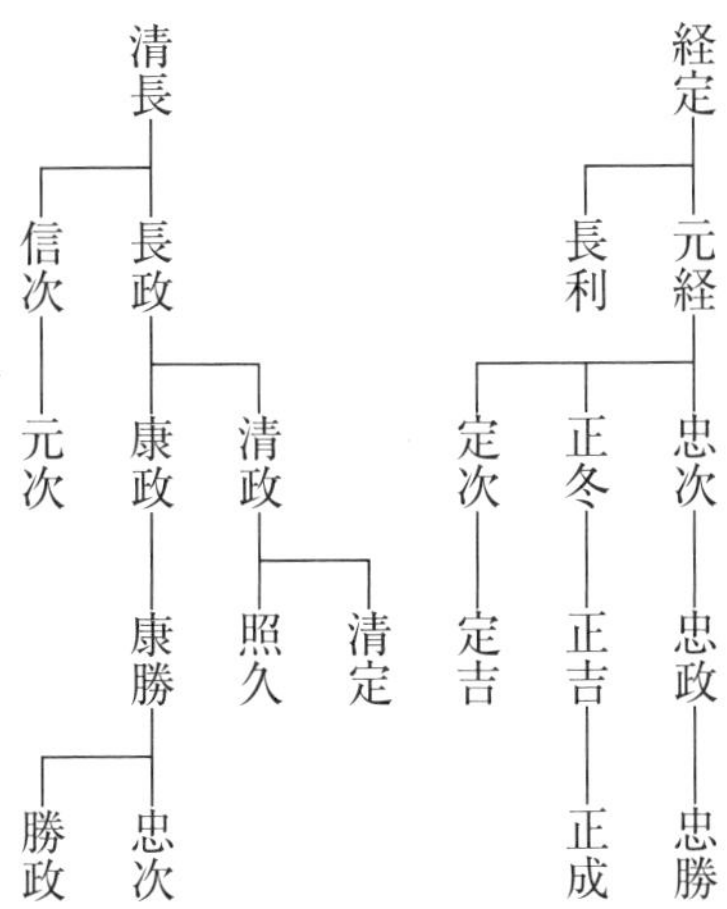

別家は三家あり、弟の忠重は四〇〇石を知行、蔵米三〇〇俵を加えられた。

②　正吉家（まさよし）

正吉は嫡流の忠政の従兄弟である。父正久は広忠の小姓をつとめる。同僚と喧嘩して浪人となり関東に居住する。妻は松平信孝（三木松平氏）の息女である。正吉は丸根攻めに従軍する。三河一向一揆では家康の旗本にあって戦う。その後の諸合戦で軍功をあらわす。嫡子正成は天正七年（一五七九）より家康の小姓となり、長久手の合戦では旗本にあって戦功あり。関東入国のとき知行二〇〇石、のち二〇〇石を加えられる。元和元年（一六一五）の大坂の陣では高木正成の組に属す。嫡孫政盛のときすべて一五〇〇石を知行する。子孫は大番・書院番・信番頭などをつとめる。

③　定次家（さだつぐ）

定次は嫡流の忠政の叔父である。定次は広忠・家康に仕える。嫡子定吉は二〇〇〇石を知行し、子孫は大番をつとめる。のち断絶する。

④ 秀信（ひでのぶ）家

秀信は家康に仕え、浜松城の御門番をつとめる。関東入国に従う。子孫、知行五〇〇石、書院番・小姓組をつとめる。

⑤ 長利（ながとし）家

忠政家の祖榊原主計頭経定と同祖といわれている。長利は家康に仕え、大箪笥（たんす）奉行心五〇人をあずけられる。一七〇〇石を知行する。子孫はいったん改易となったがゆるされて、大番をつとめ三〇〇石を知行する。

⑥ 職直（もとなお）家

花房氏であったが家康の命により榊原を称す。文禄三年（一五九四）、父職之、豊臣秀吉に勘当され佐竹義宣領におもむく途中、家康の内命により池上本門寺のあたりにとどめおかれ、榊原康政の取次で家康に謁し家号を榊原にあらためる。大坂の陣に従軍、戦後、一八〇〇石を知行、御徒頭（おかちがしら）となる。のち二五〇〇石、長崎奉行となる。

⑦ 康政（やすまさ）家

榊原氏の祖についての康政家の諸伝には、仁木義長の後胤といい、伊勢国壱志郡榊原村に住し、のち三河国にうつりて居住すとあるから、忠政家と同系統である。伊勢国から三河に来住したのは康政の祖父清長と言われる。清長は天文一四年（一五四五）死去した。三河国上野の隣松寺に葬る。康政は天文一七年この上野に生まれた。ここは上村（かみ）城と下村城があり、広忠の重臣酒井忠尚が在城した。康政は忠尚の小姓であったが、忠尚が家康に反逆して同城を離れたあと、家康に召し出されて側近として仕えた。時に一三歳、家康の一字を与えられる。永禄七年（一五六四）、本多忠勝・鳥居元忠とともに旗本の先手役となり同心（部下）を付属せしめられた。

元亀三年（一五七二）、三方ヶ原の戦いで一手の長となる。長篠の戦いでは、石川数正・大須賀康高・鳥居元忠・平岩親吉などとおなじく、敵中に入り縦横に「奮激」したので、敵軍は敗走した。このとき、家臣などが討死し高名をあらわす者が多かったという。遠江国の諸城攻めでは本多忠勝とともに常に先手として戦った。天正八年（一五八〇）、遠江国高天神攻めでは先頭し、はげしく戦って城を攻略した。「手にうるところの首凡四〇余級」なりという。

小牧の戦いでは、包囲する豊臣方の諸将に書を送って、秀吉は旧主の信長の恩を忘れて子の信雄と兵を構えることは、「その悪逆のはなはだしきいうべからず、しかるを太閤（秀吉）にしたがうものは、みな義をしらざるなり」と痛烈に批判した。またこの戦いで、家康は軍を岡崎に帰すとし、康政を小牧城にのこすべく重臣たちにはかったところ、康政は、「太閤ほどの大敵を引請、城を枕として討死せんこそ、末代までの誉なれと申せしかば」と言上したという。このように家康側近で勇猛な武将であった康政は周辺諸国に知られていた。たとえば天正二年（一五七四）、上杉謙信は康政に手紙をだし、信長の動向に関して「家康へ諫言」するよう述べている。また本能寺の変で信長横死のあと、秀吉と不和となった関白近衛前久（さき）は家康を頼って浜松に行くが、そのさい康政に執り成しを依頼している。そのほか本願寺光佐からの取次など、徳川家の重臣として信頼を受けている様子である（『家康文書』）。

関東入国のとき、上野国館林城一〇万石の領地を与えられ、家康の直臣六人を付属せしめられた。豊臣政権下、家康は京都・伏見にいたが、康政・井伊直政・本多忠勝・平岩親吉・石川康通を隊長として交代で勤番させた。関東入国後、康政は秀忠の輔佐の臣となり、関ヶ原の戦いでは秀忠軍の先備であった。

関ヶ原の戦い後、大坂城に入った家康は、康政・井伊直政・本多忠勝に、諸将の忠、不忠をただし、「天下の政事」にあずからせた。秀忠が二代将軍となった慶長一〇年（一六〇五）、秀忠は康政の息女を養女とした。康政は徳川将軍家と姻戚の関係になったのである。家康は武道について人に話をしたおり、「康政こそ多勢を指揮することを弁（わきまえ）へたれ」。とのべたという。慶長一一年（一六〇六）死去する。

嫡子康勝は二七歳で死去する。妻は加藤清正の息女。嗣子なく大須賀忠政（遠江・横須賀城主）の二男忠次が家康の命により相続する。実は忠政は康政の長男であった。大須賀康高の養子となり大須賀家を継いでいたのだが、榊原家に嗣子がいないので忠政嫡子の忠次に遺領の一〇万石が与えられ、大須賀家の所領は収められたのである。元和二年（一六一六）、終身、松平の称号を用いることをゆるされた。のち播磨国姫路城（姫路市）を与えられすべて一五万石を領した。

⑧ 勝政家（かつまさ）

勝政は康勝の二男。三代将軍家光に召しだされ、加藤忠広のもとに住む。これは勝政の嫡母が加藤清正の息女であったからである。忠広が改易、配流になったさい、蔵米一〇〇〇俵を与えられる内命があったが仏門に入り、のち従兄の池田光政の願いで備前国岡山に住した。嫡子勝直は光政や榊原宗家の執り成しで蔵米一〇〇〇俵を与えられ御使番となる。勝岑（かつみね）のとき宗家の遺領をついだ。

⑨ 清政家（きよまさ）

清政は長政の長男、康政の兄である。家康の命により信康（家康長男）に付属せられ、信康自害のあと処士（しょし）となり、康政の所領の館林に閑居した。慶長一一年（一六〇六）、家康が武蔵国忍（おし）に鷹狩りのさい同地に呼ばれ、要害の地の駿河国久能城（袋井市）を守るべしと、蔵米五〇〇〇俵を与えられた。

嫡子の照久は慶長五年（一六〇〇）、伏見城において家康にまみえ、これより側近で仕える。父危篤により久能の城番を命ぜらる。家康自ら地を定め、駿河国有渡（うと）郡のうちで一八〇〇石を与える。元和二年（一六一六）、家康死去し霊柩を久能山におさめるとき、照久、祭祀のことをつかさどる。これは家康の遺言によるとされる。子孫代々、御宮番をつとめる。

⑩ 清定家

清定は清政の長男、康政の甥、多病で家を継がず康政の家臣となる。長男重次も同様、二男の清次は将軍秀忠・家光にまみえ書院番をつとめた。子孫は蔵米三〇〇俵を与えられる。

⑪ 信次家

信次は清長（康政の祖父）の三男という。鳥居元忠に仕える。子の元次は岡崎城においてはじめて家康にまみえ、吉良庄の代官となり領地を与えられる。子孫は八三〇石余を知行し、大番組頭をつとめる。

30 佐野氏

丸根攻めに名がある与八郎は正安という。正安は清康に仕える。本領は大幡村（岡崎市）とされるが、その地名はみあたらず野畑村（岡崎市）であろう。享禄二年（一五二九）、清康が東三河の牧野氏と合戦のとき、御油（豊川市）の縄手において「正安事をつぐるによって勝事を得たまう。かるがゆえに参州（三河国）下和田のうちにおいて領地加倍をたまう」（「寛永系」）という。下和田村は野畑村の隣村である。野畑城主として佐野右馬助（与八郎）の名がある（「三河国二葉松」）。

正安の子正吉は広忠・家康に仕える。孫の正長は元和五年（一六一九）、秀忠の息女千姫の家老となった。子孫は一一〇〇石を知行し大番・走水奉行・大坂町奉行などの役職をつとめている。

31 杉浦氏

先祖とされる和田義盛滅亡のさい、その子義国は近江にいたり蟄居す。このとき三浦・杉本の一字をとって杉浦と号す。和田氏は三浦半島の豪族であった。義国から八代目の政重は延徳年中（一四八七〜八八）三河に住し杉浦と称し、松平宗家の信忠に仕える。その子政次は信忠・清康に仕え、六名郷の内久古(くご)に領地を与えられる。「寛政譜」にみえる吉貞は八郎五郎というが、丸根攻めにみえる八郎五郎鎮貞と同一人物であろう。清康・広忠・家康に仕え三河一向一揆では家康方である。弘治元年（一五五五）、子の勝吉・大久保忠隣・同忠貞・同忠世・阿部忠政などは、尾張国蟹江（蟹江町）の七本鎗と称すという。六名郷において加恩の地を与えられている。

① 勝吉(かつよし)家

広忠・家康に仕える。弘治二年（一五五六）、酒井忠次が守る三河国福谷城に援兵として、勝吉および大久保忠隣・渡辺八郎右衛門某・筧正長・大原惟宗・阿部忠政・大久保忠佐などとともにおもむく。永禄二年（一五五九）、大高城への兵糧入れのさい家康は、勝吉や鳥居忠広・内藤五左衛門某・同正成・石川十郎左衛門某・杉浦時勝をして敵の形勢を、見させしめた。三河一向一揆のとき、父吉貞に従い一族を率いて軍功あり。その後、諸合戦で高名をあげ感状を与えられる。関東入国のとき三〇〇石の知行地を領した。弓頭をつとめる。

別家は七家あり。このうち政次の二男時勝は広忠・家康に仕えしばしば合戦に参陣する。天正一三年（一五八五）、石川数正が岡崎城を離れ秀吉のもとへ出奔のとき、「城番のもの急に鐘をつきてこれをつぐ。時勝速に至るの処、数正すでに城を出、残るところの諸兵・諸具をとどめてかたく城を守る」という。子孫は四〇〇石を知行、大番・近習番をつとめる。

②　親貞（ちかさだ）家

親貞は政次が三男、清康・広忠に仕えしばしば軍功あり。天文一五年（一五四六）三河国野田において戦死す。子孫は八二〇石を知行し大番・などをつとめる。

③　正友（まさとも）家

正友は親貞の子親次の三男。大坂の陣では弓同心五〇人を預けられる。同家は射術をよくする家だという。納戸頭とつとめ六〇〇石を知行、その後、二四〇〇石を領す。子孫は勘定頭となり八〇〇〇石を知行し、書院番・大番頭をつとめる。

【31　杉浦氏略系図】

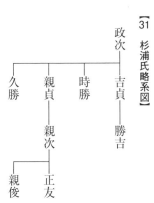

- 政次
  - 吉貞 ― 勝吉
  - 時勝
  - 親貞 ― 親次
    - 正友
    - 親俊
  - 久勝

④　親俊（ちかとし）家

親俊は親次の四男である。慶長七年（一六〇二）、めされて秀忠に仕え大番をつとめ、三〇〇石を知行する。同一二年より金銭出納の奉行をつとめる。

⑤　久勝（ひさかつ）家

久勝は政次の四男である。三河一向一揆では家康方で兄の吉貞とともに忠功をつくし、三河国三木村において知行を与えられた。長久手の戦いで戦功あり。慶長五年（一六〇〇）、上田城攻めには大久保忠隣に属し旗奉行となるが、軍法をそむくにより自殺する。長男久成は大久保忠職の家臣となる。二男の久真は大坂の陣において、前田利常の家臣本多政重の陣所にいたが、家康にめされて近侍した。四〇〇〇石を知行、大番をつとめる。

32 土屋氏

丸根攻めには甚助重信・仁七郎の名がある。「寛政譜」には記載がない。「三河物語」に「勘助」（甚助カ）が家康方にいて討死している。居住地として本郷（刈谷市）下六名の地名がみられる。

33 同齋（同三歳）氏

丸根攻めには直勝と文助の名がある。三河一向一揆のときは家康方となる（「三河物語」）。

34 平井氏

丸根攻めには甚太郎・善次郎の名がみえる。「寛政譜」には記載されていないが、「三河物語」には「甚五郎」が一揆方に付いているとあり、在地名には国正（岡崎市）、坂崎（幸田町）の名がある。

35　古谷氏

丸根攻めには甚助と甚七郎の名がみえるが、「寛政譜」・「三河物語」には記載がない。

36　山田氏

山田氏は尾張国春日井郡山田郷（名古屋市）に居住してより家名とした。木曾義仲に仕えると伝える。三河に来住して「細川の領主松平平二郎親世」に属すという。大給（おぎゅう）松平氏が細川を領したとされるから、その系統か。

①　重利家（しげとし）

山田重則は三方ヶ原の戦いなどに軍功をあげたが、長久手の戦いでは戦死した。嫡男重利は家康の小姓をつとむる。時に一二歳。天正一一年（一五八三）、浜松城において同僚と口論しその座で討果すべきを、家康の面前であるので翌朝、城外で果たし合いすることを約し討ちすてた。家康は障子をへだてて聴いていて、よく憤りをおさえた始末は殊勝であるとして、行方を尋ねることをしなかった。

のち井伊直政に属したが、直政のところを去り蒲生氏郷に属す。これを知った家康は、秀忠には内緒で重利は役に立つ人材なので帰参するよう伝えたので、秀忠は知行一〇〇〇石を与え使番の役を命じた。大坂の陣において秀忠の指令を諸軍に伝えた。家康、重利を直接、召した時、「重利諸国を経歴する事三十二年の間、台顔（家康）を拝し奉り、かたじけなき上意のくだる事を拝謝す」と言上した。大坂の陣に軍功で五〇〇石を加増され、与力一〇騎、御鉄砲足軽三〇人をあずけられる。寛永一〇年（一六三三）一〇〇〇石を加増されすべて二五〇〇石を知行す。子孫、山田奉行・大目付・小姓組頭をつとめた。

②　重英（しげふさ）家

家康に仕え、天正三年（一五七五）、大賀弥四郎某が「逆心」を企てたときに、重英は小谷甚左衛門某・倉地平左衛門某などとこれにくみし、密に武田勝頼に通じ、その兵を岡崎城に入れる計画があった。ところが重英は心変わりして信康（家康子・岡崎城主）に密告したので、大賀などは処刑され勝頼も撤兵せざるをえなかった。重英は恩賞として新恩の地を与えられた。同一六年、岡崎において口論し殺害され、領地は没収された。

養子で家を相続した重次は一五歳ながら、仇を討った。これを知った家康は、天正一八年（一五九〇）、重次に三〇〇石、のちすべて一〇〇〇石を知行した。伏見町奉行・駿府町奉行をつとめ、のち徳川忠長に付属せしめられた。

③　正直（まさなお）家

木曾義仲の郎等山田次郎の末孫という。正直は小牧・長久手の戦いに出陣し討死する。二男の曾武右衛門は家康に仕え、小姓をつとめ五〇貫文の地を与えられる。子孫は五〇〇石を知行したが、苛政により追放される。

④　正勝（まさかつ）家

山田次郎重忠の後胤という。永禄元年（一五五八）、尾張国科（品）野の合戦で討死する。嫡子正勝は小牧・長久手の陣で首四級を得、家康はその功を賞し永楽三貫五〇〇文を与え、一貫文を首一級にあてたのである。そのうちの一級は正勝と筒井平兵衛某とともにとったので、五〇〇文を平兵衛某に分けた。子孫は大番などをつとめた。

⑤　重吉（しげよし）家

浦野重直の後胤という。重吉は三河国富永（岡崎市）の出身という。家康に仕え、三方ヶ原の戦いで討死する。子孫は大番をつとめ三三〇石を知行する。

⑥ 重正(しげまさ)家

重正は清康に仕えのち広忠・家康に歴任する。嫡子正次は家康に仕え、三河一向一揆のとき軍功あり。嫡孫正勝は信康に仕え、信康生害ののち家康に勤仕し、甲斐国へ進発のとき平岩親吉の組に属し先鋒となる。天正一二年（一五八四）、長久手合戦では三河にありて従軍すべきことを言上し、先鋒の井伊直政に属して首級を得た。帰陣ののち、もとのごとく甲府の城番をつとめるよう命ぜられた。しかし正勝はこれを再三固辞した。そのさい、直政の内意で妻をその実兄に託して三河を去り、京都におもむき豊臣秀次に仕え、大番頭となり三五〇〇石を知行した。秀次生害ののち前田利長につかえ戦功あって、すべて六〇〇〇石を知行する。慶長六年（一六〇一）加賀国において死す。

37 山本氏

山本氏の先祖は明らかでないが、「山本冠者良重」の後胤とされる。丸根攻めに名がある四兵は四平衛正直とみられ、また才蔵は坂左右(さかそう)村（岡崎市）の小城の城主である（『地名大系』）。三河一向一揆に二人の名がみられる。

① 正直(まさなお)家

正直は清康・広忠に仕え、天正二年（一五七四）に八三歳で死去している。才蔵家の隣村の定国村に居住している。子孫は旗本となり六〇〇石を知行す。大番・書院番をつとめる。家は四家あり、なかには一五〇〇石を知行する家があり、小姓組・書院番・大番をつとめている。

②正高家

別流である。長男の喜平次正則は清康・広忠・家康に歴任し、永禄一二年（一五六九）の遠江国掛川攻めで戦死している。正高の嫡男重成は家康の小姓となり、小牧の役では使番となった。のち旗本となり二〇〇〇石を知行した。子孫の役職は書院番などである。別家が六家あり、大番・書院番・小姓組などをつとめている。

③清近家

清近は広忠・家康に仕えて天正三年（一五七五）五〇歳で死去し、子孫は幕府の御鷹匠を世襲している。別家には今川義元の家臣であった義晴がいる。嫡男の正義は永禄一二年（一五六九）に始めて家康に謁し直臣となった。長久手の戦いで負傷したとき、家康は侍医を遣わして治療させた。子孫は旗本となり一三〇〇石余を知行し、書院番をつとめている。

38 齋藤氏

丸根攻めに彦太郎・喜一郎・彦一の名がある。「寛政譜」には記載がない。吉良氏の家臣に宮内という名があり、碧海郡中ノ郷（岡崎市）を居住としているが、同族であるかどうか不明である。

39 朝比奈氏

丸根攻めに五郎作の名がみえる。「寛政譜」などに記載がなくその後の系譜が不明である。

40　阿部氏

阿部氏は藤原道兼の末流という。はじめ小田氏でのち安倍にあらため、そしてのち家号を阿部にあらためた。由来は不詳である。阿部氏の祖忠正は小針城（岡崎市）を居城とし、文明三年（一四七一）、松平宗家三代信光の西三河侵攻にしたがい、一子正重を親忠に出仕させたという。大永四年（一五二四）、清康岡崎に入城のとき同城は廃城となり、六名に移ったとされる。

①　正勝（まさかつ）家

正勝の祖父正俊は累代「御家」（安城松平・徳川）に仕え、三河国「あこた」を領すという。その子正宣、清康に仕える。山中、吉田両城の城攻めに軍功あり、のち広忠、岡崎から他国に逃れるとき、阿部定吉とともに忠志をつくし、三河国牟呂（むろ）城（豊橋市）に入れる。正宣、「馬に鞭（むち）して急を今川義元にこのよしを報ず」という。このとき三河国の内で領地を与えられ、御旗大将を兼ねる。正勝は、今川、織田両氏のもとに人質となった家康に天野三之助某とともに近侍す。時に七歳。家康元服のときにともに元服し、幼名から善九郎正勝を名乗る。今川義元は梅の実をつらぬいた槍を家康に、梅の穂をつらぬいた槍を正勝に与えた。家康、これを梅実、梅穂と名付ける。三河一向一揆では家康方で粉骨をつくす。葵（あおい）御紋の馬験（うまじるし）（印）を与えられる。天正一〇年（一五八二）、北条氏直と若神子（わかみこ）で対陣のとき、正勝、和睦の使をつとめる。氏直は承諾し軍を収める。同一三年、正勝および本多正信・大久保忠隣・牧野康成をして、旗本、分国の諸士に計策あれば三人に告ぐべきと命ぜられる。関東入国時、五〇〇〇石を知行する。慶長三年（一五九八）、大坂城西丸の御留守居をつとめる。慶長五年（一六〇〇）死去。

弟の正広は関ヶ原の戦いでは使番をつとめ功をあらわしたが、故あって自殺する。その子掃部某は父切腹のとき介錯し、自身も腹を切って死す。正勝の嫡子正次は幼少より

【40 阿部氏略系図】

```
正俊──正宣──正勝─┬─正次──重次
                  └─忠吉──忠秋

正信──重尚──重吉──重次

某（道音）─┬─定吉
           └─定次──忠政─┬─忠宣
                         └─正之──正継
```

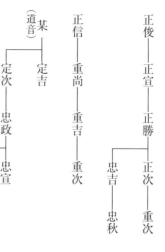

家康に仕える。関東入国時、家康に随従する。文禄元年（一五九二）、家康が肥前国・名護屋に発向のさい、「このたびの役にはおぼしめすむねあれば、父正勝等がごとき老輩を撰ばる。汝はとく関東に下りてつかうべしと仰せありしかば、やむこと得ずして江戸にかえり」という。慶長五年（一六〇〇）、遺跡を継ぎ書院番頭となる。

関ヶ原の戦い後、正次は従五位下、備中守に叙任しすべて一万石を領す。同一五年、五〇〇〇石を加えられ、翌年、大番頭にすすむ。大坂の陣では「御左備の諸士を率いて供奉」した。大坂落城のとき秀頼が隠れている「糒蔵」を囲む。家康より秀頼助命の内意があったが、「井伊直孝等と密にはかりてしきりに鉄砲をはなつ。秀頼ついに自殺」する。元和二年（一六一六）、七〇〇〇石加恩、翌三年、八〇〇〇石を加えられ、上総国大多喜城（大多喜町）を与えられる。同五年、武蔵国岩槻城に移され五〇〇〇石を加えられ、五万六〇〇〇石余を領す。寛永五年（一六二六）、大坂城の城番となり摂津国で三万石を加えられ、すべて八万六〇〇〇石余を与えられる。

正次が危篤のとき城中で死を待つべきか、城外に移るべきか、について「寛政譜」は次のように伝えている。

城中に死せば穢れのはばかりありという事、ことわり（理）あるに似たりといえども、凡そ城は勇士の墳墓なり。これを枕とし死するもの豈穢れを論ぜむや。

三代将軍家光はこれを聞いて、「もとより正次がかかるこころざしなるをしろしめさるがゆへに、御城を託しおかれしなり。その所存にまかすべきよし仰下さ」れ、その四日後、大坂城で死去した。家光の命により増上寺山内に墓所を築く。正勝家は重次が相続した。重次は六人衆（若年寄）となり、幕府の政事に参与した。正勝家の別家は五家あり、重次二男の正春家は一万六〇〇〇石の大名となった。

② 忠秋（ただあき）家

忠秋の父は宗家正勝の二男忠吉である。大須賀康高、常に正勝を通して諸事を家康に言上しているからか、正勝の子供を婿とし横須賀城に置く事を願う。慶長四年（一五九九）、一五〇〇石を知行、御徒（かち）の頭をつとめた。五〇〇〇石の加恩、従五位下、大番頭をつとめる。嫡子忠秋は一万石を知行、六人衆の一人となる。のち八万石を領す。

③ 重吉（しげよし）家

重吉の祖父新四郎某は、安城において清康に仕え大永五年（一五二五）戦死する。父の重尚は清康・広忠に歴任、天文七年（一五三八）、広忠が、三河国上野城を攻めるとき討死す。重吉は天文九年（一五四〇）より広忠に仕える。時に一一歳。家康誕生のとき広忠に命により小姓となる。家康が駿府に人質のとき、酒井正親・平岩親吉・内藤正次・阿部正勝などとともに近侍した。慶長一六年（一六一一）死去。

④ 大蔵某（定吉（さだよし））

大蔵の父道音は三河国に住し安城松平家三代信忠に仕える。天文四年（一五三五）、同国の和田村の妙国寺に葬る。大蔵は清康に仕える。子の弥七郎某、清康を殺害する。「罪をまぬがれざらむことを恐るといへども」老臣などと議して広忠の供をして三河を去って、伊勢国神戸（かんべ）におもむく。翌五年、大蔵・酒井正親・同忠次・石川清兼・同数正などとはかり、広忠を神戸より遠江国懸塚にうつし、また居所を三河国今橋（豊橋市）にうつす。大蔵はひそかに駿府におもむき、今川義元をたのみ広忠の岡崎帰城のことをはかる。義元が承諾したので今橋に帰り、弟定次と相談して広忠を三河国牟呂（むろ）城（豊橋市）に入れる。そののち家康に仕え、岡崎にあって諸事を奉行す。同一八年死去する。

⑤ 定次家

定次は大蔵某の弟である。清康を殺害した甥弥七郎のことで岡崎にいることを遠慮し、大樹寺におもむき剃髪する。兄大蔵は広忠を守護して伊勢国神戸（鈴鹿市）にあり。定次は三河にとどまり、三遠両国の神仏にもうで広忠らの帰国を祈念する。「その誠忠を感応ありけるにや、たちまちあらたなる霊夢をこうぶる。定次歓喜のおもいをなして、御一族ならびに譜第の御家人等をかたらい、御帰城の事」をはかる。そしてこのとき、離散していた「譜第」の旧臣が多く駆け集まり、再び広忠に仕えたという。天正一〇年（一五八二）死去する。

定次家を相続した忠政は実は大久保忠次の二男である。射術をよくしてその名をしられる。九鬼澄高が伊勢国にあって加勢の依頼のさい、命によりかの地に行き、それより志摩国におもむき、七島の徒と海陸所々で戦う。のち駿河・遠江・信濃などの国々で数度の戦場にのぞみ、大久保忠世とおなじく軍功にはげむ。その後、命により忠世とともに遠江国二俣城を守衛するところ、故あって辞すことを申しでたがゆるされなかったので、長子忠宣を連れて伊勢国に住し、程へて三河国に帰り上和田に閑居した。家康の出陣のさい、たびたび岡崎城の守衛を命ぜられることあり。慶長七年（一六〇二）、秀忠は家康に乞い忠政から軍法の教授をうける。子孫は知行一五〇〇石、小姓組・書院番などをつとめる。

⑥ 正之家

正之は忠政の三男で秀忠に仕え書院番をつとめた。また使番・目付となる。大坂の陣、秀忠が伏見より河内国（大阪府）に出馬のとき、命により摂津国におもむき、尼崎北中嶋を巡見す。諸軍陣営の地を検し、ひそかに諸士の形勢をうかがい、その志が忠節であるか、または密謀の族もあろうかと道路を徘徊し、昼夜をわかたず、人の往来をうかがい、巷説（うわさ）を探りその虚実を察し、その利害を識別して本営に行き家康に報告した。また安藤重信とともに旗本の陣場を沙汰した。元和元年（一六一五）、命により加藤忠広の領地の肥後国におもむき国政を沙汰する。この年、忠広の家臣加藤美作（みまさか）らが大坂（豊臣秀頼）に内通することを察し、熊本城をまもらしめないように画策する。同二年、御先弓頭に転じた。松平忠輝の封地の越後国および信濃国川中島（長野市）を没収のとき、軍勢をひきい、かの地におもむき、川中島四郡のことを沙汰した。また諸大名の城引渡し役をつとめる。加藤忠広家の騒動で、加藤美作某などの大坂への内通の証人となる。日向国（宮崎県）の椎葉（しいば）山一揆鎮圧についての九ヵ条の計策を提出する。一揆の張本人など一四〇人を誅す。元和六年（一六二三）、江戸城三の丸の普請を奉行、伊豆・相模・駿河三国におもむき、大石を江戸に運送せしむ。同九年、松平忠直配流により越前におもむく。寛永二年（一六二五）、命により「御城（江戸城）下諸士の宅地を分かち定め」る。二〇五〇石余を知行する。嫡子政継は「父に継（い）で御先弓の頭」となる。

41 今村氏

藤原秀郷の子孫という。河村秀村より今村を称す。丸根攻めに出陣している。勝長は、清康・広忠・家康に歴任する。永禄三年（一五六〇）、大高城守衛に出陣する。三河一向一揆時、上野城にこもる酒井将監某を、本多広孝・酒井忠次が攻めたさい、勝長もそのなかにあって、矢を城中にはなちて多く敵兵を射殺する。のちしばしば弓勢をもって名をあらわす。天正三年（一五七五）、大賀弥四郎・倉地平左衛門・山田平蔵・小谷甚右衛門などが武田勝頼を岡崎に引き入れようとした。勝長は命によりかの「逆徒」を討つ。関東入国のときすでに致仕（ちし）し、年老いて従陣しなかったが、当時の勲功により領地を与えられる。

　嫡子の重長は幼少より家康に近侍し御膳番をつとめる。天正三年（一五七五）、岡崎において黒柳甚蔵某が一揆をおこそうとした。重長はこれを生捕り差し出したので、家康は黒柳の領地と家財などを与える。のち秀忠に付属し使番となる。豊臣秀頼生害のとき井伊直孝・安藤重信にしたがい、渡辺宗綱・石川政次とともに城内におもむく。元和二年（一六一六）、目付となり新恩一〇〇〇石を与えられ、すべて二二〇〇石を知行する。知行地は「渡川」（渡）という。「寛政譜」には記載がない。

42 上野氏

丸根攻めには三郎次郎の名がみえるが「寛政譜」には記載がない。「本宗寺文書」に上野庄五郎成宗が家康重臣の石川家成宛にだした書状がある（『新編・岡崎市史6』）。また「三河出生直参覚」や地誌によれば、上野氏の在所は額田郡竜泉寺村（岡崎村）であり、同村の古城跡に関して上野三郎四郎・庄五郎の名があるという。おそらく屋敷城をかまえていたのであろう。「竜泉寺旧記」には上野氏は松平清康に仕え、天文年間に竜泉寺城内鎮守として観音寺を創建したと伝える（『地名大系』）。また宗太郎という人物が広忠の年寄役（重臣）であったという。三河一向一揆の家康方に上野三郎四郎の名がある。

43 鵜殿氏

丸根攻めに七郎三郎の名がみられるが「寛政譜」には記載がない。三河一向一揆のとき戦死者のなかに鵜殿十郎三郎がいる（「三河物語」）。家康の祖父の清康の弟かもしれない。十郎三郎と七郎三郎は同一人かどうかは検討の要あり。ほかに八郎三郎が蒲郡の出身といわれる。鵜殿氏は現在の蒲郡市の地域で勢力をもつ東三河の豪族である。鵜殿氏は当時、今川義元直属の部将であるから、丸根攻めの七郎三郎は清康の弟であったかもしれない。

44 大見氏

丸根攻めでは藤六郎の名がみえる。「寛政譜」にはみえないが、三河一向一揆には一揆方として土呂（岡崎市）の本宗寺に立て籠もっている（「三河物語」）。「三河出生直参覚」には在所が上地村（岡崎市）とある。上地八幡宮の所伝によると、当地の豪族大見藤六の舘に源範頼が休息したと伝える。また藤六の地名が残っているという（『地名大系』）。天正期、武田側に内通した大賀弥四郎を告発した山田八蔵の知行地になっているようで、大見氏は断絶したのかもしれない。

45 大切氏

丸根攻めには七蔵の名がみえるが、「寛政譜」などには記載がない。

46 押鴨氏

丸根攻めには伝十郎の名がある。三河一向一揆のときは家康方である。「押鴨殿」の呼称がある。いわゆる「松平十八党」のうちといわれる。押鴨村（豊田市）古城には松平中将同宮内が代々居住したという。

47 小野氏

「寛永家系」に小野道風（おののみちかぜ）の後胤という。三河一向一揆では一揆方となる。本証寺連判状に四郎左衛門則忠・彦三則久の居住地が「ふくち」とある。親光が家康・秀忠に仕え、寛永元年（一六二四）死去。子の高政が遺跡を継ぎ二一〇石を知行する。大番をつとめる。別家は四家、そのうち親光の子孝光は秀忠に仕え、一六歳で大番を役職とする。大坂の陣では伏見城の守衛、櫓の鉄砲をあずかり急変に備える。元和元年（一六一五）の役にしたがう。寛永二年（一六二五）徳川忠長に付属。甲斐国で三〇〇石、忠長改易のあと再び直参となり三〇〇石を知行す。

48 川切氏

丸根攻めに孫七郎の名があるが、「寛政譜」などに記載がない。

49 川上氏

丸根攻めには川上十左衛門の名がみえる。三河一向一揆では家康方であり、この時期、家康直臣であったことは間違いない。額田郡丸山村には川上氏の屋敷跡があるとされる。「寛政譜」には直重家の家譜があり、これによれば直重は家康に仕えている。子の直縄は家康に仕え大番をつとめる。のち、御金奉行にうつる。

50 月海氏

丸根攻めには左馬助の名あり。「寛政譜」には記載がない。三河一向一揆には一揆方として「月塊佐五郎」に名があるが、丸根攻めの左馬助と同一人と思われる。在所は額田郡井内村（岡崎市）とされるが、この村は久世・坂部両氏の出身地といい、月海氏については不明という（『地名大系』）。

51 久世氏

曾祖は村上天皇の一四代具通で久世と号し太政大臣となる。子孫は関東に下向し、下野国古河（古河市）に居住し、久世左太夫と号し、のち三河国に移住した。広長のとき清康・広忠に歴任し戦功あり。

① 広宣家

広宣の父長宣は丸根攻めに参陣したが、三河一向一揆では一揆方になり三河国針崎（岡崎市）において討死する。のち赦免あり。天正四年（一五七六）、大須賀康高に属し先手組となる。遠江国の諸合戦で軍功をつくす。高天神城攻めで敵を数多討ち取る。落城ののち水野忠重が家康に「広宣が奮戦三河国の一揆以来かかる戦（い）を見ざるむねを言上」した。同一〇年、北条氏直と若神子（韮崎市）で対陣のとき、豆生田の砦攻めで力戦する。家康、石川数正をめして、「広宣が父勇者たりといへども、若年にして討死す。これ祖父広長に似たりと仰せありて御感斜ならず。御手自ら薬を疵（きず）につけたまい」という。

関東入国のとき三〇〇石を与えられる。慶長一三年（一六〇八）、事情あって横須賀を去り、武蔵国多摩郡南沢に蟄居する。大坂の陣において秀忠出陣のとき、広宣は先手になり諸軍に下知すべしと命ぜられる。元和元年（一六一五）に三〇〇〇石、翌二年に二〇〇〇石を加えられ、翌三年、足軽五〇人を預けられた。同五年、秀忠上洛に随従し同五年六月、福島正則改易のさい、秀忠の命で坂部広勝と江戸におもむき、正則がもし謀反をおこすようなことがあれば、松平忠明・松平忠次・鳥居忠政・最上義俊などの兵を下知し、正則を誅すべきと命ぜられ、直接、謀略の書二通を授けられた。これより以前、家康より采配・金のふくべの馬印・朱の千切対の槍を与えられた。

嫡子の広当（まさ）は与力一〇騎同心五〇人を預けられ、与力扶助の給二〇〇〇石を合わせ七一一〇石余の知行を与えられた。百人組の頭（かしら）となり、子孫は大番頭・駿府城代をつとめた。

② 広之（ひろゆき）家

広之は広宣の三男である。秀忠の小姓となり小姓組の番士に転ず。小姓番頭となり五〇〇〇石、のち五〇〇〇石を加えられ一万石の大名となる。若年寄となり老職に補せられ従四位下に叙す。寛文九年（一六六九）、下総国関宿城（野田市）六万石を領す。奏者番・若年寄・老職をつとめる。広明（ひろあきら）のとき、京都所司代をつとめた。

52 久米氏

丸根攻めに新四郎の名がある。三河一向一揆のとき家康方となる。在所は丸山という。

53 高力氏

祖は熊谷次郎直実という。正直のとき梁田（やな）を称し、三河国高力郷に住す。その子重長は高力郷に住するが故にはじめて家号とする。清康に仕える。天文四年（一五三五）、清康死去後、織田信秀が岡崎城を攻めるとき、松平勢は信秀の軍を敗退せしめた。この戦いで重長父子は戦死した。重長の子清長は享禄三年（一五三〇）の生まれで父討死のとき六歳で叔父重正に養われる。天文二一年（一五五二）、駿府にいたり人質になっていた家康に仕える。三河一向一揆では、「御譜代の士おおく一揆に属するといえども清長同心せず、岡崎城に勤仕」し軍功あり。また土呂の門徒一揆を「平治」して「制法」を定めたが、仏像経巻を拾い集めて持主に返した。このことで三河の人たちは清長を「仏高力」と呼んだ。本多重次・天野康景と清長をもって「三河の三奉行」という。掛川城攻め、姉川合戦で遠江国長上郡万石村において百貫文の知行と、信長から槍一本を与えられる。三方ヶ原の戦いでは一族・郎党数十人討死する。天正八年（一五八〇）、遠江国馬伏塚（まぶし）城（袋井市）を与えられた。本能寺の変後の伊賀越えで小荷駄奉行となり殿（しんがり）す。同一〇年、駿河国田中城主（藤枝市）となり山西を領し、「駿河先方の士二五騎」を預けられる。関東入国時、武蔵国岩槻城（さいたま市）二万石を領す。朝鮮征討のさい家康、清長に朝鮮渡海の軍船をつくらしめた。余った「黄金二〇枚」を家康に返却したところ、「汝が淳直なるうたがうことなし。何ぞこれをおさめんやとてすなわち其（の）黄金をたまう」と。その後、駿府において「譜第の士忠勤なるもの七八人を選ばれ、本渡の真壺をたまう」とあって、清長はその一人であった。慶長一三年（一六〇八）死去。

嫡子の正長については、天正一二年（一五八四）、佐々成政が浜松に見えたとき、家康は正長を呼び成政に会わせ、「これ先祖より累代勇功の士なりと仰ありければ、成政、譜第の勇士おほき事を賀したてまつる」といったとされる。正長の子忠房は、寛永一五年（一六三八）、島原のキリシタン一揆誅殺のあとの肥前国（長崎県）島原城（島原市）

に移され、加恩あって四万石を領した。これは乱後の同領の治政についての特命をうけてのことである。

54 佐橋氏

室町幕府将軍義政に仕え、義政の命により佐橋を称した。三河国額田郡下和田村に居住、はじめて家康の曾祖父信忠に仕える。坂崎を居所とする。別家の吉忠は広忠・家康に歴任、弓術をよくし射法を伝える。三河一向一揆では一揆方となりのち赦免される。諸合戦に軍功あり。四男の吉村は家康方に付いて討死す。嫡子の吉次は秀忠の近習となりのち大番となる。一二七〇石余を知行し、「荒井」（新居）奉行・小姓組をつとめる。吉次は慶長一八年（一六一三）、井伊直孝の組、吉次の弟吉勝は渡辺山城守の組となる。別家は五家あり大番などをつとめる。

55 柴田氏

柴田氏の先祖は伊賀国上野（伊賀市）から欠村（岡崎市）に来住して清長に仕え、大永二年（一五二二）より天正一七年（一五八九）まで三代続いて同村の領主であったとされる（『地名大系』）。三河統一時、家康に仕え、康忠の康は家康から与えられた一字である。康忠は丸根攻めの永禄四年（一五六一）に吉良義昭との戦いに従軍している。同六年、三河一向一揆のとき門徒ではあったが、徳川氏の浄土宗に改宗して家康方で戦った。康忠は弓術にすぐれ、このとき名を矢に彫って射撃したが、矢にあたった死傷者が数十人、敵はこれに感じ、放ったところの矢六三を集め家康陣に送った。家康はその武勇を賞し六三の字を旗の紋とし、名を七九郎とした。これは七九は六三の数にあたるからである。五ヵ国統一期、軍功多く、諏訪・高島城（諏訪市）にあって信濃の国政にあずかった。先鋒第二の隊として常に戦場に供奉した。関東入国時、五〇〇〇石の知行を与えられた。子孫は大番頭・書院番頭・小姓組番頭をつとめている。

56 柴山氏

丸根攻めには小兵衛正和の名がみえる。「寛政譜」には記載がない。三河一向一揆では一揆方で、酒井将監忠尚に属す。多分、一揆後、三河国から離れたのであろう。

57 進藤氏

丸根攻めには伝十郎の名がある。「寛政譜」には記載がない。

58 高木氏

高木氏は水野信元に属しのち徳川家に仕えた清秀家と、三河譜代の広正家がある。両家の祖は「蔵人判官代信光」といい、その子孫がわかれて尾張三河に住した。広正は丸根攻めに名前あり。

①　清秀家

清秀の父宣光は三河国碧海郡牧内村に住し、永禄九年（一五六六）死去。家康が清秀に与えた領地の判物（領地の保証）に「先祖の名田三河国大岡領」とある。大岡は現在の安城市大岡町である。後で述べる広正の居住地は隣村の高木村であるから、このへんの地域が高木一族の在所であった。したがって安城松平氏（徳川氏）に属していたと思われるが、何故か清秀は幼少から織田信長の臣水野信元に仕え、尾張国緒川（東浦町）に住した。清秀が何故、信元の家臣になったかは不明である。織田・徳川（松平宗家）同盟のあと、信元が岡崎に在ったとき一向一揆が勃発し、清秀は家康方で力戦した。

天正三年（一五七五）信元が死去し、信長の命により佐久間信盛に属す。同一〇年、信長の横死後、甲斐国新府（韮崎市）に陣した家康は清秀の武名を聞き、一族の高木正広を清秀のもとにつかわし、家臣となるべきよう伝える。清秀これに応じ新府の家康に謁し、三河・尾張・遠江の国のうちにおいて一〇〇〇石（貫カ）を与えられる。尾張国小牧陣では内藤正成とともに目付となる。長久手の合戦勝利のあと清秀と内藤正成は次のように家康に進言した。

豊臣太閤は性勇敢なり、この敗れをきかばかならず来り戦うべし、今味方の士ことごとく倦つかる、しばらく士卒を休めたまうべしと申。

家康はこの意見を取り入れ、軍を返して小幡城（名古屋市）に入った。関東入国のとき五〇〇〇石を領す。慶長一五年（一六一〇）、河内国丹波郡のうちにおいて一万石を領す。子孫、大番頭を世襲す。別家は七家あり。このうち二家は五〇〇〇石を知行す。役職は御勘定頭（勘定奉行）・大目付・大番・書院番などをつとめる。

②　清方家

清秀の弟、母は酒井正信の息女。兄とともに水野信元に属す。のち徳川氏に仕え六八〇石を知行し、役職は大番・書院番などをつとめる。

③ 広正家

「判官代信光」の庶流、西三河の高木（安城市）を領すにより高木を称す。広正の祖父正直は永正六年（一五〇九）死去。父の重正は三河国上野において死す。三河一向一揆のとき一揆方にくみしたが赦免されて上野で家康にまみえる。同じく一揆方で三河国を離れて加賀国にいた本多正信を、家康の命により帰国せしめた。三方ヶ原の戦いで徳川軍退却のさい、家康の乗った馬が鉄砲にあたってたおれたが、広正は自分の馬をさしだしたので、家康は無事、浜松城に帰ることができた。このとき、武田信玄の近臣六人が追跡してきたが、「容貌魁偉」で大力の名のある大隈入道を討ち取り、その余三人を討ち浜松城にもどったところ、家康は次のよう計策をたてたという。

今味方利あらざるよしをきヽて城中騒動す。汝が勇猛衆のしれるところなれば、かの首をもって信玄を討取しといえば衆人真とおもうべしなり。すなわち大隈が首を鋒に貫き、敵の大将信玄が首を高木広正が討取たりと大音に呼ばわりて、城中を馳めぐりければ、人々万歳を唱えてしずまる。このとき信玄城下ほどちかく襲い来るといへども、城中のしずかなるをみて猶豫してひき退く。ここにおいて東照宮（家康）、大隈が着せし面頬（面鎧）のおおいなるを御覧じ、広正が怪力を御感ありて、すなわちかの面頬を広正にたまう。

天正三年（一五七五）、遠江国諏訪原の役に「諸卒」が「炎暑におかさるもの多かりしかば」、広正、命により「五徳散」という薬を調合して諸軍に渡す。その処方は今に伝えられる。長久手の戦いには同心二〇人をひきい、谷を越えて鉄砲を放たしめ多くの敵を討ち取る。織田信雄が広正の小牧・長久手の戦いでの勤労を賞し、尾張国で「五百貫文」の地を与えるとのことを家康に言上したところ、「領掌」すべきとされた。文禄元年（一五九二）すべて二〇〇〇石を知行した。

慶長五年（一六〇〇）、武蔵国忍城を守衛すべしと本多正信をもって命ぜられたが、広正は「年老いて行歩かなわず」とのうえに「眼疾の患」で再三、辞退したが、また「鈞命」により忍の城辺三〇〇〇石および菅沼定利の家人二〇騎、同心三〇人を預けられ、同国のうちで「養料の采地」

一六〇〇石を与えられる。のち秀忠から家康の「御戦場」のことを聞きたいとのことで、「広正老衰せるにより」平川口より乗輿（乗物）して出仕するよう「恩命」ありという。慶長一一年（一六〇六）忍において死去。

嫡子の正綱は父の役を継いで忍城を守衛する。弟の正次は天正一七年（一五八九）、駿府においてはじめて家康に謁す。大坂の陣では使番・目付も兼ねる。役後一〇〇〇石を加えられる。松平忠輝改易のとき越後高田（上越市）のおもむき「国中の事を沙汰」した。出羽国最上（最上町）のおもむいた本多正純に宇都宮城没収の命を伝える。すべて三三〇〇石余を知行する。のち佐渡奉行となる。広正家の子孫は大番頭・書院番・小姓組番頭・使番となる。

④ 喜左衛門某家

喜左衛門は広正の弟である。岡崎において家康に仕える。慶長一〇年（一六〇五）死去。嫡子の正信は秀忠に仕える。

59 筒井氏

筒井順慶と同系統で、大永年中（一五二一〜三七）、大和国より三河国にいたり、清康に近侍し広忠・家康に歴任す。三河一向一揆のとき門徒であったが家康に属した。

① 忠正家

忠正は、徳川氏が北条氏直と対陣のとき、敵陣より「軽卒」が出て、稲を刈ってこれを背負い自陣に帰ろうとしたところ、家康の命により忠正の子忠次がうしろから追いついて斬殺した。家康は感銘してその刀を「稲切」と号せしめた。同年の合戦に戦死す。子の忠重はこのとき三歳、のち家康に近侍し知行二二〇石、島原・天草の乱では現地に派遣せらる。御留守番に進み一〇〇〇石の加恩、のち一九二〇石を知行、小一〇人番頭・大目付などをつとめる。

②　忠光家

忠光は清康・広忠に歴任。三河一向一揆では家康方で上和田で戦う。嫡子の久忠は家康・秀忠・家光に歴任し富士見番を務める。その子正成は元和元年（一六一五）、蔵米三五〇俵を与えられる。

③　正吉家

正吉の父余右衛門某は「三河国の産」、清康・家康に歴任、三河一向一揆のとき門徒であったが、一揆方にくみせず家康方となる。これにより一族で一揆方になったものも志を変え、家康に属した。その子正吉は諸合戦に参陣しのち大番をつとめた。子孫は九二〇石を知行し大番・御腰物奉行をつとめた。

60　遠山氏

遠山氏は加藤次景廉の子景朝、遠山と称す。子孫は美濃国に住しているが、後北条氏の家臣になっている家もかなりみられる。遠山一族で三河に居住したのが安吉である。安吉の本国は美濃とあり、広忠に仕えている（「寛永家系」）。広忠死去のとき、林藤五郎と広忠の遺骨を持って高野山にのぼり、大徳院にこれをおさめる。その後、家康に仕える。子の安政は平太夫といい、丸根攻めに出陣している。在所は地誌に六名の遠山党とある。六名村は岡崎城の南の守りの地点で、松平宗家の中下級家臣が集住した。「三河諸侍出所伝」などには、一五氏二三名が六名村出所として記されている。平太夫もそのなかにいたのかもしれない。徳川氏の関東入国のとき三三〇石を知行した。子孫、大番をつとめ別家は三五〇石を知行し大番を世襲した。

61 中根氏

中根氏は室町時代の中ごろ以降、三河国額田郡箱柳村（岡崎市）に居住、道根六郷（小呂・箱柳・田口・坂田・岩谷・中畑）を領したとされる。箱柳村の字日陰に中根屋敷があるというから、中根一族の本拠地は同村であったと思われる。なお、中根氏は本証寺門徒であったが、三河一向一揆では家康方である。

① 正行家（まさゆき）

先祖より数代、箱柳村（岡崎市）に住し「土人其所を呼んで中根と称す」という。正行は清康に仕えて「中老」を世襲した。三河一向一揆のとき家康方で戦った。そののち大須賀康高を加勢して遠江国横須賀城を守り、武田の兵を防いだ。松平康安・青木又四郎某とともに遠江国二俣城を守る。元亀三年（一五七二）、武田軍の攻撃があって、穴山梅雪謀により水攻めで飢渇におよび、城をあけわたして浜松城に帰った。しかしこのことを恥じて三方ヶ原の戦いのとき、一族・家臣などをひきい敵中に攻め入り討死した。正行の嫡孫正重は信康に属したがのち家康に仕えた。関東入国後、二〇〇石を知行する。子孫は六〇〇〇石を領し大番頭・書院番頭をつとめる。別家は三家、知行は一〇〇〇石、五〇〇石、蔵米三〇〇俵である。

② 利重家（とししげ）

利重の父忠利は道根六郷に住し今川義元に属した。同村は箱柳村から大分離れた地域にあり利重家は中根氏の別家であったか。三河一向一揆では家康方で戦う。三方ヶ原の戦いのとき先登（せんとう）にすすみ、家康の馬前で戦死した。二男正次が家康の命により名跡を継いだ。のち二七〇石を知行し小姓組・箪笥（たんす）奉行をつとめた。

③ 正吉家

先祖は代々、松平郷に住し松平を称す。四郎左衛門広政が三河国加茂郡下小市（下河内）村（豊田市）にうつる。正吉はその長男である。子孫は中根氏の名跡を継ぐが、正吉のとき松平氏を名乗るべきとされる。正俊は大坂の陣に鉄砲五〇挺をあずかって従軍したが、のち病で下古市村に帰住した。嫡子正勝、将軍秀忠に仕えて小一〇人をつとめ、中根氏にあらためた。子孫、蔵米三〇〇俵を与えられ大番・小姓組などをつとめた。

④ 正連家

正連は正俊四男。はじめ松平を称しのち中根とあらためる。寛永七年（一六三〇）、はじめて秀忠にまみえ小一〇人をつとめ中根を称した。のち蔵米五〇〇俵を与えられたが、嫡子正輝のとき五五〇石の知行高となる。子孫のうち正孝は御蔵奉行をつとめる。

⑤ 正盛家

中根正盛は三代将軍家光の近臣として知られている。正盛の曾祖父市左衛門某は広忠に仕え、父・祖父とも家康に仕え諸合戦に出陣した。正盛は二代将軍秀忠の小姓となり大番をつとめた。のち「御家門・国主・城主等への密事を奉り、在国の輩より国家の安否みな正盛について達」す側衆の地位にあった。すべて五〇〇〇石を領す。別家のうち正包は京都町奉行となる。

62 氷見氏

氷見氏の祖は為重で清康・広忠・家康の三代に仕える。永禄一一年（一五六八）、遠江国堀川の役（浜松市）で戦死す。嫡子の勝定は今村勝長の弟で養子となった。長久手合戦の軍功で与力一〇騎・同心五〇人をあずけられ、知行二五〇〇石を与えられた。子孫のうち、重直は大坂町奉行となりすべて三〇五〇石を知行し、堺（さかい）（大阪府）を支配すべきことを命ぜられる。参考として「三河国二葉松」に「小山（お）の氷見新右衛門とある。小山村は現在の刈谷市小山町で、豪族の屋敷跡と思われる西屋敷・佐太屋敷・東屋敷・中屋敷・稲葉屋敷に名称が残っている。

63 波切氏

丸根攻めには波切孫四郎に名がみえる。「寛政譜」などにはみえない。三河一向一揆では一向宗（浄土宗）側に石川姓八名、佐橋姓三名、波切姓、浅井姓が一名みえる。波切氏は一揆方となりのち三河を退去したのであろう。

64 成瀬氏

成瀬氏の祖は二条関白良基とされ「流落」して三河に行き「成瀬の郷」に居住すという。又太郎のとき成瀬を名乗る。成瀬城跡は寺沢村（足助町追分）にあり、足助七屋敷の一つに数えられている（『地名大系』）。松平二代目とされる泰親に属し累代「御当家」（徳川）に仕えた。泰親、岩津城を築き信光を家督とし、同城に移るさい中根・近藤・内田などと従ったという。のち信光は畠山加賀守某の安城城を攻め落とし、子の親忠にこれを譲った。成瀬氏は安城に移った親忠に属し、城近辺の木戸村に砦をつくって居住した（『地名大系』）。その後、額田郡六名郷明大寺（みょうだいじ）（岡崎市）、野辺を領し、六名郷に砦をかまえて居住する。その後も長親・信忠・清康・広忠に仕えた。

①　正一（まさかず）家

祖父正頼は清康に仕える。広忠を牟呂から岡崎還城について、大久保忠隣・林藤助某・八国甚六郎某・大原佐近右衛門某とはかる。その忠功により各々「一五貫の地を加え賜わるのむね、五人一紙の御書」を与えられる。

父の正義は家康に仕え六名郷において「采地二百五十貫文」を与えられ、御使番・御旗奉行を兼ね、鳥居忠広とともに近侍し、もっぱら軍事にあずかる。永禄五年（一五六二）同僚と争論しこれを討ち遠江国に去る。三河一向一揆のとき正義、三河国にはせかえり、ただちに妻子とともに岡崎にいたった。これにより家康は正義をゆるした。その後、数度の戦場で軍功あり、三河国岡崎において五〇貫文の地を加えられる。三方ヶ原の戦いで浜松城にひきあげる家康の後衛を守り討死する。

嫡子の正一は永禄三年（一五六〇）、事情があって三河国を去り、甲斐国に行き武田信玄の臣諸角豊後守某の同心となる。のちひそかに甲府をさり北条家に属し軍功あり。ときに三河において、「人の他国に遊仕することを禁止」により、親族の意見にしたがい三河国に帰る。遠江で武田氏と諸合戦のとき、つねに家康のもとにあり、これは正一が武田軍の「形勢」を知るからだという。

武田没落のあと、信長より武田「先方の士」を取立てることを「制止」されていたが、正一は武田の家臣のとき武（む）川（かわ）衆と好（よしみ）があり現地の様子をみる。

みな害を避て山林にかくれ、隣里人なきにより、彼門に書していわく、市川に来りて正一をたずぬべしとなり。その夜武川六十騎の組頭米倉主計助忠継、折井市左衛門次昌、市川に来る。

家康は武川衆に人質を出さしめ遠江国桐山（牧之原市）に置く。信長横死のあと「甲斐の庶民」等が領主の河尻秀隆を殺して騒動に及ぶ。家康はこれの鎮圧のため、甲斐国を知る正一・岡部正綱・穴山衆を大将の大須賀康高に副える。正一は正綱などと古府中（甲府）にあって「先方の士」を招いて味方に加えた。このとき「武川の士六十騎」を徳川家臣とした。天正一〇年（一五八二）、甲斐の奉行職となって国政をおこない、甲斐にいること九年に及ぶ。同一三年、根来（ねごろ）法師など「百人」をあずけられる。根来同心という。また正一はあまねく国中をたずねて、信玄の「旗下大番六備」の作法を記した書・分国の仕置・法度の式目九十九箇条などを家康に献じた。家康は正一を武蔵国鉢形城（寄居町）に居らしめ、武川・根来衆を付属させ、北武蔵の制法を定め、「御料の地」（徳川直轄地）七万石の代官職とし二一〇〇石の知行地を与えた。

関ヶ原の戦い後、板倉勝重とともに伏見城の留守居奉行をつとめ、根来衆をあずけられる。その後、近江国浅井郡七万石の御代官をつとめ、板倉勝重とおなじく訴訟を決断する。元和元年（一六一五）、伊勢国亀山城（亀山市）を守るべきとの家康の命あるとき、正一辞していうには、「年老て余年なし。こいねがわくば守城のことゆるさるべし。もし恩賞たらんには黄金を賜らば余齢をなぐさむるにたれり」と。家康、そのことばを「善」とし黄金を若干、与えたという。同六年死す。

②　正成（まさなり）家

正成は、正一の長男であるが別家となる。幼少より家康に仕え小姓組となって近侍し、長久手の戦いに軍功があった。関東入国のとき四〇〇〇石を知行する。関ヶ原の戦い後、米津清右衛門某と堺の政所（まんどころ）となる。のち、もとのごとく近侍し本多正純・安藤直次とともに「天下の機務を奉行」し、甲斐国において新恩二万石、のち一万石を加えられ下総国栗原郷（船橋市）に居住する。義直（家康の九男）、尾張国に封ぜられるとき傅（もり）となって同国の「行政法」を定める。また駿府に帰り政務をつかさどる。家康からは数年の「勤労を慰（い）せられ、義直卿の輔佐となり、なお時々、老中の席にも候すべし」と命ぜられる。甲斐国の所領を尾張にうつされる。

家康は、徳川氏の遠祖とされる新田義重の寺を上野国新田（太田市）に建立のため、増上寺の源誉・土井利勝・正成を現地につかわした。新田で義重・義貞の旧跡をたずねたところ、「老農夫」がいうには、世良田に近い岡に古寺の跡あり、これが新田氏の旧跡なりと。そこで人夫を使って岡の上を掘ると、瓦石・古仏がでてきたので家康に報告した。家康は新田に寺を造立し大光院とし寺領を寄進した。慶長一七年（一六一二）、平岩親吉が死去し、正成が代って尾張・徳川家の「国政」をおこなった。大坂の陣において、大坂城の惣堀を埋めるさい、正成が大野治長を論破した様子をみよう。

正成答て、初めの約束にいささかたがうことなし。惣堀とありしは惣じて内外の堀を申なり。いま御和調いたるうえはふたたび干戈（かんか）（戦争）を用いられざること論なし。ことさらに両家はご婚家の御ちなみあれば天下無事なるにいたり、城内にのみ堀ありとて何の益かあらむ。しかれどもやしないおかるる所の諸浪人をして再び兵を起すべしとの御思慮たるかと申。治長其理に屈し、辞（ことば）なくして退く。

元和三年（一六一七）、徳川義直より犬山城を与えられ三〇〇〇石を加えられ、封地一万四〇〇〇石は二男之成に与えられる。寛永二年（一六二五）死去する。下総国葛飾郡栗原郷（船橋市）の宝成寺に火葬する。子孫は幕閣に入らず、三万五〇〇〇石を領す。

③ 重貞（しげさだ）家

重貞は三河国加茂郡に住し、安城松平家の長親・信忠に仕える。その子重倫（しげとも）は清康・広忠に仕え、のち家康に仕える。小原喜左衛門某が「逆心」をもち、武田信玄に内応し、武田勢に家康の「御旗下」を襲撃するたくらみを聞き、この由を言上す。命をうけて喜左衛門を討ち取り領地を加えられた。孫の重正は家康に仕え、大番をつとめ、五〇〇石を知行する。子孫のなかには使番をつとめ一二〇〇石を知行する者がいた。

65 新見（しん）氏

丸根攻めに新見彦右衛門の名があるが「寛政譜」には記載がない。他の史料では彦右衛門を安城直参（安城譜代）

としている（『岡崎市史』）。

66 蜂屋氏

蜂屋氏は美濃国蜂屋（美濃加茂市）を領したのでその名を家号とする。「寛政譜」の貞次の所伝には冒頭に丸根攻めの記述があるが、いつのころから三河に移住したのかわからない。三河一向一揆では一揆方となったが赦免された。一揆後、吉田城攻めに出陣中、鉄砲で負傷しそのため死去する。貞次については次のようなエピソードがある。貞次は偉丈夫で豪勇の士であるが、一向一揆の戦いのなかで家康が「御馬をはせて貞次に向せ給う」と「貞次仰ぎみて大いに恐怖し、たちまち首を低くして引き退く」（『干城録』）という。貞次死後、妻と幼女が郷里にいたところ、鷹狩りに来た家康に召し出され、家康は幼女に知行地を与えのち婿をとらせて貞次の名跡を継がしめた。在所は佐々木（岡崎市）または六名村とする。

67 林氏

丸根攻めには林藤五郎の名があり、三河一向一揆のときは家康方だが、一族には本願寺門徒がいる。先祖は小笠原氏という。信濃国林郷に住して家名とする。松平初代とされる親氏が、上野国新田より三河国松平に行くさい、林宅に宿泊したという。この所伝には疑いがあるが三河譜代であることは間違いない。藤五郎某は清康・広忠に仕える。広忠、岡崎還城のために、八国甚六郎某・大久保忠俊・成瀬正頼・大原某などと計略を練った。成功して各々一五貫文の地を加増された。のち安城の城を守る。父の藤五郎某は広忠・家康に仕え戦功あり。某年死す。忠政は幼少より家康に仕え小姓をつとめる。子孫は三〇〇〇石を知行し長崎奉行、江戸町奉行となっている。

68 細井氏

丸根攻めに喜三郎の名がみえる。「寛政譜」などから安城松平（徳川氏）の家臣であることがわかっており、細井氏を安城譜代としている（『安城市史』）。

69 三浦氏

「寛政譜」には三河譜代としての三浦家はみられない。丸根攻めには平三郎の名があり、三河一向一揆方に坂崎村を出所とする三浦半七郎（平三郎の誤りか）がみえ、本多忠勝与力の三浦竹蔵がいる。平三郎は三河譜代の家筋であろう。一揆のあと三河国から退去したのか。三河出身で三代将軍家光在世時の幕閣になった正次家の先祖は相模国の豪族として有名な三浦氏である。宝治元年（一二四七）、の宝治合戦で一族・郎党が五〇〇人余自殺したさい、当主泰村の四男家村が逃れて三河国に住したとされる。それ以降、正次の父正重まで「寛政譜」に記述がない。正重は累世、三河国碧海郡重原庄（刈谷市）に住し、土井利昌の息女（江戸時代老中となった利勝の妹）を妻にして正次を生む。正次は慶長四年（一五九九）、三河国重原に生まれる。同八年三月、父とともに母方の叔父土井利勝のもとに住す。

同一二年、家康・秀忠に謁し家光に付属する。時に八歳。のち「六人衆」（若年寄）になる。

70 村井氏

「寛政譜」には村井氏の記載がない。丸根攻めには源四郎に名がある。他の史料では、三河一向一揆には一揆方で土呂の善秀寺（本宗寺）に籠ったとされる。天正一〇年（一五八二）、酒井重忠に付属した士に「村井源四郎某」の名がある（「寛政譜」の酒井家譜）。

71 矢田氏

丸根攻めに矢田作十郎の名がある。作十郎は三河一向一揆の一揆方の「首将」という。「寛政譜」の蜂屋半之亟貞次に次のような記述がある。

（永禄）七年二月、逆徒の首将矢田戦死ののち、凶賊気衰え力屈し、軍を出すの志なし。（半之亟は）ひそかに其機を察し、内縁あるにより、大久保弥三郎忠政に就て過（ち）を謝し、罪を赦されむことをこう。

「三河国二葉松」に「矢田作十郎」が「佐崎ノ寺内（上宮寺）ノ勢三百余騎ヲ引連」れたとある。居住地は泉田村（刈谷市）である。絵下城跡は中世土豪の屋敷跡と伝え、屋敷の周辺に堀や土塁の跡が残っていたという。隣接して上の門・絵の東・絵半・下市場・市場屋敷の地名が残っている（「三河国二葉松」）。作十郎は敗死しその子孫は、「寛政譜」の正省（まさあき）家の家伝によると、矢田作十郎助吉の子孫である。

先祖は丹波国矢田に居住したことにより家名としたとする。正省は本多正信の三男忠純に仕える。正信は一揆方となり加賀国に去って、のちゆるされ家康の重臣となったが、門徒として矢田家とのつきあいがあったにであろう。

72 八国氏

丸根攻めに甚五郎に名があり、三河一向一揆のとき家康方である。「寛政譜」に記載なし。「松平記」に同姓で孫九郎、「三河物語」に甚太郎の名がみえる。なお孫太郎は一揆では家康方である。

73 薮田氏

丸根攻めに武左衛門の名がある。「寛政譜」には薮田氏の記載はないが、他の史料をみると、三河一向一揆では家康方に付いている。

74 米津（よねきつ）氏

三河郡司米津太郎時済の子孫とされる。一一代の孫義道が尾張国の古渡正忠の養子となり正重と称し、その子正種、尾張を去って三河に移ったという。明応年中（一四九二〜一五〇〇）、尾張国知多郡大野村（常滑（とこなめ）市）数代の領主米津道壽が兵三〇〇人、米津（西尾市）の地を横領したという（「朝野旧聞裒藁」）。常春の父勝政は清康・広忠・家康に仕えた。天文一八年（一五四九）の安城の戦いで奮戦した。子孫は旗本で一〇七〇石を知行し、御納戸番・大番などをつとめている。別家三家のうち田政家は町奉行となり五〇〇〇石を知行した。嫡子の田盛は小姓組番頭・書院番頭・大番頭につき、一万五〇〇〇石の大名となっている。

小括

三河譜代を「御家の犬」と表現した大久保彦左衛門の著『三河物語』に、家康の祖父清康と三河譜代の結束について、たとえ敵が一〇万二〇万の大軍であっても「五百三百」の兵が「君ヲ中ニ取（り）つつみ、まん中ヱ（え）戮入（り）」、「四方八面切（り）テマワラバ、何カハタメン哉」とある。

三河譜代の中には勇猛な武将が多い。たとえば、大久保忠世・榊原康政・渡辺守綱・高木広正・本多忠勝・本多重次などである。なかでも榊原康政・本多忠勝は旗本先手役として家康直属の独立した軍団で常に第一線で活動した。

彼ら三河譜代は地元では、一カ村か二カ村ていどの村の領主か、村のなかのある地域を支配する小領主であった。家康の先祖の松平宗家（徳川氏）はこれらの小、中領主を家臣団に編成し、これがそのごの徳川家臣団の中核となったのである。

家譜のなかに記されているエピソードは家に伝えられたものであるが、事実に近いとみてよい。そこに家康と三河譜代の深いつながりが感じられる。

第二章

松平一族

(一) 松平一族の歴史

家康の本姓は松平氏である。西三河の山村に松平村があり、中世日本の在地豪族であった。矢作川沿いに南下し、安城を根拠地として周辺の平野部を領有圏とした。実は家康の家は松平氏の嫡流ではない。別に示す松平系統図にみえる親忠(ちかただ)である。親忠は父信光の三男で父が占拠した安城で別家として自立したのである。この親忠が安城松平氏の祖となる。そして家康はこの系統で、三河統一のとき改姓して徳川氏となった。松平一族は一七松平といい同族が多い。

親忠の嫡孫長親は文亀元年（一五〇一）、親忠（西忠）の初七日に、松平一族を大樹寺に集め同寺警固の禁制に署名せしめた（「大樹寺文書」）。長親の意図は、安城松平氏が一族全体をまとめる事実上の惣領家（宗家）であることを認めさせるところにあり、宗家であった岩津松平氏は、もはや庶家を統制する力はなかったのである。

安城松平氏の発展は長親の嫡子清康の代において、三河国の全域を版図とするまでにいたった。清康は岡崎周辺に勢力を張っている一族の岡崎松平氏に圧力を加え、居城を岡崎に移した。安城から矢作(やはぎ)川を越えて、東三河の方面に前進する挙に出たのである。清康は岡崎城に出仕しない一門・国侍に対して「早々出仕」せよと威嚇したという（「三河物語」）。この清康の動きの背景には、父の信忠の代になって松平一族の結束がくずれ、三河侵攻をうかがう今川・織田氏に内応する松平一族がいた。その情況のなかで、清康は松平一族の結集をはかろうとしたのである。ところが清康は天文四年（一五三五）、尾張に侵攻し守山に在陣のとき、老臣阿部大蔵の子七郎に誤って刺殺された。

清康死去のあと松平氏の勢力は後退し、三河は今川と織田両氏の草刈場となった。安城松平宗家をついだ広忠は、織田氏と親交がある桜井信定によって岡崎から追放される。安城松平氏の庶家である桜井松平氏が、宗家の権力を掌握する事態が生じた。おそらく松平宗家家臣団（三河譜代）は分裂し、松平一族は傍観していたのであろう。岡崎から追放された広忠は遠江・三河に潜居したのち今川義元を頼った。天文六年（一五三七）、大久保忠俊・成瀬正親など譜代臣が三木(みつぎ)松平氏の信孝・康高（清康弟）と共謀して広

【松平系統図】

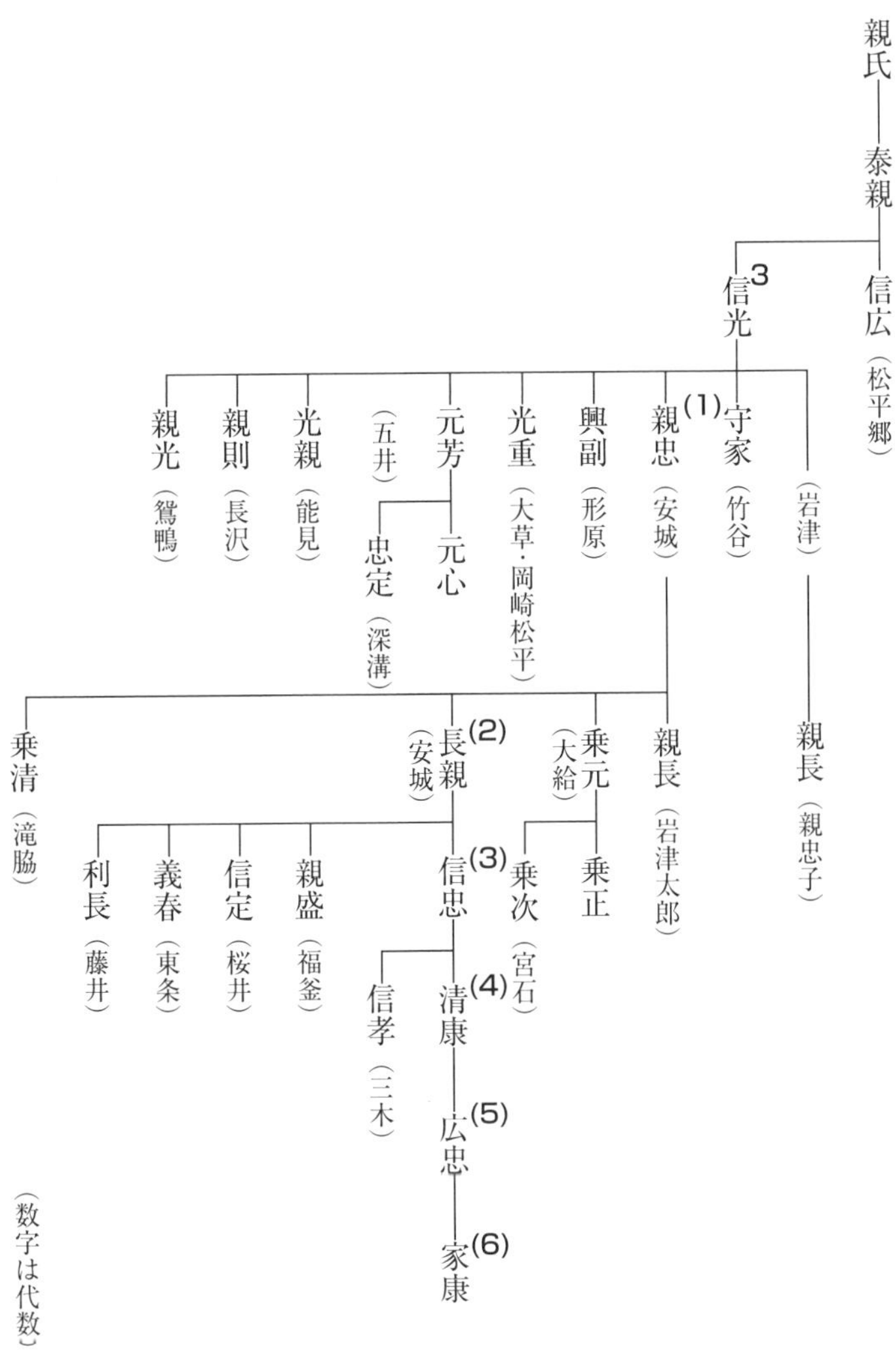

（注記）本系図は『寛永諸家系図伝・第一』、『新訂・寛政重修諸家譜・第一』、『徳川諸家系譜・第一』などにより作成した。平野明夫氏『三河松平一族』には個々の考証がなされ成果をだされているので、同書もあわせて参照されたい。

忠を岡崎に入城せしめた。これを知った宗家家臣団は岡崎に詰め信定と対峙した。信定は岡崎を攻めず宗家に屈したのである。

同七年、桜井信定が死去し、今度は三木松平氏の信孝が広忠との間で、安城松平氏の惣領職（本家の地位）を争うこととなった。信孝は広忠の叔父にあたる。広忠の流浪中は信定のもとで岡崎城代となっていたが広忠の帰城を助けた。そのねらいは、信定に代って宗家の実権を掌握するところにあった。「松平記」に父長親、弟康親が亡くなったあと、信孝一人が「大名にて御座候事」とある。ここでいう大名とは西三河に勢力をもつ岡崎城主をさす。

その信孝を岡崎城主からひきずりおろすため、やむをえず信孝に従属していた、広忠の重臣たちが結束し行動をおこした。すなわち、今川義元の居城駿府に出張した信孝の留守に乗じて、三木城を攻め落とし、その領地を没収した。この信孝追放で広忠は岡崎城主に復帰したものの、三河国は今川と織田両氏の合戦場となる。広忠は対織田氏との抗争で今川義元に援軍を乞い、竹千代（家康）を人質として駿府に送ることにした。天文一七年（一五八四）、今川軍と織田軍は岡崎近辺の小豆沢で激突し織田軍が敗退した。織田方で戦った信孝は、そのご自力で岡崎を攻めようと明大寺に迫ったが、広忠方の伏兵に敗れ信孝は討死した。もっとも三木松平氏はこれで滅亡せず、家康はその子重忠を取り立て、関東入国のさい大番頭としている。

結局、広忠は今川氏に依存して宗家の地位を守った。しかし東三河は今川氏に、西三河の碧海郡の西部は織田氏と水野氏の支配下になり、松平宗家の領有域はせばまった。そのうえ、天文一八年（一五四九）、広忠は近臣の岩松八弥に刺殺された。実は八弥は西加茂郡広瀬の佐久間全孝が放った刺客であったという。広忠二四歳、父清康に続く非業の死であった。

広忠の死去後、三河は今川氏の領国となった。安城松平宗家は家康が今川一族の息女である築山殿を妻とすることで今川一門となり、家臣団は今川氏の一軍団として岡崎衆といわれた。「松平記」に岡崎城の二の丸に「岡崎衆罷候」とあり、岡崎衆は岡崎城の在番衆として今川軍に編成されたのである。

桶狭間の戦いで家康がひきいた岡崎衆のなかにいる松平

一族には、能見・竹谷・形原・大草・深溝・福釜・藤井・五井の名があるが、桜井・大給・滝脇の名はない。桜井家次・大給親乗は今川部将として転戦していた。滝脇松平氏についてはわからない。結局、岡崎衆に編成されていない松平一族は、長沢・桜井・大給・滝脇の四氏である。このかぎりでは家康を嫡統とする安城松平宗家は、松平一族全体の惣領家の地位を確立していなかった。また今川義元にしても、反宗家派の松平一族を家康に従属せしめることをしていない。それはともかく、信長との対決にあたって、岡崎衆の大将に家康をおかなければ、同軍団はまとまらないと義元は判断したのであろう。

ところが桶狭間の戦いで義元が敗死した。そこで今川義元といううしろ楯を亡くした家康が、はたして松平一族をおさえることができるかどうかであった。ここで家康がとった決断は信長との同盟であった。そこには義元の子氏真に対する不信がある。しかし今川氏に人質をとられている松平一族にとっては一大事である。人質が殺されるかもしれない。それが事実になったことについては、後述の松平一族の家譜にみられる。

家康が松平一族のすべてを自身の権力のもとに従属せしめたのは、永禄六年におこった三河一向一揆の鎮圧後である。家康は一揆方についた桜井松平氏と大草松平氏の存続を許した。桜井松平氏については婚姻関係までむすんだ。異父妹の多劫姫を嫡統の忠正に嫁がせたのである。元康は松平一族の軍事力に頼るところがあったのである。その総兵力は一家三〇〇人としても一二家に三六〇〇人以上の数が推定される（拙著『戦国時代の徳川氏』）。

(二) 松平一族の家譜

1 松平郷・松平親長家

家祖信広は松平宗家二代泰親長男の信光の庶子（異母の子）

とされる。（以下、松平宗家は名前のみとする）。信広は親氏の長男であるともいう。泰親の譲りをうけて代々、三河国加茂郡松平郷（豊田市）に居住している。松平村はいうまでもなく松平（徳川）氏の発祥の地である。泰親ははじめて岩津・岡崎の両城を築き、子信光とともに移り信広に松平の郷九カ村を譲った。嫡孫の勝茂は親忠・長親・清康に仕えた。

天文二年（一五三三）、松平宗家清康が広瀬城主三宅右衛門尉、寺部城主鈴木重辰と岩津城外において合戦のとき、勝茂は先手で力戦し負傷して死去した。長子の伝十郎某（勝吉）は天文一一年（一七四二）、小豆坂合戦のとき父信吉とともに戦死した。「武徳編年集成」によれば信吉の嫡男親長は丸根攻めに出陣するとある。江戸時代、子孫の尚栄のとき松平郷ですべて四四〇石を知行し「課役をゆるされのち采地（知行地）ありて、歳首ごとに（江戸に）参府すべし」とされる。つまり平常は松平郷に在住し、年はじめに参勤する例外の家である。

2　能見・松平重吉家

家祖光親は信光の八男。能見に住んで能見の松平を称した。光親、信光、親忠の代のとき軍功あって、能見・阿知和（岡崎市）を領した。天文五年（一五三六）死去する。子の重親は長親・信忠に近侍し、永禄元年（一五五八）に死去する。長男（二男？）の玄鉄は在名の阿知和を称した。元亀二年（一五七一）、武田勢が足助に侵攻し、足助の「郷人共、徒党して岡崎を攻」めるとのことで、家康は玄鉄と百々村（岡崎市）の領主青山忠門に命じて防がせた。玄鉄は百々村に柵ゆひ（い）、まわし、士卒を配置し斥候を出し、夜は篝を炊き岡崎の通路を警戒した。また同年、遠江国の郷人が蜂起し、三河国作手口より岡崎にうち出で、岩津村にいたりそのあたりを放火したので、青山忠門などと即時にうちやぶる。のちいずれの地にかで戦死した。

嫡男の重吉は永正九年（一五一二）一五歳のとき、師について書を読んでいたが、敵（織田軍カ）が三河国菅生村（岡崎市）にうち出ることを聞き、菅生の堤において首級を得た。松平昌安（大草松平氏）はそのふるまいに感じ、清康にすすめて近侍せしめた。のち広忠に仕え軍功があった。天文一八年（一五四九）、家康が今川氏の人質で駿府に在住のとき、今川義元の下知で、石川右近某・阿部大蔵某は城代、重吉・鳥居元忠は総奉行として軍事を議し士卒を指揮する。永禄元年（一五五八）、義元の臣鈴木重辰、逆心を企て三河国寺部城（豊田市）にたて籠る。松平勢は城に火をはなちて軍を収む。義元、味方の剛臆（剛勇と臆病）を糾明したさい、家康は「重吉は我家の支流にして、年ごろ忠節をつくししかも此度の軍功抜群」なりと、「青貝柄の御槍を賜い」、義元よりは寺部領のうちで「百貫文の地」を与えられる。

重吉の子伝市郎某は家康に近侍し、永禄三年（一五六〇）五月一八日、尾張国房山（或は丸根）城を攻め討死した。子孫の昌吉は慶長九年（一六〇四）、秀忠の小姓となり六三〇石余を知行する。大番などをつとめる。別家は四家あり、一六〇〇石、五〇〇石、三〇〇俵、一〇〇俵の禄高で、役職は書院番・使番などをつとめる。

3 竹谷・松平清宗家

家祖守家は信光の長男で宝飯郡竹谷（蒲郡市）に住んだことにより、竹谷の松平と号した。文亀三年（一五〇三）、竹谷において死去する。親善の三代にいたるまで、親忠から清康に歴任する。桶狭間の戦いでの丸根攻めには岡崎衆として家康の配下にいた。戦後、信長と家康の同盟により、今川氏に人質として差し出していた妻子は殺された。永禄六年（一五六三）、上郷城主鵜殿長照は清善とは異父兄であるが、今川氏真に属したため攻める。家康は岡崎より出動し長照を敗死せしめた。そして竹谷城に行き清善に一二〇〇貫文を与える。

元亀三年（一五七二）、家康は「諸臣をめされ、遠江国宇都山の砦を守らしめむと宣うに諸将猶豫して答え申（す）ものなし。清善致仕（隠居）の身にして、しかも微勢なりと雖も、進みて行（か）んとこう。東照宮喜せ給い、汝は武勇の名を得たり。往（き）て之を守らば、軍勢の多少によるべからずと許し給い」と。この忠功により「千貫文」の地を与えられる。清善の子清宗は三河一向一揆のとき竹谷城より兵を出して、しばしば戦う。長篠合戦には酒井忠次に属して鳶ヶ巣山の武田勢を攻める。軍功により遠江国の三カ村を与えられる。同一〇年、後北条氏との戦いのとき、家康が新府城（韮崎市）に本陣を移したさい、清宗と三宅康貞は大野村を守る。北条勢は、上口山に在陣する清善など四将に不意に攻められ敗走する。黒駒合戦では清善の手勢が首一七級をとる。北条氏と和睦のさい使者となる。のち家清に竹谷の本領を譲り、自身は別に二〇〇〇貫文の地を与えられ、駿河国興国寺に住み、与力五〇人をあずけられる。家清は家康から一字を与えられ、家康の異父同母の妹を妻とする。関東入国時、一万石の地を領した。関ヶ原の戦いでは尾張国清須の城番をつとめる。三万石を領した。子孫は幕府の要職についていない。別家は四家、みな旗本である。

4　形原・松平家広家

家祖は信光の四男與副である。額田郡中山領で「七百貫文」を領し、そののち五〇貫文を加えられ形原（蒲郡市）に住んだ。永正年中（一五〇四～二〇）この地で死去。形原の光忠寺に葬る。のち家忠にいたるまで葬地とした。竹谷・松平氏と同じく、今川氏に差しだした人質は殺された。今川氏より味方に加わるべしとのさそいを断ったため、「家広等が質を吉田城より出して舟にとりのせ、形原の前なる井尾浜において悉く殺害し、串につらぬいて諸士に示す」という残酷な報復手段であった。家広は丸根攻めに名あり。

元亀二年（一五七一）形原にて死去した。子の家忠は天正一二年（一五八四）、命により馬伏塚の要害を守る。子孫は五万石の大名となり京都所司代や老職（大老・老中）をつとめる。

5　大草・松平康安家

家祖光重は信光の五男で渥美郡大草に住んだことにより大草の松平氏と称した。「寛政譜」では渥美郡大草とするが、ここは現在の田原市であるから当時、西三河の山間部に勢力のあった松平氏からはかなり遠方にあり、額田郡大草村（幸田町）ではないか。大草城主で康正元年（一四五五）に岡崎城を築城した、大草出自の西郷弾正左衛門入道青海の名がある。大草松平家の光重子昌安について「寛政譜」には、弾正左衛門といい「三河国岡崎・山中両城をあわせ領し近境をかしめしかば」とある。また永禄六年（一五六三）の一向一揆の一揆方に「大草城主松平平七郎」の名がある（『地名大系』）。七郎は昌安の子で「東条（西尾市）の吉良義昭にくみし大草の手のものを率いて東条城にこもる」という。

大永六年（一五二六）、清康は昌安のもとに使者をだし、岡崎は先祖「創業の地にして、西三河の咽喉（いんこう）なり。汝はわが家の支流にして其地をたもち、独立の志をさいはさむこと甚だいわれなし」と、岡崎の明け渡しを命じたという。ところが昌安は従わなかったので、「そのぎならば岡崎をふみつぶすべし。ただし先（まず）、山中城をせめとらば、岡崎孤立しておのずから帰服せんとて、或夜、風雨のまぎれにしのびをいれて、たやすく山中城をせめおとしたまいければ」となり、「昌安ついに罪を謝して、清康を聟になしたてまつり」、岡崎城を譲ったという。「寛政譜」には昌安の息女は「清康君の室」とある。他の資料には、岡崎城を築城した西郷氏の孫で大草城主西郷信貞が清康に反抗して、矢作川東南地域を制覇しようとしたとする（『地名大系』）。大草松平家は松平宗家に対抗する勢力であった。七郎某は三河から去ったが大草・松平家は存続した。これは昌安の息女が清康の妻となっているので断絶させることができなかったのではないか。系図上では七郎某の孫の正親は清康・広忠・家康に歴任、丸根攻めで戦死した。

嫡子の康安は若年より信康（家康嫡子）に仕え、のち遠江国二俣城を守り武田信玄がせめてきたが固守した。このとき一八歳。合戦で勇猛に戦い数々の手柄をたてている。天正一八年（一五九〇）の小田原陣では大番となる。慶長のはじめ「群臣」をわけて秀忠の家臣団が編成されたさい、康安は秀忠に所望されたが家康の直臣にとどまった。家康の死後、秀忠に仕え六〇〇〇石を知行した。元和八年（一六二二）、駿府城の定番（城番）となる。康安の子正朝は大番をつとめ、のち水戸・徳川頼房の家老となる。子孫、嗣なくして断絶する。

6 深溝・松平家忠家

家祖は信光の七男元芳（忠景）二男忠定である。忠定の兄元心（もとむね）（五井・松平氏）は長親の命をうけて大場二郎左衛門某の深溝城（幸田町）を攻め取り、弟忠定に所領がないため深溝城を譲る。忠定、これより深溝の松平と称した。忠定は額田郡小美村の城主米津四郎右衛門某と戦い城を落とし、小美、保母（岡崎市）両村をせめとる。永禄三年（一五六〇）の丸根攻めに出陣、大高城より帰陣のとき、忠定の子好景は跡を追う敵を防ぐ。同四年、碧海郡中嶋城（岡崎市）の板倉弾正某と戦い功により中嶋、長（永）良（西尾市）の二郷を与えられる。吉良義昭、中嶋城を攻めたさい好景は敗戦して討死し、弟四人、板倉好重、松平内記某など二〇余人、「家士」三〇余人戦死した。

同五年、家康は好景の子伊忠（これただ）に本領安堵状（『家康文書』）を与えている。家康は本領を確認したうえで安堵（保証）

している。一族ではありながら上級領主権をもつ家康の立場を示すが、文言は丁重で「御本領」を「可進(まいらすべく)」、つまり進上するとある。家康は深溝城に行き、尹忠に長沢城（静岡市）の守衛を命じた。武田信玄は牛久保（豊川市）まで出張したが、長沢城の様子を知り帰国した。三河一向一揆のとき、野羽郷（幸田町）の一揆勢を破る。徳政（債務の破棄）の許可をえる。諸合戦に先手の将として出陣する。長篠の戦いで酒井忠次に属して出陣し、鳶ヶ巣山の武田兵を追討したが、小山田昌行の軍勢が後ろに廻り尹忠、従兵とともに血戦して討死した。尹忠の子家忠は牧野城（島田市）を守り浜松城の普請を奉行する。天正一一年（一五八三）、西郷家員にかわり江尻城を守る。小牧山の陣、徳川の軍勢一万八〇〇〇余を一六隊に分け、家忠は酒井忠次・井伊直政とともに先鋒となる。

家忠は関東入国時、武蔵国忍城一万石を領した。香取郡上代(かしろ)に転じのち同郡小美川城（香取市）を与えられる。慶長五年（一六〇〇）、石田三成方の軍勢が伏見城を攻撃したとき、伏見城西丸の守将として力戦したが、「腹掻切って」戦死した。家忠が書いた「家忠日記」は戦国時代の徳川氏研究の一級史料として利用されている。その子忠利は、元和・大坂の陣で徳川頼宣（紀州徳川家）に付くように本多正純を介して命ぜられたが、次のように主張している。

亡父家忠がこと、常におもいにたえず、若(も)し上方(かみがた)（近畿地方）に御合戦あらば、先がけを承らんとこそ存ずれ。ねがわくばこのよしよろしく執(しっ)し、申されよとひたすらこいけるに、正純おほせ違背(いはい)あるべからずとて、とりあわざりしかば、すなわち御前に参りて愁訴しけるに、東照宮（家康）聞（こ）しめされ、申所ことわりなれど、常陸介(ひたちのすけ)（頼宣）によき家人（家臣）すくなし。汝は累代の家人（譜代）にして、従士（忠利の家臣）もまたすくなからず、いずちにあらんも、忠義にふたつあるべからず、枉(ま)げて仰（せ）に従ふべきよしなりければ、ふたたび辞することあたわずして、頼宣につきまいらす。

忠房のとき肥前国島原（島原市）で六万五九〇〇石余を領した。長崎代官末次平蔵某の私曲を、長崎奉行牛込重忝と議して平蔵などの罪をただし、「関東」（江戸幕府）に言上した。別家は七家とも旗本である。

7 福釜・松平康親家

家祖の親盛は長親の二男である。碧海郡福釜に住んだことにより福釜の松平氏という。「長親君、庶子のかたがたに所領を分ちたまえしとき、親盛に福釜・東端（ひがしばた）（安城市）の両村を賜りしかば福釜に住し、天野源兵衛忠俊を付属せられ家長（家老）とせり」と。子の親次は幼少より清康に仕える。戦場にのぞみ槍で武功あり、「鎗三郎次郎」といわれる。享禄三年（一五三〇）、清康が宇利城を攻めたとき、親次は今日の戦いに「一歩も退くまじ」という誓文を書いた。味方は利を失い敗走したが、親次はひとり踏みとどまって力戦し、「従士（家臣）」天野忠俊ほか「十余人」が討死した。嫡男康親は家康の一字を、そして関東入国時、「若干の采地」を与えられ、慶長元年（一五九六）「大番頭」となる。福釜の旧領とともに一一〇〇石。子孫は小姓組・別家は三家ある。

8 藤井・松平信一（のぶかず）家

家祖は長親の五男利長で藤井（安城市）を与えられる。天文九年（一五一〇）、織田信秀、安城を攻めるとき、城主松平長家、微勢のため利長は松平一族とともに城中に入って援兵となる。数十人戦死し、利長など力戦して敵兵包囲をとく。利長、丸根攻めにおいて戦死した。子の信一もその陣にあり。今川方の長沢城（豊川市）を石川家成とともに攻め落とした。三河一向一揆のとき、藤井城を守って野寺の本証寺の一揆をおさえる。永禄一一年（一五六八）、堀川城攻めに榊原康政とともに力戦して攻略する。信長の援軍で箕作城を攻めるとき、「三州の援兵松平勘四郎信一当城の先登なりと大音に呼ばる」という。

信長は「この度の働（はたらき）まことにひるいなし、汝は胆に毛生（え）たりといいつべし」と羽織を授ける。関東入国のとき五〇〇〇石を与えられる。関ヶ原の戦いのとき、上杉征討から石田三成征討になって、家康は「御旗本の精兵をえらばれ、信一は布川城（利根町）を守りて」、佐竹氏に備えるよう命じられた。信一は所領に留まることは本意にあらずと辞退したが、「重き台命」で「この口のおさえ（佐竹へのおさえ）においては、御安堵あるべきよし」と命を受けいれた。そして佐竹義宣移封のさい常陸国江戸崎城（稲敷市）を守る。そのあと嫡男信吉をここにとどめて、信一は水戸城（水戸市）の守衛に加わる。布川をあらため、常陸国土浦城（土浦市）三万五〇〇〇石を領した。

信一の子信吉は大坂の陣で岸和田城（岸和田市）を守る。母は久松俊勝（家康の異父弟）の妹である。上野国高崎城（高崎市）を与えられすべて五万石を領した。のち丹波国篠山城（篠山市）に移される。またのち播磨国明石城（明石市）、大和国郡山城（郡山市）に移封し、下総国古河（古河市）で九万石を領した。

別家は三家あるが、一家は五〇〇〇石の大身旗本で、一家は大名、幕府の老職となっている。この家は信吉の二男忠晴家である。忠晴は慶長十四年（一六〇九）、将軍秀忠の面前で元服した。秀忠の一字を与えられる。のち子孫は、五万石余の大名となり、京都所司代　若年寄・老中となる。

9 五井・松平景忠家

家祖忠景は信光の七男、三河国宝飯郡五井（蒲郡市）に住んだことにより五井の松平氏と称した。忠景より景忠にいたるまで五井を領した。子の元心は長親の命により大場次郎左衛門某の深溝城を攻め取り、これを弟忠定に譲る。子の信長は、桜井の松平信定のため伊勢国に逃れた広忠に、所領を捨てて従い、広忠の岡崎還城に功あり。その子忠次は伊田・羽根（岡崎市）の両郷を与えられる。忠次は三木の松平信孝との戦いで戦死する。忠次の子景忠は「父祖」の忠勤により、遺領のうち五井と六カ所の地を与えられる。永禄三年（一五六〇）の丸根攻めには景忠は若年ながら戦功あり（「武徳編年集成」では忠次とするが景忠の誤り）。姉川の戦いでは「御先手酒井忠次」に属した。

　天正三年（一五七五）、武田勝頼が長篠城（新城市）を攻めたさい、城主奥平信昌の加勢として堅守する。岡崎と浜松両城での「御謡初（うたいはじめ）の夜、としごとに着座の列にくわわる」。この行事は寛永一〇年（一六三三）の頃まで続いている。嫡男の尹昌（これまさ）は関東入国のとき二〇〇〇石を与えられる。尹昌の子忠実（ただざね）は大番頭となり六〇〇〇石を領した。子孫は大番頭・書院番頭・小姓組番頭などをつとめる。別家は二家あり。一家は一五〇〇石を知行し小姓組番頭などをつとめ、あとの一家は七五〇〇石を知行し書院番などをつとめる。

10　桜井・松平忠正家

　家祖信定は長親の三男である。清康の吉田城攻めで松平親次と同じく「大手の首将」であった。信定が親次を助けないで敗北したことを清康は憤る。天文四年（一五三五）、清康が尾張国森山（あま市）に在陣したとき、病気と称して出陣せず。清康横死のあと、織田信秀に通じ「岡崎を横領するの企（て）ありしかど、広忠卿帰城におよび、降をこいて諸士とおなじく岡崎に出仕」した。嫡孫の家次は永禄六年（一五六三）の一向一揆のとき一揆方の荒川義虎にくみして桜井に拠り叛き、同七年、乱後家次は「累世の御家門」ということで許される。子の忠正は、天正元年（一五七三）、武田信玄が野田城を攻めたさい、城主菅沼定盈（さだみつ）を助けて固守した。忠正の妻は久松俊勝の息女の多劫姫、家康の異父妹である。

　忠正の子家広は、関東入国のとき武蔵国松山城（東松山市）一万石を領した。家広の弟忠頼は慶長六年（一六〇一）、浜松城五万石を領したが横死し城地を没収される。嫡子忠重はあらたに八〇〇〇石の地を与えられた。時に一〇歳。元和八年（一六二二）、上総国佐貫城一万五〇〇〇石、のち駿河国田中城に移り一万石を加えられ、そのご遠江国掛川城ですべて四万石を領し奏者番となる。子孫、摂津国尼崎城に移封される。家伝によると、もとは葵（あおい）を家紋とする。

忠重のときこれを憚（はばか）り、つねは九曜以下の三を用い、武器にはなお葵を用いるという。別家は三家あり、一〇〇〇石が二家、二〇〇〇石が一家で、役職は小姓組番頭・書院番などである。

11　大給・松平実乗（さねのり）家

家祖の乗元は親忠の二男、三河国加茂郡大給（豊田市）に住んだことから家名とする。大給は松平郷に近く、同地に山城の城址を残すが、その勢力は豊田市まで及んでいるというから、西三河山間部の有力領主である。乗元は親忠より額田郡細川城（岡崎市）をゆずられる。天文三年（一五三四）死去。永正三年（一五〇六）、今川氏親が岩津城（岡崎市）におしよせた。このとき乗元の子乗正は長親の先手で進む。孫の乗勝妻は清康養女で実は信忠の息女である。

乗勝の嫡男親乗は享禄三年（一五三〇）、清康が三河国宇利城を攻めたとき、先手で軍功あり。妻は桜井・松平信定の息女である。桶狭間の戦いでは丸根攻めに参陣せず、今川部将として尾張に転戦した。弘治二年（一五五六）、親乗は滝脇・松平氏の正乗を討ち所領を奪おうとしたが、正乗の弟乗高が大給を攻めて放火したので、親乗は尾張国に敗走したというが「寛政譜」には記されていない。親乗の子真乗は石川家成の軍に加わり、永禄一二年（一五六九）、遠江国榛原郡小山（吉田町）攻めに軍功あり。榛原郡のうち二〇〇〇貫文の地を加増される。武田勢に対し三河と信濃の境にある武節（豊田市）を守るよう命ぜられる。その子家乗は関東入国のとき一万石を領した。家老の松平近正は徳川の「御家人」（直臣）となる。関ヶ原の役において三河国吉田城を守衛する。吉田は「尾張の知多郡につづきたる軍艦の通路にして、枢要の地なれば速に参りて守るべきよし」と。関ヶ原役後、命をうけて伊勢国桑名におもむく。慶長六年（一六〇一）、美濃国恵那郡岩村城（恵那市）を与えられ二万石を領した。御謡初めに着座。家乗の子乗寿は浜松城にうつり、そのご二万石を加えられ上野国館林城（館林市）六万石を領した。その子乗久は館林から下総国佐倉へ、そして佐倉を転じて肥前国唐津城（唐津市）に。一万石を加えられて七万石を領した。

子孫はそのご、志摩国鳥羽城・伊勢国亀山城・山城国淀城・下総国佐倉城・出羽国山形城・三河国西尾城に移封が続き、大坂城代・寺社奉行・京都所司代・老中など要職をつとめる。別家は一八家もある。大名となったのが三家、一〇〇〇石以上の大身旗本が八家、あとは五〇〇石ていどの中級旗本である。

12 瀧脇・松平乗高家

家祖の乗清は親忠の子、大給・松平家の乗元の弟で瀧脇村（豊田市）に居住した。乗清は清康に仕え弘治二年（一五五六）討死した。嫡孫の乗高は家康に仕え、三河一向一揆では、水野忠重とともに蜂屋半之丞と戦って名を上げた。そのご二俣城攻略の軍功で遠江国において領地を与えられる。関東入国後、江戸城の「御留守居番」となり、組子一二〇人をあずけられる。

乗高の子乗次は慶長六年（一六〇一）、先祖の旧領の瀧脇村などの六〇〇石の地を与えられ、書院番の組頭をつとめる。別家は一家、三〇〇俵を与えられ小姓組の番士をつとめる。

13 長沢・松平康忠家

家祖の親則は信光の長男（または八男）で、代々、三河国宝飯郡長沢村（豊川市）に居住したので長沢の松平氏と称した。親則は信光より岩津城を与えられ、のち長沢に城を築き移住し、康忠にいたるまで八代継いで在城する。信光、親則母子の墳墓を岩津の城中に築き、妙心寺という。子孫の親広は、桶狭間の戦いでは家康（元康）にしたがい、子の政忠は討死したため嫡孫の康忠を嗣とする。康忠の母は清康の息女である。時に五歳。永禄五年（一五六二）、家康の前で元服し一字を与えられる。妻は広忠の息女で家康の妹の矢田姫である。同年、一八〇〇貫文の知行と、三カ郷一カ村一八カ所の領地を与えられている。信康（家康の長男）に付属せしめられ、家老職となる。信康の生害のあと「御勘気をこうぶり」、のちゆるされる。嫡子の康直は関東入国のとき武蔵国深谷城（深谷市）一万石を領した。のち長沢・松平忠輝（家康の六男）が改易され、同家は断絶した。

14　三木（みつぎ）・松平重忠家

家祖信孝は信忠の二男、碧海郡三木に住んで三木の松平氏と称した。天文四年（一五三五）、清康横死のあと、岡崎城の横領をくわだてた松平信定の追放に役割を果したが、そのご専横となり岩津太郎親長・弟康孝の遺跡を横領し、「その富、広忠卿に過たり」という。三河譜代の「岡崎の老臣たちの策略により、信孝の妻子・「家従」が追放され「所帯（領地）は没収される。信孝は今川義元に願って「赦免」をこう。「義元、岡崎の老臣を招き、和解の事を議すといへども整わず」、結局、やむをえず上和田の松平忠倫（ただとも）にくみし、織田信秀（信長父）の援助を得て、三木と岡（岡崎市）の両城にたてこもり「岡崎の兵」（三河譜代）と戦う。天文一七年（一五四八）、明大寺村に兵を出し敗死する。もっとも、三木の松平氏は断絶せず、嫡子の重忠は家康に仕え、関東入国にさいして、大番の頭となる。嫡子忠清、慶長五年（一六〇〇）家を継ぎ大番の頭となる。

小括

松平一族は家康にとってどのような存在であったか。まずいえることは、家康は松平一族を大事に扱っていることである。たとえば桜井・松平氏、三木・松平氏、大草・松平氏などは、宗家の地位を奪取しようとした対抗勢力であるが、家康はこれを断絶させることをせず、領地を安堵して存続を許している。しかも婚姻による血縁関係を強化している。これは三河統一期の家康にとって同族の支援が必要だったのである。それというのは松平一族の軍事力である。松平一族の多くは小規模ながら領域の一角に、本丸と二の丸をもつ。たとえば深溝城、形原城の広さは一ヘクタール＝一町歩（三〇〇〇坪）ていどである。兵力は深溝・松平氏の場合、領知五〇〇貫文で雑兵とも二〇〇人ほど、長沢・松平氏が一八一〇貫文、大給・松平氏が二〇〇〇貫文であるから、それぞれ数百人の兵力が用意できたと思われる。三河譜代の上級家臣が一村ていどの地を領有するていどの領主であるから、三河譜代の兵力は一〇〇〇人～一五〇〇人ほどである。とすれば松平一族全体の兵力は、家康の三河統一に少なからぬ役割をはたしたといえる。そのためか一族を陣地に派遣する場合、家康は丁重な文言で依頼している（『家康文書』）。深溝・松平氏の家忠の著「家忠日記」に、家康のことを「家康」から「家康さま」、「殿様」と呼び方をかえているのが天正一五年（一五八七）以降であるから、三河統一のころでは同族意識を強く持っていたと思われる。家康が浜松城に移城したころ、年賀儀式の順位をみると、松平一族が上座で「他名」（外様）は下座になっている（「松平記」）。ここにも松平一族に気をつかう家康の姿勢がうかがえる。

ところが家康は、軍事面で松平一族を一門として別格にすることはなかった。家康の三河統一時、家臣団の編成がおこなわれるが、ここでは西三河と東三河に旗頭（軍事上の統率者）が定められ、前者は三河譜代の家老石川家成（のち石川数正）、後者は同じく酒井忠次である。松平一族はそれぞれの旗頭の組下となった。つまり三河譜代の家老の指揮下におかれたのである。現に、「家忠日記」には酒井忠次から陣触（出陣の命令）があったことを記している。

三遠統一、五カ国領有期、松平一族は家康に対しては「殿様」と呼び、軍団の部将として軍功をつくした。家康も同族の好で頼りにするところがあったであろう。江戸時代に入っても松平一族は一門として別格に待遇されることはなく、一譜代大名として存在した。一門は御三家・御三卿のように徳川将軍家の別家である。家康は三河統一の段階で松平氏から徳川氏に改め、松平一族を一門としなかったのは家康の戦略であろう。

第三章

三河の国衆

永禄三年（一五六〇）の桶狭間の戦いで大高城を守っていた家康は、岡崎城に駐屯していた今川軍が、本国（駿府）に退去したのでそのあと入城した。いわば岡崎城主としての復帰である。そのごしばらくは水野信元や岡崎北部の織田方の国衆とのあいだで合戦があったが、この間、今川支配下にあった東三河の国衆が家康に従属した。菅沼一族・西郷・奥平・設楽の諸氏である。その情況についてはあとで個別に詳しく述べるが、まず国衆とは何かについて述べておく。

国衆は国人（こくじん）と同じで、南北朝時代から戦国時代にかけて一定地域に軍事的支配をおこなう、小規模とはいえ城をかまえる土豪的領主である。おたがいに団結して幕府や守護大名に対抗できる独立的な存在であった。しかし戦国大名領になると、一揆的結合が切断され、戦国大名に従属することにより家領が存続できる状態となった。つまりその家臣団に編成されたのである。その兵力は各家、少なくとも二、三〇〇人以上とみてよかろう。ちなみにさきにみた松平一族は史料上、「松平国衆」とある。この東三河の国衆の臣属で松平宗家の軍事力は強化された。家康は東条城の吉良義昭、西尾城の牧野成定を降伏せしめるなど、西三河全域の征圧にとりかかった。そして敵対関係にあった織田氏とのあいだで同盟が成立する。信長からすれば、松平氏を楯にして今川氏の尾張侵攻をおさえ、西上（さいじょう）（京都に向かう）の実行にとりかかることができたのである。この仲介をしたのは三河国刈屋城主、家康の母の兄水野信元で、当時、水野氏は織田氏の家臣であった。これによって家康は今川氏から離反したが、同様の行動をとった東三河の国衆には、今川氏に出していた人質を、吉田（豊橋）城下の龍念寺前で串刺しにされる悲劇があった（『朝野』）。このような犠牲のうえで家康はたびたび東三河に出陣して、いくつもの砦を攻め吉田城の城将小原鎮実（しげざね）の軍と戦った。このような情況のなかで、家康は改名した（元康から家康に）。元康の一字は今川義元であるから、今川氏に対する決別である。

ところがここで家康は三河一向一揆という大きな試練に立ち向かうことになる。西三河の平野部は蓮如の布教以来、一向宗（浄土真宗）の門徒が多くなり本願寺教団が定着した。三河譜代の多くは在地の本願寺系寺院の門徒であった。一揆の原因は諸説あるが、寺院に入った「徒者（いたずらもの）」（乱暴者）を逮捕したので、門徒宗が一揆をおこしたとするのが妥当であろう。寺院には「不入権」があったのである。一揆は門徒武士が門徒農民を指揮して、西三河の各地で家康方と半年間ほど戦闘がおこなわれ、一揆方は敗北した。

有力な三河譜代（本多・石川など）に門徒がいたが、改宗して家康方に付いた。一揆方には中、下級の武士が多く、「三河物語」は「小侍」としている。一揆方の大将には家康の直臣もいたが、合戦中、家康に出会うと戦わずして退去したという。結局、各寺院の門徒を指揮した大将が戦死したこともあって一揆は敗北した。一揆方に付いた家康家臣はほとんど許され、三河譜代の戦力は維持された。

また松平宗家に抵抗的な桜井・松平氏を処分することなく本領を安堵し、一揆方に付いた重臣の酒井忠尚、名族の吉良義昭は三河から退却した。これで西三河の家康の抵抗勢力はなくなり、家康は東三河の戦線に前進する。この一揆で注目すべきは、家康に属した東三河の国衆が、東三河の今川勢力をおさえていたことである。そのため家康は安心して一揆に対処しえたと考えられる。それにしても今川氏真はどうしたことか。三河に出動し今一度、三河を領国とするチャンスであったのだが。

ところで、吉田攻めの前には、まだ今川から離反していなかった牛久保・牧野成定、二連木・戸田忠重（ただしげ）、小笠原安元が家康に属した。ここにいたって氏真は二万余を動員して掛川に着陣し、先鋒隊が三河に進入した。これに対し家康は岡崎から出陣して今川軍と戦い勝利した。この戦いで牧野成定（なりさだ）・菅沼定盈（さだみつ）・西郷清員（きよかず）・菅沼定景（さだかげ）など、東三河の国衆が参陣し徳川方の勝利に寄与した。一方、家康は本多広孝に渥美郡の田原城を攻めさせた。城将の朝比奈元智（もととも）は城を渡して退去する。孤立した吉田城主小原鎮実は「和融」を申し出て駿河にひきあげた。

家康は岡崎に還城して四年後、東三河をも征圧し、ここに三河一国を領有する大名領主となった。そして東三河の要である吉田城を酒井忠次に与え、東三河の松平一族・国衆を旗頭とした。また西三河は石川家成を旗頭として松平一族・国衆・三河譜代の諸士を統括せしめた。以上の軍事体制とは別に三河三奉行がおかれ、高力清長・本多重次・天野康景が任にあたった。もっとも、これを永禄一一年（一五六八）の遠州入りのあととする説もあるが（三浦俊明「三河三奉行について」）、三河統一時の永禄八、九年の段階において、財務・訴訟などを専務とする奉行職が設けられたことは間違いない。

　永禄九年（一五六六）、家康は松平から徳川氏に改姓した。徳川の名は、清和源氏新田氏の支流の得川を徳川としたのである。家康は徳川（得川）への復姓ということで朝廷に奏請したが、結局、藤原氏系の徳川で勅許があり、あわせて従五位下に叙せられ三河守に任官した。これにより安城松平宗家は徳川氏となったが、ほかの一族は松平氏のままで、しかも徳川氏の家臣になることを余儀なくされたのである。家康は一族に遠慮することのない、三河国の全武士の統率者となった。以下、家康の三河統一に関与した三河の国衆各家の系譜をみることにしよう。

㈠　東三河の国衆

1　菅沼氏

　菅沼氏は東三河の山岳地帯で勢力をもつ雄族で、島田・野田・田峯（だみね）・長篠の四家に分かれる。桶狭間の戦いのあと家康は信長と同盟するが、菅沼一族は今川氏から離れて家康に属した。永禄四年（一五六一）、家康は田峯・菅沼氏の本領を保証する安堵を与えた。以下、菅沼氏の各家について述べる。

①　島田・菅沼定重家

　菅沼氏の始祖は源頼光の後胤の土岐氏の庶流という。美濃国より三河にうつり額田郡菅沼村（新城市）に居住したという。嫡流は島田（新城市）に居住し島田の菅沼と称した。子孫は今川氏に仕えまたは武田氏に属し、そして家康に仕えて三河の代官をつとめた。定重のとき松平忠直に仕え後嗣なく断絶する。定重は元和八年（一六二二）に死去するが、嫡流の家紋を野田・菅沼氏の元芳に譲った。

②　長篠・菅沼忠久家

家祖は菅沼嫡流家の弟満成である。設楽郡長篠（新城市）に居住して長篠の菅沼と称した。貞景のとき家康に仕え、永禄一二年（一五六九）、遠江国天王山において討死する。その子正貞は家康の命により、作手の奥平氏とともに同国金丸山の砦を守り、のち武田信玄に属した。子の正勝も武田家に仕え勝頼没落ののち、牧野康成（東三河の国衆）の取次で家康に仕えた。山家三方衆（長篠・菅沼・田峯・菅沼・奥平）は武田氏の東三河の侵攻で一時、家康から離反していたのである。天正元年（一五七三）、信玄が死去し家康は長篠城を攻めた。同城に進駐していた武田軍は食糧不足で戦うことなく退去する。城主正貞は再度、家康に降参し

【1　菅沼氏略系図】

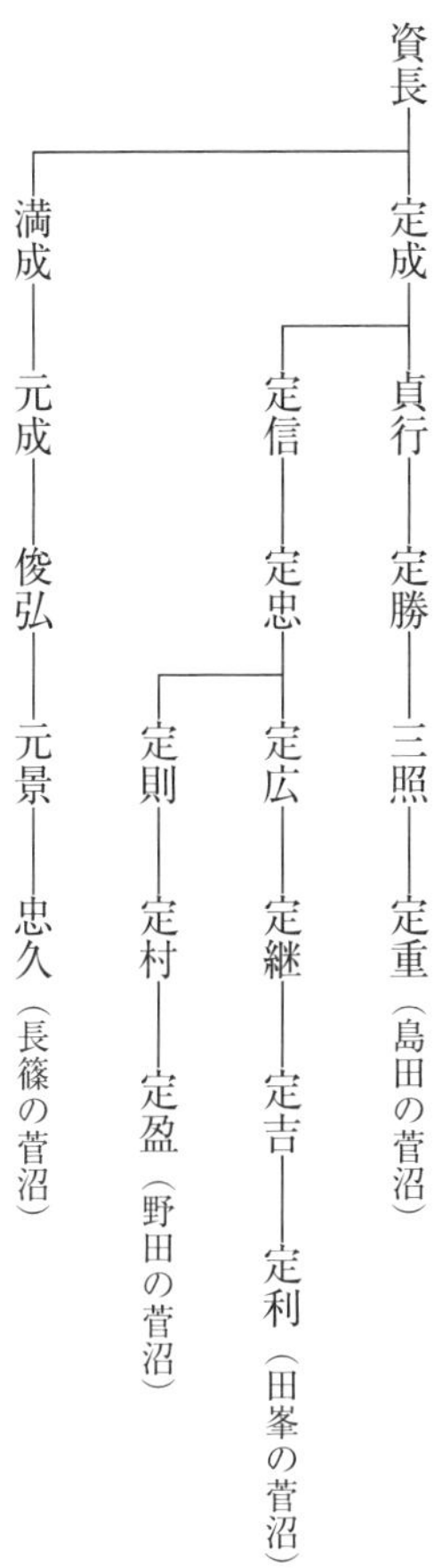

た。これにより家康は奥平氏に同城を与え、武田勢を防がせた。正勝はのち、額田郡田口村（岡崎市）で五〇〇石を与えられ、そののち二五〇〇石を加えられ、そのご紀伊・徳川家の家臣となる。

長篠・菅沼家の系統の忠久は、家康の遠州侵攻の案内役となった。忠久は父元景と同じく遠江国井伊谷（いいのや）の井伊直親の家臣であったが、同族の野田・菅沼家の定盈（さだみつ）のすすめで、近藤康用（やすもち）・鈴木重時などと家康に属した。家康は各自の知領地を安堵するとともに、新たに三人あてに知行地を与えた。定盈はべつに誓詞をつくり三人におくった。家康は三人の案内について「感悦之至也」と喜んでいる。忠久はのち井伊直政に仕える。嫡孫勝利は将軍秀忠に仕え二〇〇石の知行地を与えられた。

③ 田峯（だみね）・菅沼定利家

嫡家定成の二男定信のころから田峯（設楽町）の菅沼と称した。子の定忠は今川氏親に属し弟の定房は織田信長に仕える。定忠の嫡男定広の弟定則は三河国野田城（新城（しんしろ）市）に住み、野田の菅沼と称した。定広の嫡子定継は今川氏に属したが命にそむいたので誅殺された。しかし定継の弟たちは今川氏から離れなかったが、のち家康に仕えたものの、武田信玄に属し、元亀二年（一五七一）、離反し家康に再仕した。強力な大名の前に右往左往しなければならない国衆の状態がわかる。

家継の嫡子小法師（貞吉）は田峯・新城・武節（豊田市）の城を守り、永禄四年（一五六一）、家康に属し本領を安堵された。同一二年（一五六七）、掛川城攻めのとき一族とともに奮戦した。しかし元亀二年（一五七一）、武田信玄に属し、天正三年（一五七五）、長篠の戦いののち田峯を退去して武節城に立て籠ったが、徳川軍の攻勢に逃げ伊奈（豊川市）に居住した。同一〇年、武田勝頼没落後、降服しようとしたが、家康は許さず誅戮された。

しかし、その子定利は同族の野田・菅沼家の定盈の仲立ちで家康に仕える。天正一六年（一五八八）、従五位下となり、関東入国時には二万石の知行地を与えられた。そして嫡子忠政は慶長七年（一六〇二）、遺領をつぎ松平の称号を許される。そのご美濃国加納城一〇万石を領した。実は忠政は奥平信昌の二男で母は家康息女の亀姫であるから、家康の外孫にあたる。特別待遇の所以である。忠政の嫡孫は四歳にして死去し、嗣なくして断絶した。嫡家貞吉の叔父定氏は新城・田峯の城代で、今川氏真の軍が新城城をせめたさい撃退した。元亀二年（一五七一）、一族の多くが武田氏に従っても家康から離反することはなかった。三方ヶ原の戦いでは軍功があり三河国で五カ村の領地を与えられる。子孫は江戸時代では三〇〇〇石余の旗本である。

④ 野田・菅沼定盈家

家祖は田峯・菅沼家定の三男の定則（さだのり）である。定則ははじめ今川氏真に属したが、家康の祖父清康の東三河の進出にさいして、宇利城攻めの先陣となり軍功をつくす。また牧野信成が城主の今橋（豊橋）城を攻めるさいも手柄があった。のち山家三方衆・設楽・二連木（にれぎ）・伊奈などの諸士が定則を仲介として清康に属した。野田城は東三河の山岳地帯から平野部に出るところにあり、また遠江に入る要衝の地でもあった。南進して勢力を拡大したわけだが、嫡流家がふるわず、一族の団結に欠けるところがあった。この状況のなかで一族の中心になったのが定則の嫡孫の定盈である。定盈は天文一一年（一五八三）野田に生まれた。永禄四年（一五六一）、家康の東三河進出に際し、東三河諸士の多くは氏真に従ったが、定盈および田峯・菅沼氏、長篠・菅沼氏、設楽氏、西郷氏は家康に属した。家康は定盈に本地と新地二一郷を与えた。

永禄一一年（一五六八）、三河国を手中にした家康は、遠江を経略する作戦を定盈に命じた。定盈は同族の都田の忠久、井伊谷（いいのや）の近藤康用、瀬戸の鈴木重時と謀って作戦の内容を家康に言上した。そしてこの三人を案内者として井伊谷城を攻めとり、それから刑部（おさかべ）城（浜松市）を攻略し、家老の菅沼又左衛門某を守らしめた。そして浜松城に向かったが、今川重臣が武田方と徳川方に分かれて戦ったため、防備する状態ではなかった。定盈はこれを家康に報告した。家康は同城を攻略し酒井忠次を城将とする。おそらく組下の東三河の松平一族・国衆も進駐したことであろう。家康は遠州入りの定盈の「忠戦」に感じ、遠江国の「本地」と別に一五〇〇貫文の地を与えた。そのごの遠江の合戦においてたびたびの軍功があった。そして定盈は家康の命により遠江の諸士を徳川方に属せしめたのである。

　天正元年（一五七三）武田信玄が、大軍をひきいて東三河に侵攻し、野田城を攻囲した。城兵は死守したが水攻めに渇命の状態となった。定盈は一人自殺して城中の士卒を救うことを信玄に乞い、信玄はこれを許したので、自殺のため城を出たところを捕えられ、長篠城に送られた。信玄は籠城の武功を感じ、家臣になるようすすめたが定盈は従わなかった。信玄はそこで定盈と山家三方衆の質子との交換を家康に申し入れた。山家三方衆が家康に属していたさい、質子（人質）をとっていたのである。長篠の戦いのとき、武田方の砦のある鳶ヶ巣山を奇襲したさい、定盈は案内者として先陣となり酒井忠次に属し、「鳶巣君が伏戸」の敵を追撃、高名をたてた。そのご遠江国小山城攻め、北条氏直との乙骨の合戦に軍功があった。関東入国時、上野国阿保において一万石を領した。関ヶ原の戦いでは江戸城の留守番をつとめる。

　嫡子の定仍は関ヶ原の戦いのとき駿河国の府中（駿府）、興国寺城を守衛した。伊勢国長島城（桑名市）で二万石を領した。その子定芳は丹波国亀山城四万石を領した。子孫のうち後嗣がなく領地は没収されたが、「譜第（代）の旧家たるをもって」一万石の地を与えられた。別家は旗本となり、甲府城、二条城を守衛、駿府城代などをつとめる。

2 奥平氏

奥平氏は田峯・菅沼氏、長篠・菅沼氏と山家の三方衆といわれ、遠江の諸合戦では酒井忠次の指揮下で活動した。山家三方衆は永禄四年（一五六一）に今川氏から離反して家康に属すが、のち武田信玄の東三河への侵攻で武田氏に屈服した。信玄死去後、また家康に属し長篠城を堅守し織田・徳川軍の勝利に寄与した。のち家康と婚姻関係となり優遇される。

① 新城・奥平信昌家

　先祖は赤松・児玉氏の系統とする。子孫代々、上野国甘楽郡奥平郷（高崎市）を領して奥平氏を称した。貞俊のとき上野国より三河国作手（つくて）に移り居住した。「郷人等ことごとく属従」し、作手の領主となり、七〇〇貫文を領した。子の貞昌は今川氏親に属したが、享禄三年（一五三〇）、孫の貞勝は松平清康に従って宇利城攻めに軍功があった。永禄二年（一五五九）の家康（元康）の大高城兵糧入れに「人衆」とともに従った。貞勝は作手三六カ村の領主とされる。文禄四年（一五九五）死去した。貞勝の嫡子貞能は今川氏に属していたが、掛川城をまもっていたところ、家康への内通を疑われ家康に仕えることとなった。元亀元年（一五七〇）、姉川合戦のとき酒井忠次に属し、貞能は手勢を率いて首九一級を得たという。同二年、武田勝頼の軍勢が西遠江の二俣城を攻略した。「東三河の士其威風に怖（おそ）れ、武田氏」に属し、父貞勝も一族とともに家康から離反したので、貞能も仕方なく行動をともにした。ところが天正元年（一五七三）信玄が死去し、貞能は「勝頼主将の器にあらず」と家康に帰順する。このとき本領の作手は武田勢が進駐しており、脱出するのに苦労したが、作手から離れた宮崎・滝山（岡崎市）に移った。滝山城には奥平一族など二〇〇余の兵、これに対し武田勢は五〇〇〇余で攻め寄せた。貞能父子よく戦い武田軍を撃退した。家康は本多広孝を援軍に派遣、作手の武田勢を攻めさせた。勝頼は貞能の裏切りを怒り、貞能が武田氏へ人質に出しておいた二男の仙丸、一族の男子、女子の二人を三河国鳳来寺の麓金剛堂の前で磔（はりつけ）にした。同三年、武田勝頼、大軍で貞昌の子信昌が守る長篠城を攻囲した。このとき貞能は岡崎にいたが家康の命により、小栗重常とともに岐阜に行き織田信長に援兵を乞う。

　さきに家康は武田方になっていた長篠城を信昌に与えた。天正三年（一五七五）のことで信昌は二〇歳になる若大将であった。奥平宗家の家臣団は、一族七人、家老五人、古親類六人、同族九人、諸士四三人、あわせて七〇人（騎）、家人・足軽など雑兵を入れるとおよそ三〇〇人ていどの兵力となろうか。それに相当の鉄砲があった。作手を脱出したさい「長櫃より五十挺を出した」という。城方の鉄砲により、武田軍は城攻めのたびに各所で撃退された。そして鳶ヶ巣山の徳川軍のよる奇襲作戦で武田軍は随所に火をつけ退却した。大将の酒井忠次は東三河の国衆をひきい長篠城に入城した。忠次軍には、現地の案内役の信昌の父貞能もおり、感激の父子対面であった。ここで包囲軍と籠城軍の立場は逆転し、武田軍は退却した。鳶ヶ巣山奇襲を知るよしもない勝頼軍は、織田・徳川軍の待ちかまえる設楽原に押しだし結局は敗退した。信昌は貞昌とともに長篠城攻囲の武田軍を攻撃し、武田軍は多くの戦死者を出して敗退した。「寛政譜」には次のように信昌の功を伝える。

> この役に信昌が一族家臣等戦功尤多し。日暮に及びて織田信忠（信長の嫡子）城中にいり、信昌小勢をもって大敵を引請、かたく城を守りしことを感じ、且家臣の輩の戦功を賞した。右府（信長）よりも、西尾小左衛門吉次をして信昌を賞した。

戦後、信長は信昌に、武田軍の敗退はひとえに信昌の軍功によるとして、今より「武者之助」と称すべしとし、信長の一字を与えた。

同四年、三河国新城に城を築き奥平宗家の居城となった。家康の息女亀姫が信昌のもとに嫁いだ。家康は長篠軍功の賞として、作手・田峯・長篠・吉良・田原などおよび、遠江国刑部・吉比・新庄（牧之原市）・山梨（袋井市）・高辺（袋井市）などの領地を与えた。天正一〇年（一五八二）、徳川氏の甲斐侵攻のとき酒井忠次の手に属して軍功あり、恩賞として遠江国榛原郡を与えられる。小牧・長久手の戦いでは、森長一の陣する羽黒攻めに、信昌は手勢一〇〇〇余をひきいて戦功があった。家康、長久手への発向のとき、酒井忠次とともに小牧山の陣を守る。同六年、従五位下美作守に叙任した。関東入国時、上野国甘楽郡小幡領（甘楽町）で三万石、宮崎城（富岡市）に居住した。慶長六年（一六〇一）、美濃国加納城（岐阜市）一〇万石を領した。元和元年（一六一五）死去。嫡子家昌は下野国宇都宮城一〇万石を領した。子孫のうち昌高は豊前国中津城（中津市）につり一〇万石をりょうした。奥平氏は老中など幕閣につらなることなく、徳川一門の待遇であった。

②　松平・奥平忠明家

奥平宗家の嫡男信昌は家康の息女亀姫を妻とし四人の男子がいた。末子の忠明は家康の養子となり松平の称号と二代将軍秀忠から一字を与えられ、三河国作手に居住した。同一五年、伊勢国亀山城五万石を領し、同一七年家康より「甲冑及び石火矢十二挺、大鉄炮十二挺、鉄炮三百挺、弓槍、番具足等数多」を与えられた。同一九年冬大坂の陣のとき、忠明は美濃国の諸軍をひきい出陣した。そのご領地を摂津・河内両国のうちにうつされ一〇万石を領し大坂城を与えられ、領内に東照宮を造営する。元和五年（一六一九）、二万石の加増あって、大坂をあらためて大和国郡山城を与えられ一二万二〇〇石を領した。寛永九年（一六三五）、井伊直孝とともに政事に参与し、三年間、在府（江戸）すべきとされた。同一六年、六万石を加えられ播磨国姫路城においてすべて一八万石を領した。このころ「南蛮の賊船」襲来の風説もあり、もしそのようなことがあれば、西国の諸大名を指揮して、長崎に発向すべしと、大坂城の「大筒」をかしあたえられる。子孫は下野国宇都宮城、陸奥国白河城、出羽国山形城、伊勢国桑名城に移封され一〇万石を領地した。幕閣には参与していない。

別家の忠尚家は二万石を領し、奏者番、寺社奉行をつとめ幕閣で活動した。

3　西郷清員家

三河国から遠江国に通じる本坂道（姫街道）が、本坂峠で遠江国へいたる地点に位置する嵩山の月ヵ谷城（豊橋市）に西郷氏は居住した。家祖の正員は今川氏に属していたが、松平清康が東三河に進出したさい、菅沼定盈を介して清康に属した。享禄二年（一五二九）、宇利城攻めに定盈・牧野貞成とともに先陣で軍功があった。そのご今川氏に帰順する。嫡子正勝は今川義元敗死後、今川氏に出していた人質を捨て、松平氏（家康）に属した。そして、東三河国衆の菅沼定盈、田峯・菅沼氏の小法師、設楽貞通を誘って今川氏から離反せしめる。氏真はこれを聞いて、怒り、人質を「串刺」にした。家康は正勝に「本坂峠は枢要の地」であるから、五本松のうちに城郭を構えて守るようにと命じた。ところが今川氏の将朝比奈泰長が不意に五本松城を襲撃し、死する者七〇余人、正勝は子元正とともに防戦したが、ついに城中に火を放って討死した。ときに正勝の二男清員は人質となっていて、家康に近侍した。清員は家康に弔合戦を願い、松平の軍勢とともに五本松に発向し今川軍を追いしりぞけ本領を取り返した。家康は本領を清員に与えようとしたが、兄元正の嫡子義勝は幼弱であるが宗家の所領を相続させ、自分は「陣代」（主将の代役）として補佐したいと願った。永禄七年（一五六四）、一宮、勝山（豊川市）の今川氏との合戦で菅沼定盈とともに戦う。

永禄九年（一五六六）、家康は清員の所領宇津の山の東を肝要の地としてこれを直領とし、かわりに吉良・作手領小法師知行・井谷などにおいて九〇〇貫文の領地を与える。元亀二年（一五七一）、武田氏の将秋山晴近、三河国竹広（新城市）に軍を出す。清員は菅沼定盈・設楽貞道とともに防ぐ。この戦いで義勝が討死したので清員は「陣代」を辞した。

宗家の義勝が戦死したあと、男子が一歳のため、清員の長男家員が義勝の息女を妻として宗家を相続した。天正二年（一五七四）、武田氏の将山県昌景が西郷を攻めたが菅沼定盈が加勢して昌景を敗走せしめた。長篠の戦いで酒井忠次にぞくして鳶ヶ巣山の砦を攻め、家臣など多く戦死した。関東入国時、三河の地からはなれ、下総国千葉郡生実（千葉市）にうつり五〇〇〇石を知行した。家員の嫡子忠員は文禄三年（一五九四）、「御由緒の故」により家康・秀忠の面前で元服し、秀忠から一字を与えられた。この由緒については、秀忠の実母西郷の局がかかわっている。「寛政譜」の記事をみよう。

> 実は戸塚五郎大夫忠春が女（子）、母は正勝が女、養笠之助正尚に養われて義勝に嫁し、義勝戦死の後、清員が養女となり。天正六年三月に浜松にめされ、東照宮（家康）につかえたてまつり西郷の局と称した。是、台徳院殿（秀忠）及び薩摩守忠吉卿の母堂たり。

つまり二代将軍秀忠母の西郷局は、西郷宗家の正勝の息女で清員の姪にあたる。清員の孫で宗家を継いだ康貞は、「御謡初めの着座を許され、御謡第に候す」という。そして康貞の弟で嫡子となった正員は一万石を領し、従五位下若狭守に叙任した。子孫は五〇〇〇石となり小姓組番頭などをつとめる。別家は二家で書院番などをつとめる。

4　設楽貞清家

設楽氏は東三河山岳地帯で中世より名のある士族である。三河国設楽郡川路城（新城市）に住み設楽を称した。東三河の争乱で系図をうしない世系がくわしくわからない。

貞長のとき東三河に進出した松平清康に属した。子の貞重は広忠に仕えたが、その子貞道は今川義元・氏真に属した。永禄四年（一五六一）、菅沼・西郷などとおなじく氏真にそむき、松平氏（家康）に仕える。三河一向一揆のとき岡崎城に詰めた。翌七年、今川方の東三河の拠点吉田城を、下条の白井、二連木（豊橋市）の戸田の軍勢とともに攻めた。のち居城のある川路（新城市）は岡崎から遠いため、岡崎城下に移り居住した。三方ヶ原の戦いでは貞重は居城にあり、二男を人質として浜松にさしだした。武田信玄の野田城攻めには家康の命により同城に籠る。長篠の戦いでは酒井忠次に属して鳶ヶ巣山の砦を攻める。また信濃口のおさえとして、一年間、三河国鳳来寺を守った。のち、設楽郡の領地を駿遠両国のうちにうつされた。これは長篠の戦いで長篠城を堅固に守った奥平信昌に家康が設楽郡を与える約束をしたからだという。ところで貞重は、岡崎、浜松両城での「御謡初」には「右方第一の坐（座）」にあった。嫡子の貞清は天正一〇年（一五八二）、甲斐国新府における北条氏直との対陣に従う。長久手の戦いで戦功があった。関東入国時、武蔵国埼玉郡のうちで知行地を与えられる。その子貞通は大坂の陣で伏見城の城番をつとめる。元和二年（一六一六）の「御謡初」に「右方の末席」に座した。のち寄合になりすべて二一五〇石を知行する。甲斐国郡内城（都留市）を守り、上総国佐貫の城番となり、甲府城を守った。子孫は書院番・使番・小姓組をつとめる。

別家は二家、そのうち貞信家は、貞信が三河国設楽郡のうち七〇〇石を与えられ、子の貞政は大坂町奉行をつとめ一〇〇〇石加増された。

5 戸田氏

先祖は三条家の出身といい、いつのころか戸田にあらためたとされる。三河国に来住して松平氏とならぶ三河の有力な武家である。

① 康貞家

家祖宗光（むねみつ）は明応年中、三河国田原（田原市）に城を築いて居住した。妻は松平宗家信光の長女である。嫡孫の政光（まさみつ）は東三河に進出した松平清康に属した。宣光（よしみつ）のころ天文一〇年（一五一一）、二連木（にれぎ）（豊橋市）に砦をかまえて居城とした。妹の真喜姫は清康の嫡男広忠の妻となった。宣光は今川氏に属していたが、子の重貞は今川氏真から離反し家康に属した。永禄七年（一五六四）、家康の吉田城攻めの案内役としての戦功で、本領八六九貫文と新しく二〇〇〇貫文の領地を与えられた。重貞は吉田城攻めで戦死する。弟の忠重が遺領を相続し、遠江入りの戦いを「先導」して軍功多しという。

忠重の子虎千代は幼少であったが、家康は遺領を与え、松平の称号を許し、そして養妹の松姫を嫁がせた。毎年の御謡初のとき着座した。虎千代は天正二年（一五七四）、家康の面前で元服し一字を与えられて康貞と名乗った。そのごの諸合戦において戦功あり、関東入国時、武蔵国深谷領において一万石を与えられた。関ヶ原の戦いでは大垣城攻めで多くの家臣が戦死した。落城のあと命により城を守衛する。そのご大坂の陣にも功績あり、元和三年（一六一七）、信濃国松本城七万石を与えられた。

子孫は明石城、加納城、淀城、鳥羽城、そして松本城にもどるなど転々とした。幕閣の役職に就任することはなかった。別家は四家、五〇〇〇石が二家あった。

②　忠次家

先祖は宗家の田原城をさって累世、西三河に居住した。父忠政が鴫原（しきがはら）において討死ののち流浪し、三河国佐々木（岡崎市）に居住した。忠次は浪人となり「佐崎」（佐々木）の城のあたりに居住した。三河一向一揆のとき一揆方で勇戦したが、のち志をあらため岡崎に行き家康方となる。吉田城、田原城攻めに軍功があって、渥美郡で知行地を与えられる。このとき同心二〇人をあずけられた。元亀二年（一五七一）、遠江国浜名において反逆者あり、このとき忠次は本多信俊とともに命をうけて征圧した。このさい「浜名の諸士三十人」を同心とする。そのごの諸合戦において戦功があった。関東入国時、伊豆国加茂郡において五〇〇〇石を与えられ、下田（下田市）に居住した。朝鮮出兵のさい、老年にもかかわらず名護屋に出仕したところ、家康は「御感悦斜ならず」で、忠次と高木清秀を秀吉に謁せしめた。秀吉は二人の軍功を知っていて、近臣に模範とせよと語ったという。

その子尊次は、関ヶ原の戦後、先祖の領地の田原城を与えられ、一万石を領した。大坂の陣で紀伊・徳川家の頼宣が幼弱のため家康の命により、東三河の軍勢を率いて備える。養子で嫡子の忠昌は奏者番・寺社奉行・京都所司代・老中に任ぜられ、下総国佐倉城七万石の領主となった。子孫も幕府の要職についている。別家は一家、三二〇〇石を知行、大番頭をつとめる。尊次の三男忠次は小姓組の番士、蔵米二〇〇俵を給される。嫡男の忠時は小姓の番士から徒（かち）頭、御目付、伏見奉行、小姓組番頭と出世し、甲府城主徳川家宣（六代将軍）の家老となる。そのご西城（江戸城西の丸）の家宣御側となり、下野国において一万一〇〇〇石を領し足利を居所とした。別家の一家は一〇〇〇石を知行、奏者となる。その他、別家が二一家もあるが、家譜は割愛する。

③　一西（かずあき）家

この系統の家祖氏輝は宗祖宗光の四世の孫である。一西の祖父氏輝は享禄二年（一五二九）、清康に仕え近習になり、のち広忠に仕える。父の氏光は広忠・家康に仕え知行地を与えられる。永禄七年（一五六四）、吉田城攻めに、今川氏に人質に出した母が殺害されかねないにもかかわらず、「軍忠をはげます」。城落城ののち「東照宮氏光を労ひ（い）たまい、汝此度の忠義他にことなるのむね御感を蒙る」という。しばしば戦場にしたがい、うけた傷が三六カ所におよぶという。

一西は天文一〇年（一五四一）、三河国吉田に生まれる。天正三年（一六四六）、家康、吉田城に在陣し武田勝頼と合戦のとき、水野忠重・渡辺守綱などと敵陣を崩し、先鋒に進み武田信豊の陣を破る。長篠合戦では酒井忠次とともに鳶ヶ巣山の要害を攻める。そのご諸合戦に功績あり、関東入国時、五〇〇〇石を与えられる。関ヶ原の役、上田攻め軍議での発言がのちに家康の耳に入り、「御旨にかなうのよし」という。近江国大津城（大津市）三万石を領した。慶長七年（一六〇二）、大津城は要害の地でないとされ、膳所崎（大津市）に新しく城がつくられ、ここに移り居住した。嫡男の氏鉄は天正一七年（一五八九）より家康の側近で仕える。大坂の陣では居城を守る。陣後の元和二年（一六一六）、膳所崎から摂津国尼崎城にうつされ二万石の加増で五万石を領した。寛永一二年（一六三五）、尼崎を転じて大垣にうつされすべて一〇万石を領した。同一四年、島原・天草の乱の鎮圧に老中松平信綱の副使として九州におもむく。子孫は氏教のとき、奏者番・御側用人・老中となる。別家は五家があった。そのうち一家は蔵米五〇〇〇俵を給与されて、大番頭・御留守居をつとめ、あと二家は六二〇〇石、二〇〇〇石を知行している。

6 牧野氏

牧野氏は東三河の吉田城（豊橋市）近辺に勢力をもつ豪族である。三家あり、牧野村と牛久保村に居住地がある。先祖は阿波氏といわれ讃岐国から三河に来住したという。

はじめ今川氏に属したが、家康に従う。

① 康成家

代々、牛久保（豊川市）城主、父成定は今川氏に属していたが、永禄八年（一五六五）、家康は酒井忠次・石川家成をして味方になるようはたらきかけた。成定は翌年、岡崎に行き家康から本領を保証する判物を与えられた。同年、死去したあと、一族と遺領の争いがあったが、家康の裁定で貞成（康成）が遺領を継ぐ。水野信元よりの証状があった。これよりのち御謡初のとき着座する。そののち酒井忠次の息女を妻とし家康から一字を与えられる。永禄一一年（一五六八）、家康が宇利・小幡（新城市）に出陣のとき浜名城のおさえとして居城を守る。翌年の掛川城攻めでは先鋒となる。のち、武田信玄東三河に侵攻し、牛久保城にも軍を出すが康成はこれを防ぐ。そののち諸合戦に軍功があった。小田原の役では松平康重とともに先鋒となる。関東入国時、上野国大胡（前橋市）において二万石を与えられる。慶長九年（一六〇四）、家光の誕生の嘉儀により、「御譜第の諸将に宴をたまふ（う）のとき」、康成もその席に加わることを許された。康成子の忠成は将軍秀忠より一字を与えられた。元和四年（一六一八）、越後国長岡城（長岡市）六万石、のち一万石を加えられすべて七万四〇〇〇石を領した。子孫は奏者番・寺社奉行をつとめる。

忠成の二男康成は父の領地から一万石を分地された。常陸国三島郡与板を居所とする。のち五〇〇〇石を加えられ信濃国小諸城を与えられる。また忠成の四男定成は父から六〇〇〇石を分地された。江戸幕府の側用人政治の先駆者として知られる牧野成貞は、康成の二男儀成の二男である。五代将軍綱吉の側用人で老中格となる。父儀成は館林城主時代の綱吉の家老で、成貞は奏者役となってあと家老となった。綱吉が江戸城本丸に移ったとき幕臣に取り立てられ、側衆に就任した。そして将軍綱吉から新設の側用人に任命され、下総国関宿城主五万三〇〇〇石の大名となった。そのご、侍従に昇り老中と同じ格式を与えられた。元禄九年（一六八八）、綱吉が初めて成貞の屋敷に御成したとき二万石加増、七万三〇〇〇石となった。異常の出世ぶりである。

子孫は成春のとき三河国吉田城八万石、のち日向国延岡城（延岡市）に移る。貞通の代に奏者番・京都所司代となる。また貞長は寺社奉行・京都所司代をつとめ、一〇代将軍家治の婚礼を指揮した。牧野氏別家のなかの出世頭といえよう。

② 康成家

康成家とは同祖であるが居住地はちがい宝飯郡牧野村（豊川市）に居住した。父定茂は今川氏真に属し、永禄八年（一五六五）より家康に仕え、三河国平井郷（豊川市？）九二貫文の旧領を与えられた。嫡子の康成は同七年の吉田城外での今川氏真と家康の合戦のとき今川に属して戦う。この合戦で康成は本多忠勝と戦い、「ともに創をこうぶりしかば、やがて鎗をすててひきくんでこれをうたんと」したとき、康成、家康に属すことを忠勝につげたがいに引き退く。翌年、父とともに家康に属した。長篠の戦いでは鳶ヶ巣山の砦攻めには斥候としてその地にいたり戦功があった。天正一四年（一五八六）家康、秀吉と和睦のため上洛のとき、諸将とおなじく随従した。のち家康の命により、本多正信・大久保忠隣・阿部正勝とともに「申次（取次）の役」をつとむ。そのご秀吉より後藤光乗作の「釜洗」の「三所物」をたまう。「つねに東照宮（家康）へ神妙につかうること賞せられし」という。

康成の嫡子信成は大番頭・小姓組番頭・書院番頭をつとめ、大坂の陣では隊下の士五〇騎をひきい、「大炮（砲）を放ちて城の櫓をやぶり」軍功をあげた。のち下総国関宿城（野田市）一万七〇〇〇石を領した。子孫は丹後国田辺（田辺市）三万五〇〇〇石を領した。また奏者番・寺社奉行をつとめる。別家四家あり、一五〇〇石知行が二家、五〇〇石知行が二家である。小姓組番頭・書院番頭などをつとめる。

③ 古白家

先祖は讃岐国に居住し室町幕府将軍の義持の命により三河国に来住、中条郷牧野村（豊川市）に城を築き「国民を鎮撫」すとされる。家祖古白は明応四年（一四九五）、将軍義稙の命により三河国「諸士の旗頭」となる。吉田城を築き居城とする。永正三年（一五〇六）、伊勢長氏が、今川氏親にかわり駿・遠・三・豆・相の五カ国の兵をひきいて三河国に発向した。このとき古白は今川氏に属する。松平宗家長親、「数千騎を率いて」吉田城を攻める。城中の士卒敗走し古白は討死する。子の成三（しげかず）は、成長ののちふたたび吉田城に居住した。享禄二年（一五二九）、松平宗家清康が吉田城を攻めたとき「一族郎党」とともに討死する。曾孫の成里（しげさと）は織田信雄に仕え、また長谷川秀一（ひでかず）に属した。秀一死去し、その軍勢を秀吉の命により指揮する。朝鮮出兵から帰朝ののち豊臣秀次に仕え、秀次自殺のあと石田三成に属し、関ヶ原で三成敗北のとき「郎等百余人」をしたがえ、囲を突き破り徳川方の池田輝政の軍に加わる。輝政、家康に伝えて成里を扶助する。そのご輝政の領地の播磨国に居住していたが、将軍宣下で上洛した家康に呼び寄せられ、江戸に行き幕臣となった。下野国のうちにおいて三〇〇〇石を与えられ、御持筒頭となり同心五〇人をあずけられる。成里の嫡子成純は二代将軍秀忠に仕えた。家康から「成純が性質父にもおとるまじくおぼしめさるるむね賞せられ」る。御使番となり掛川城・山形城の城引渡し役をつとめる。寛永一四年（一六三七）、「肥前国島原の一揆」のとき「軍監」（目付）となった。一揆鎮圧の功について「老職」（老中）と争い、病気と称して出仕しないこと二〇年におよぶ。

別家は三家、二〇〇〇石、二一〇〇石、七〇〇石を知行する。書院番・作事奉行などをつとむ。

7 鵜殿（うどの）氏

鵜殿氏は熊野新宮の有力な衆徒であったが、鎌倉以降、東三河に来住し、今の蒲郡市の市域の地を支配する領主となった。

① 西郡（にしのごおり）・鵜殿氏長家

鵜殿氏の宗家である。家祖の長持は今川義元に属した。

妻は義元の妹であるから今川重臣といえる。西郡城（蒲郡市）は上郷（かみのごう）城ともいう。家祖長持のときの永禄五年（一五六二）、東三河に侵攻した家康の軍勢により落城した。そのさい長照の子の氏長・氏次は捕虜となる。そこで、駿府にいる家康妻築山殿と、人質になっていた家康長男の信康との交換がなり、両者は岡崎に帰り、長照の二子は駿府に行った。そして西郡城には徳川氏の城番がおかれた。氏長は今川氏真没後ののち、家康に仕え旧領安堵の判物を与えられて、遠江国江二俣城の別郭を守る。そののち御使番となり、紀伊国において一七〇〇石余を知行する。弟の藤三郎は松平家忠に属し、慶長五年（一六〇〇）、伏見城において討死する。子孫は大番・書院番などをつとめる。のち後嗣がなく家は断絶した。

② 不相（ふそう）・鵜殿平蔵家

系図上では祖は長持の弟平蔵某となっているが、「寛政譜」には見えない。不相は蒲郡市の東部、海辺よりにある府相町で、ここにも家城的な小さな城があったか。

③ 柏原・鵜殿長忠家

家祖は長持の子長祐（ながすけ）である。柏原は上郷城西方二キロほどのところ、岡崎へ向かう方向にある。小さい城をかまえていたか。長祐は今川氏真に仕えていたがのち家康に属した。永禄七年（一五六四）、三河一向一揆で一揆方の渡辺守綱と戦い討死する。嫡子長忠は実は長持の二男、長祐の養子となる。母は今川義元の妹である。息女は家康の側室となり西郡の方という。督姫の母である。長忠の嫡子長次は家康に仕え、督姫が北条氏直に嫁すとき随従した。また文禄三年（一五九四）、督姫が池田輝政に再嫁のときも随従する。相模国大住郡波多野（秦野市）に知行を与えられる。大番の組頭をつとめる。柏原・鵜殿家の別家は六家があった。知行高は一〇〇〇石、一三〇〇石であとは二〇〇俵ほどの蔵米で、大番・書院番・小姓組・大坂奉行などをつとめている。

④　下・鵜殿康孝家

この家については「寛政譜」に記されていない。家祖は長持の叔父長存（ながあり）である。居城は下ノ郷城または蒲形（がまがた）城ともいわれ、海辺は港になっており、三河湾海上交通の要衝である。前述した宗家の居城の上郷城が落城したとき、下・鵜殿家など一族は籠城していなかった。つまり一族は徳川氏に通じていたのである。このころ同家の当主は長龍であった。永禄七年（一五六四）の吉田城攻めには、八郎三郎康孝という人物が出陣している。八郎三郎の本名は長信だが、康孝の康は家康から与えられたのであろう。永禄末年の「御謡初」の一番目に「鵜殿八郎三郎」の名があり（「松平記」）、下鵜殿家が宗家に代って国衆の地位にあったことを示している。家康がこのような待遇をしたのは、今川氏の三河支配以来、鵜殿氏は東三河では格別の地位にいたこと、上郷城攻めの前に家康に通じて、宗家以外の一族を今川氏から離反させた功などによるものではあるまいか。

(二)　西三河の国衆

1　鈴木氏

西三河の旗頭石川家成の組下の国衆に「小原越中」・「鈴木喜三郎」がいる。前者は小原（おばら）（豊田市）の鈴木重愛（しげよし）、後者は足助城（真弓山城）主鈴木喜三郎である。鈴木氏は西三河山間の豪族で一族が多い。足助（豊田市）には鈴木宗家の居城があり、交通の要衝である。

①　足助・鈴木重政家

累代足助を領し俗に足助氏とよぶが世々、鈴木氏を称し足助を称しなかった。大永五年（一五二五）、松平清康軍が真弓山城（足助城）を攻め、城主重政は清康の姉久子（妹とも）を嫡子重直の妻にすることを約束させられ臣属した。そのご今川、徳川、武田の諸氏と攻防あって城主の地位が安定しなかったが、子孫は家康に仕え、大坂の陣後、足助の本領を与えられる。

②　小原・鈴木重愛家

同家の居城は西加茂郡小原村（豊田市）にある大草城（市場城）である。『寛政譜』には足助城主鈴木喜三郎重直が、家康と武田勝頼との合戦のとき、「小原の城主鈴木越中守重愛」とともに軍功あり、関東入国に供をし、そのご故あって隠遁（いんとん）したとされる。一方、江戸時代の市場村（豊田市）絵図に「慶長十六亥年　鱸（すずき）越中守在城」とある（『地名大系』）。

③　酒呑（しゃちのみ）・鈴木重信家

以上の二家は石川家成組下の一手役部将であるが、ほかに酒呑（豊田市）の鈴木氏がいる。文明年中（一四六九～八七）、矢並郷（豊田市）から鈴木重時が移り住み、酒呑鈴木氏初代となる。三代重信の時から代々家康に仕え、重信の妻は清康・広忠・家康に仕えて「酒呑」と呼ばれた。子の重次は関ヶ原の戦いに出陣し、そのあと旧領賀茂郡のうちにおいて五〇〇〇石の地を与えられた。重次の子重成は寛永一四年（一六三七）の島原・天草の乱で軍功があった。乱後、肥後国天草の荒廃の地開発の任にあたり、同地におもむき、天草の代官職となる。

2　三宅康貞家

家伝には、先祖は備前の児嶋よりでて「今にいたりて九百年」という。三河国賀茂郡広瀬城に居住した。家祖師貞は三河国梅坪（豊田市）を領した。天文一六年（一五四七）、織田信長が軍を出して梅坪を攻めたさい戦死する。嫡男の政貞は信長と和睦し、信長から家臣になることをすすめられたが辞して仕えず。そして永禄元年（一五八二）、子の康貞と岡崎に行き家康に仕えた。康貞は家康の一字を与えられたか。のち家康の命により高橋・吉良・東三河・遠江の士三〇余騎を預けられた。

永禄一二年（一五六九）、掛川城攻めのさい、家康に通じた久野宗能（くのむねよし）が、今川氏真にくみした久野一族により久野城から追放された。そのため家康部将の松平忠正・植村家政・菅沼定盈とともに久野城を攻め、一族を生害、追放せしめた。天正一〇年（一五八二）、甲州の黒駒で北条勢を追討のとき、鳥居元忠・水野勝成などと、首三〇〇余級をえて新府城にいる家康にみせたところ、「康貞が抜群の働（はたらき）を感じたまふ」という。関東入国時、武蔵国において五〇〇〇石を与えられる。慶長九年（一六〇四）、三河国加茂挙母（ころも）（豊田市）にうつされすべて一万石を領した。大坂の陣では駿府城を守衛、元和の役には淀城を守る。嫡子康信のとき亀山城（亀山市）にうつされ一万二〇〇〇石を領した。そして康信嫡孫の康勝の代に、三河国渥美郡の田原城を与えられる。康勝の子康雄は奏者番・寺社奉行をつとめた。

三宅氏の別家は一二家と多い。知行高に最高は一〇〇〇石余で二〇〇石から六〇〇石ていど、あとは二、三百俵の蔵米取である。役職は大番・書院番・小姓組・御金奉行・御膳奉行などをつとめている。

3 水野氏

水野氏は尾張と三河二国の境にある刈谷（刈谷市）周辺の豪族で織田氏に属した。家康の母の実家である。桶狭間の戦いのあと、母の兄水野信元が信長と家康の同盟を進めた。信長横死後、家康に属した。

① 勝成家

先祖は尾張国「小河村（東浦町）の地頭職」を領していたが、忠政のころ三河国刈屋に城を築き、刈屋、小河をあわせ一万三〇〇〇貫文の地を領した（『地名大系』）。嫡子信元は「父に継で小河、大高（名古屋市）、半田（半田市）、西川、刈谷、西尾（西尾市）等の城をかねたもち、織田右府（信長）に属し、東海道の旗頭となり、諱字」を与えられたという。

信元の妹は松平広忠に嫁して家康を生んだ。於大の方という。織田氏と松平氏が敵対関係になって於大の方は刈谷に戻り、久松俊勝に再嫁した。

永禄三年（一五六〇）、桶狭間の戦いで義元が討死したとき、信元は信長に属していたが甥にあたる家康（元康）にそのことを告げた。今川勢は退却し、家康が守っている大高城も織田勢が攻めるから、早く同城から離れて岡崎城にもどる方がよいと、家臣の浅井道忠に案内させた。途中、刈谷（水野）勢が今川軍の敗兵を討って出るところに出合ったが、道忠は主君の指図であるとして家康勢を通させた。家康が岡崎に還城すると、信元は信長に家康との和睦をすすめた。京都へ向かう西上作戦を考えている信長にとってみれば、家康が今川氏の尾張侵攻をおさえる防波堤になってくれれば好都合であった。家康にとっては織田氏をバックに今川氏から離反できれば自立が可能となる。家康は尾張国清須に行き、和議がととのえられた。これが三河統一の出発点となったのである。

このように家康の恩人というべき信元であるが、天正二年（一五七四）、佐久間信盛の中傷によって信長の怒りをかい岡崎に逃れた。信長は家康に使者をだして、信元を殺すように請う。家康はやむを得ず大樹寺において、石川数正・平岩親吉により殺害せしめた。のち信長は佐久間信盛を追放したさい、信元に罪がなかったことを後悔し、同八年、信元の弟で家康のもとにいた忠重に、旧領の刈谷城を与えた。忠重は水野宗家を相続したのである。同一〇年、信長横死のあと再び家康に仕える。小牧・長久手の戦いで忠重は、岡部長盛・大須賀康高・榊原康政・本多広孝の諸将と先鋒の列にいた。そののち何故か忠重は秀吉に仕えた。数正は秀吉は石川数正とおなじく忠重を武者奉行とした。数正は家康の家老で、小牧・長久手の戦いの終盤、家康が秀吉と最後の決戦をすべく準備をかためていたとき、岡崎城代でありながら、秀吉の招きに応じたのである。同一五年、忠重は秀吉の命により豊臣氏となる。秀吉より伊勢国神戸（かんべ）（鈴鹿市）四万石を与えられた。文禄三年（一五九四）、刈谷（刈谷市）の旧領にうつされる。秀吉死後、石田三成が「逆意」を企てたため、ただちに伏見城の家康のもとに参上すると、家康は「忠重急難のときにあたりてはかならず来りて守護すること神妙なりと、御感浅からず」であった。また家康が大坂城に出向いたとき「危（な）き事ありしに、忠重御前をはなれずして」守護したという。慶長五年（一六〇〇）、不測の事態があって殺害された。信元の末子の茂尾は土井正利の養子となる。のち、江戸時代初期の老中土井利勝として知られるが、土井系図にはみられないという。

　忠重が横死して子の勝成に遺領が与えられた。家康の甲州経略のさい、黒駒合戦で鳥居元忠などとともに北条勢に大勝する。天正一二年（一五八四）、桑名在陣のさい父忠重の臣富永半兵衛の中傷があり、勝成は同人を殺害した。これにより他国に「遊歴」し同一三年、秀吉に仕え七〇〇〇石の地を扶助せられる。秀吉の

【3 水野氏略系図】

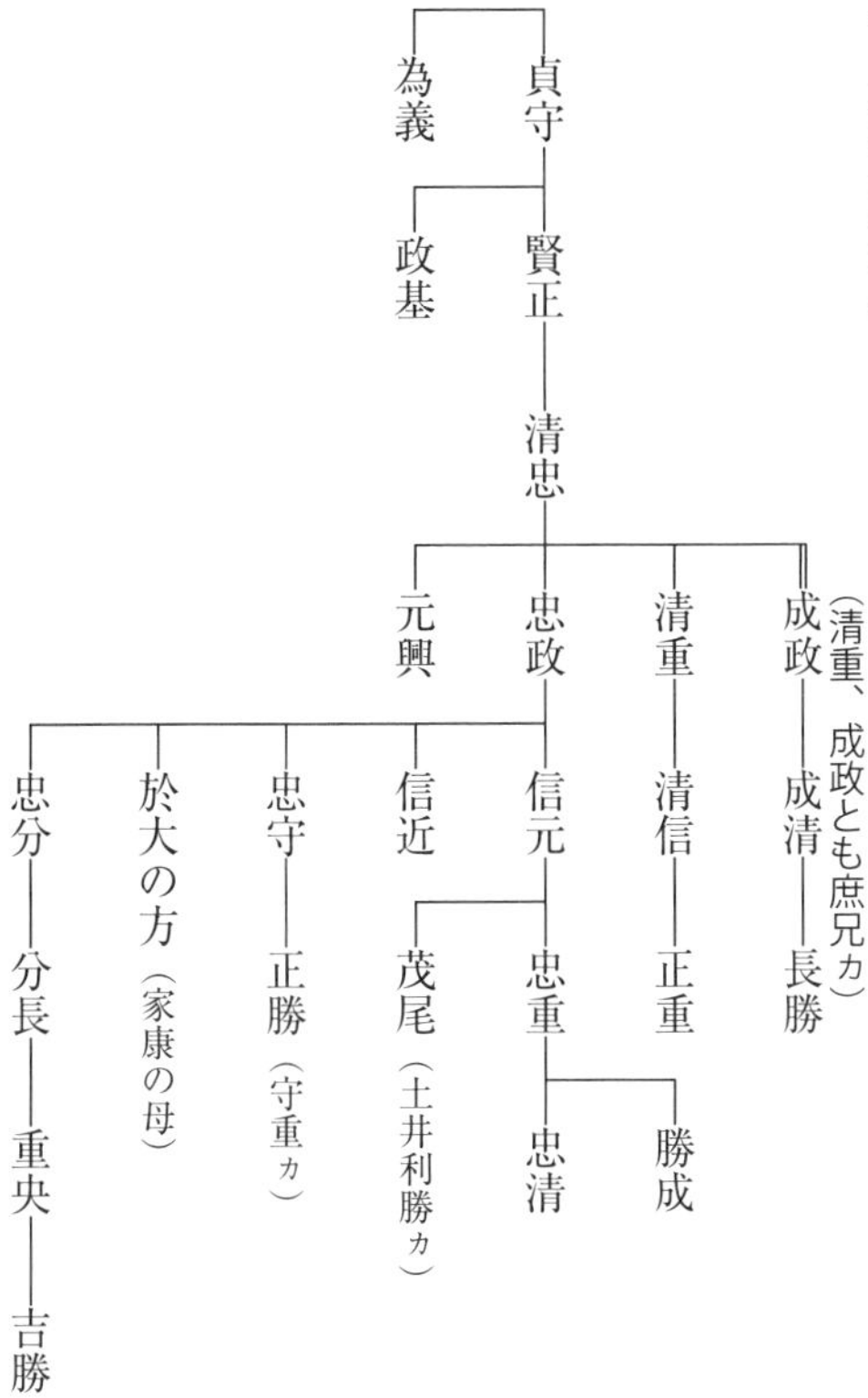

朝鮮出兵のさい思うことあって、肥後国にとどまり佐々成政に仕える。そのご小西行長に属して「志岐天草の賊徒を追討」、先陣にすすみ首級をえる。勝成は諸国を遍歴したが、諸大名から武勇の士とし召し抱えられたのである。秀吉が死去し石田三成「徒党をむすぶのよし」を聞いて、「君（家康）のために死をいたすはこのときなりとて、伏見にはせのぼり」、そののちも側近にあって忠節をつくした。関ヶ原の戦い、大坂の陣に武将として軍団を指揮し軍功をつくした。戦後、刈谷から大和国郡山にうつされ、三万石を加えられて六万石を領した。元和五年（一六一九）、備中国に移封、四万石の加増があってすべて一〇万石余を領し、あらたに深津郡野上村常興寺山に城郭を築き、地名を福山（福山市）とあらため、「西国の鎮衛」とする。子孫のうち勝岑（かつみね）に後嗣なく城地は没収されたが、「先祖の旧勲」により、親族の勝長に能登国において一万石を与えられた。元禄一三年（一七〇〇）、領知をあらためて、下総国結城（結城市）などのうちに移される。同一六年、すべて一万八〇〇〇石を領し、命により下総国結城に城を築きここに居住した。

別家は五家、知行高は三〇〇〇石、二〇〇〇石、五〇〇〇石で、長崎奉行・大坂町奉行などをつとめている。

②　忠清家

忠清は宗家忠重の四男である。関ヶ原の戦いでは家康の側近で随従する。のち秀忠に仕え、書院番頭・奏者番となり上野国小幡（甘楽町）において一万石を与えられる。元和元年（一六一五）の大坂再陣のとき旗本の先備となる。駿府において家康病気のとき忠清をめし、上壇にのぼるようにとのことばがあったが、忠清は辞した。これは土井利勝・本多正純などの重臣が床下にいたからで遠慮したのであろう。家康がいうには「忠清が先祖世々勲労尤おおし」、「しかのみならず忠清若年なりといえども、大坂（陣）において軍功をはげますことを感じおぼしめ」したという。家康は母の実家である水野家に相当な恩義を感じていたようである。家康は忠清に旧領の刈屋を与え加増があって二万石を与えた。同一九年、二万石の加増で信濃国松本（松本市）においてすべて七万石を領した。子孫のうち忠職（ただもと）は大坂城代となる。忠恒のとき、同人が江戸城内においてにわかに「狂気」、毛利正就を傷つけたことにより、領知を没収された。所領を没収されたとはいえ、「家の由緒をおぼしめされ」、その名跡として忠穀（ただよし）に信濃国佐久間郡に七〇〇〇石を与えられた。忠穀は書院番頭・大番頭をつとめた。嫡子の忠友は若年寄となり六〇〇〇石を加えられ一万五〇〇〇石を領し、のち老中となり沼津城三万石を領した。

別家は三家があった。そのうち忠清の四男忠増家は一万五〇〇〇石を領し、若年寄・大番頭・書院番頭・小姓組番頭となり、大坂城の定番をつとめた。

③ 信近家

信近は宗家信元の弟で三河国刈谷城にいた。永禄三年（一五六〇）、今川義元、岡部長教（ながのり）・伊賀・甲賀の士をひきいて刈谷城を攻め、信近、防戦するも討死する。嫡孫の信常は岡崎に行き家康に仕えた。命により家康の嫡男信康に仕えのちまた家康に近侍した。そののち徳川忠長に付属する。その子信村は生前、子の千代松に相続させることを願っていたが、許可がないうちに千代松も死去したので、領知は没収され家は断絶した。

別家は四家、知行は二〇〇俵、三〇〇俵の蔵米取で、大番・小十人・御金奉行などをつとめている。

④ 忠守家

忠守家は宗家忠政の四男。忠守は織田信長に仕え、尾張国知多郡小河城主で、兄信元とともに軍功があった。故あって同城を退去し、家康に仕える。関東入国時、相模国玉縄城を守る。嫡子の忠元は家康の命により幼少より秀忠に仕える。小姓組番頭・書院番頭をつとめ、下野国山川などで三万五〇〇〇石を領し、幕政に参与する。嫡男忠善は駿河国田中城を与えられ、のち三河国吉田、同国岡崎城にうつされる。子孫のうち忠之は所司代となり、一万石を加増のうえ三河国のうちで六万石を領した。のち忠任（ただとう）のころ肥前国唐津城にうつされる。

別家は四家。知行高は五〇〇石・五〇〇石・三〇〇石、小姓組番頭・書院番頭・定火消・書院番・小姓組などをつとめる。

⑤ 分長（わけなが）家

忠分は宗家忠政の八男。天正八年（一五八〇）、織田信長に背いた荒木村重の拠る有岡城を攻めたとき、先鋒にすすみ戦死した。嫡子の分長は天正一二年（一五八四）、家康の小牧山に小河、常滑（とこなめ）（常滑市）の水野勢とともに参陣した。本領安堵状をうけて宗家の水野忠重に属せられた。のち故あって忠重の家を去り、九戸（くのへ）一揆のとき先鋒となり戦功多かった。慶長四年（一五九九）家康に仕え大番頭となる。尾張国小河など数村において九八二〇石余の地を与えられる。同一一年、三河国新城（しんしろ）にうつされ、設楽・宝飯（ほい）両郡のうちで一万石を領した。のち徳川（水戸）頼房に付属せられ、このとき、さきの領地は嫡男元綱に、そして別に安房・上総両国のうちにおいて一万五〇〇〇石を与えられた。のち封地を上野国碓氷（うすい）・群馬両郡にうつされ二万石を領し、安中（あんなか）を居所とし碓氷の関所をあずけられる。嫡子元知は狂気して刀で妻を傷つけ自害するも死にいたらず。所領は没収せらる。しかし家は存続し子孫は二〇〇〇石を知行する。

別家は三家。知行高は三〇〇〇石、大番頭・使番などをつとめる。

⑥ 重央（しげなか）家

重央は忠分の三男である。天正四年（一五七六）、七歳のとき、はじめて家康にまみえる。のち側近に仕え五五〇〇石を知行する。同一六年（一五八八）、大番頭となりこのとき家康から直接、采配（さいはい）を与えられる。また徳川頼宣に付属せられ一万石を領した。頼宣幼少により重央が水戸に行き国政を執行する。頼宣の領国が駿遠両国にうつされ、遠江国浜松城を与えられ加恩ともに二万五〇〇〇石を領した。元和二年（一六一六）、一万石の加増で三万五〇〇〇石余を領した。そして同五年、頼宣の領国が紀伊国にうつされ、重央は同国新宮城を与えられる。重央家は紀伊・徳川家の付家老となったが、幕臣としてあつかわれた。

別家は三家。知行高は一二〇〇石・五〇〇石、四〇〇石、大番頭・小姓組番頭・書院番・勘定奉行・普請奉行などをつとめる。

⑦ 吉勝家

吉勝は忠分の四男。家康の命により松平秀康（越前松平家の祖）に付属、大番頭をつとめる。二〇〇〇石を知行した。子の勝安は松平忠直に仕え、忠直配流ののち「処士」（浪人）となるが、のち、秀忠に仕えて七〇〇石を知行し書院番などをつとめた。

別家は二家。知行高は五〇〇石と蔵米四五〇俵、書院番・小姓組・小石川御殿奉行などである。

⑧ 正重家

正重の祖は宗家信元の祖父清忠の「長子」（長男）とされる。桶狭間の戦いに一六歳で水野信元に属し軍功があった。このことを家康が聞き「御家人」（直臣）に加えた。以後、家康の側近となった。のち家康が安土城の信長に会いにいくとき、「軍功あるもの一人をえらびて供奉させたが」正重もそのうちのひとりであった。三方ヶ原の戦いのとき敗北して浜松城にひきあげる家康軍の殿（しんがり）をして、敵をちかづけさせなかった。慶長七年（一六〇二）、近江国において一〇〇〇石を与えられる。のち後嗣なくして家は断絶。

別家は一家。御徒・闕所（けっしょ）物奉行・富士見御宝蔵番頭などをつとめる。

⑨ 元興家

元興は宗家信元の祖父清忠の三男。信元の生害のあと、一族・家臣など離散のとき嫡子元教（もとのり）は尾張国知多郡に蟄居（ちっきょ）した。子孫は右筆・広敷番などをつとめる。

⑩ 政基家

政基は刈谷城を築城した宗家の貞守の二男である。貞守は小川城を修築し、三河国刈谷、熊村、大高、常滑（とこなめ）などの諸士を統率した。政基（まさもと）の嫡子忠綱は常滑の城主である。嫡孫の守次は同城「落去」のあと山城国（京都府）嵯峨に居住した。その子守信は家康に仕え上杉征討に従軍し、三五〇〇石を与えられた。のち、使番・長崎奉行・大坂奉行・

大目付などをつとめる。一五〇〇石を加増された。

⑪　為善家

為善は貞守の弟である。文明年中より尾張国大高城に居住し、兄貞守に属した。嫡孫の吉守は三河一向一揆のとき水野忠重とおなじく岡崎に来て家康に仕えた。軍功あって「三二〇〇石」(?)の知行を与えられた。吉守の子正長は信長没後、家康に仕えて大高城にいた。関ヶ原の戦いに随従し戦傷のため死去。三二〇〇石を知行した。この知行は子正春のとき故あって没収され、子孫は蔵米三〇〇俵を与えられた。小姓組・大番などをつとめる。

⑫　正勝家

正勝は忠守家の祖忠守の二男。正勝は織田信長に仕えた。その子宗勝は織田信雄に仕える。天正一〇年(一五八二)、北条氏直と甲斐国新府において対陣した家康に属した。のち五〇〇石の知行地を与えられた。子孫は大番・川船奉行をつとめる。

別家は一家。九〇〇石を知行、大番・書院番などをつとめる。

⑬　成政家

成政は宗家信元の祖父清忠の「長子」(前記⑧正重家と同じであるが不明である。)という。尾張国平嶋城に居住した。子の成清は同国小河城に居住し、同地で生害した。二歳であった長勝は母とともに刈谷に逃れた。のち母が松平家広に再嫁して家広に養育された。のち織田信長に属したが、信長横死のあと北条氏政に仕えた。天正一九年(一五九一)、家康に仕え武蔵国のうちで八〇〇石を与えられる。関ヶ原の戦いのさい、病気にもかかわらず家康の「旅館」に行き「拝謁」した。家康は大変、よろこび「延寿国泰の御刀及び菅家自筆の画像一軸」を与えた。のち奏者番となりこのとき二〇〇〇石の加増があった。子の忠貞は五〇〇〇石を知行し、書院番頭・五畿内(ごきない)(近畿地方)など三国の奉行・伏見町奉行をつとめる。子孫は六〇〇〇石、大番頭・書院番頭・小姓組番頭をつとめた。

⑭　豊信家

系統不明であるが豊信は家に仕え関東入国にしたがう。武蔵国のうち二一〇石余を与えられる。孫の信秀は大坂両度の陣にしたがう。御手鷹役・御納戸番・大番などをつとめる。

〈正月御謡の座席〉

左　方	右　方
鵜殿八郎三郎	西郷孫九郎
松平甚太郎内膳	設楽甚三郎
松平紀伊守	松平和泉守
松平外記	松平玄蕃
松平主殿助	松平丹波守
本多豊後守	松平周防守
菅沼織部	鈴木越中守
鈴木兵庫	本多縫殿助
奥平九八郎	
牧野右馬允	

小　括

東三河の国衆が家康に従属するにさいし、家の存亡にかかわる判断と犠牲があったことが、各家の様子からわかった。後者については今川氏や武田氏に出していた人質を残酷な方法で殺害された（西郷氏・奥平氏）ことである。そのような犠牲をはらってまで家康に従属する道をえらんだのである。その場合、個々に家康に属したのではなく、菅沼定盈のような仲介者がいた。定盈居城の野田城は、平野部に近く家康との交流をはかるのによい場所にある。

定盈は家康を信頼し、信長と同盟したことによる権力の安定をみてとって、親交のある東三河の国衆に今川氏から離反することを説いたのであろう。

さて今川氏が三河から離れると、武田氏が東三河に侵攻してきて、山家三方衆（長篠・菅沼、田峯・菅沼、奥平）が信玄に服属するが、定盈は抵抗する。信玄は大軍をひきいて定盈の野田城を包囲した。水攻めで城内の兵士が渇命の状態になって、定盈は自分の死と代りに兵士の助命を願った。信玄は定盈を捕虜にして家臣になるようすすめたが、定盈はしたがわなかった。それについてはあきらめた信玄は、定盈と山家三方衆の質子を家康に申し入れ、定盈を釈放した。そのごの遠江経略を考え会わせ、家康の東三河統一に定盈の果たした功績は大きい。

今一人の功労者は奥平信昌である。信玄没後、子の勝頼の代になって、信昌の父貞昌は、勝頼は大将の器ではないとして家康に帰順する。勝頼はその裏切りを怒り人質にとっていた子供たちを磔にした。そして貞昌の子の信昌が守る長篠城を攻囲した。信昌ら城兵は何回も攻撃してくる大軍の武田軍を撃退した。勝頼は途中、攻撃を中止して、織田・徳川の連合軍が待機する設楽原に押しだした。その間に、酒井忠次のひきいる東三河の国衆の軍勢が、長篠城の背後にある鳶ヶ巣山の武田軍を襲撃し退却せしめた。そして東三河の軍勢は設楽原（したらがはら）（新城市）の合戦場に出動したのである。武田軍は名だたる武将のほか多くの戦死者をだし、本国をさして退却した。信長は信昌の一族・家臣の戦功は多大であると激賞した。そして家康は息女の亀姫を信昌の妻とし、徳川氏との絆をつよめたのである。

西三河では水野信元の存在が大きい。桶狭間の戦いで今川義元が敗死したため、大高城にいた家康（元信）をいちはやく退去させ、岡崎城にもどらせる手引きをしたのである。信元は家康の実母の兄、つまり母方の叔父であるから、なんとか家康を助けようと考えたのであろう。そして家康と信長の同盟をはかってこれを成功させた。これはそのごの家康の将来を決定したと言って過言ではない。

家康が東三河の国衆をどのように処遇したかについては、正月の謡初の儀式に松平一族と同じ座席を用意しているところに示されている。永禄一〇年（一五六七）の「正月二日夜御謡（うたい）初座鋪（しき）次第」（『朝野』）に表にある座席が記されている。

この「座鋪」は特別の席であったようで、たとえば「設楽は昔は座鋪」はなかったが、今は「出座」とか、奥平は元は「下座」であったが、家康の婿（亀姫が妻）になったので、「当代は座上」になったという。

この謡初には三河譜代など家康の直臣も出席しているが、

松平一族・国衆は上座の席を指定されていたのであろう。「家忠日記」には「国衆」とあって別格の呼称が用いられている。国衆はわりあいと広い地域を領有する城主であるから特別の家柄としてあつかわれたのであろう。もっとも家康にとっては、松平一族や国衆は身内ではなくいわば外様であるから、別格としてみていたのである。（「座鋪」の氏名のなかに三河譜代の本多豊前守広孝、同縫殿助忠次の名がみえるが、特別にあつかわれたとみえる。）

第四章

遠駿統一期に服属した今川旧臣

(一) 遠駿統一について

　永禄一一年（一五六八）一二月、家康は今川氏の領国である遠江に侵攻するため、岡崎城を出馬して引間城（浜松城）に入った。そしてすぐ見付城（東海道見付宿）に移った。これには掛川攻めとの関係がある。というのは引間城は天竜川の西岸にあり、掛川城攻めとなると川を渡る不便さがあったからである。掛川攻めの一方、浜名湖北辺の引佐峠周辺に一揆が蜂起した。徳川勢は気賀堀川（浜松市）の砦を攻め、城中の一〇八人の首級を気賀において獄門にさらし、残党の七〇〇人は処罰せず村に居住させた。また家康は井伊谷三人衆に堀江城（浜松市）を攻めしめ、城主大沢基胤は降服した。

　井伊谷三人衆とは何か。井伊谷は同国引佐郡井谷村で井伊氏の故地である。三人衆とは菅沼定盈の同族の都田（浜松市）の菅沼忠久・井伊谷の近藤康用・瀬戸の鈴木重時である。定盈がこの三人を招いて家康の遠江入部を案内したのである。この三人は浜名湖東方の豪族で、家康は同年一二月一二日付で、「井伊谷筋を遠州口へ打ち出すべくの旨、本望也」と、所領を与え信玄より異議を申し入れることがあっても、決して見放さないと誓っている。この辺は武田氏の勢力圏にあったが、定盈は強引に説得して三人衆を家康に属せしめたのである。ちなみにこの三人衆は、のちに述べる井伊直政の与力となる。そのご徳川勢は二俣城などの西遠江の城を攻略し、家康は掛川城攻めの軍備をととのえた。諸将の面々には、酒井忠次・石川数正・本多広孝・植村家政・小栗忠吉など三五〇〇余、ほかに松平尹忠・榊原康政・菅沼定盈・本多忠勝・大須賀康高・奥平貞能・本多康重・菅沼定政がいる。ほかに「遊客」として深志（松本）城主小笠原長時の子貞慶の名がみえる。結局同一二年、今川氏真は掛川城を家康に渡した。家康は氏真に警固の兵を付け伊豆戸倉（静岡市清水区）に送った。

　同年、武田信玄が今川氏の主城駿府を攻略し、今川氏は滅亡した。信玄は家康とのあいだで大井川を限り西（すなわち遠江国）は徳川氏、東（駿河国）は武田氏の領有とするとりきめをしたが、信玄の家臣山県昌景が兵三〇〇〇をひきい、大井川を越えて金谷にせめてくるなど約束を破ったので、翌元亀元年（一五七〇）、家康は信玄と「和交」

を断った。そのご徳川と武田の抗争が天正一〇年（一五八二）の勝頼の滅亡まで続く。

元亀元年（一五七〇）、家康は見付城から浜松城に移った。これは信長の要請によるといわれる。天竜川を越えた見付城だと織田軍の援軍が難儀になるからだという。信玄は遠江・東三河に進出しこの地域の城主、領主を服属せしめ、同三年、浜松市北方の三方ヶ原に在陣した。出撃しない方がよいという家臣の進言があったが、家康は大軍の武田軍に戦いを挑んだ。結果は敗北し這う這うの態で浜松城に逃げ帰った。ところで信玄は浜松城を攻めることなく、東三河へ入って野田城を攻略し吉田城にも兵を出した。そこから信玄は西上しようとしたのか諸説があるが、野田城攻めの負傷が原因で死去した。信玄の死去により今度は家康と勝頼との抗争にうつる。勝頼は父信玄没後、遠江・東三河・美濃にわたってさかんに兵を出しているが、たいがいは合戦をさけて兵をひきあげている。ただ、掛川城の南方にあって、駿州口の要路にあたる高天神城（掛川市）を大軍でもって攻囲し、城主小笠原長忠は降伏した。家康は信長に援軍を依頼した。信長は徳川軍との連合軍で勝頼を打倒するべく二万の兵をひきいて清須に出陣したが、結局、間に合わなかった。家康は高天神城の西南方にある馬伏塚城を改修して横須賀城（大須賀町）と改称し、高天神城に対するおさえとした。

他方、二俣城など武田氏に攻略された遠江の城を取り返した。そのなかで東海道筋大井川の渡し口に位置する諏訪原（牧野）（島田市）城を奪取したことにより、駿河への出動が可能となった。しかし大井川の河口にあって、高天神城への兵糧補給の用をなしていた小山城は武田氏滅亡まで攻略できなかった。

さて、天正三年（一三七五）、勝頼は東三河に侵攻し大軍で長篠城を攻囲した。家康は出陣したが信長に援軍を頼み、徳川・織田連合で勝頼軍と対決し設楽原の合戦で勝利した。武田側には有力な武将などたくさんの戦死者がでたが、それでも合戦後も勝頼は遠江に兵を出した。同年、勝頼は小山城に入り、高天神城へ兵糧米を補給せしめた。家康は同五年、これを阻止する一方、駿河へ出動し田中城を攻め、持舟（用宗）城で武田軍と交戦した。勝頼は小山城へ出動するかと思えば、黄瀬川（三島～沼津）で北条軍と対陣し、右往左往の出動ぶりであった。そして同六年、高天神城下で合戦があって武田勢は敗れて甲州へもどった。信玄の時とちがって徳川が優勢となったのである。

以後、勝頼は大井川を渡るが退陣し、三島・沼津で北条氏と対陣し、また田中城に出動しているが合戦はしていない。同八年、高天神城の武田軍は兵糧がつき勝頼に援兵を乞うが、勝頼は兵力がととのわず甲州に帰った。そして翌九年、高天神城はついに落城した。城兵の首級は七三〇という。これで遠江における武田氏の拠点は小山城だけになった。このような武田氏の弱体化をみて信長は行動を開始した。

天正一〇年（一五八二）二月、織田軍は武田征討のため、信長の嫡男信忠を先陣として木曽路から侵攻した。徳川軍は浜松城から出動し、大井川を渡って駿河国に入り田中城を囲んだ。同城は名だたる武将依田信蕃が守っていたが、なぜか開城し甲州へ退却した。信蕃はのち家康を信州に手引きした行動からみて、勝頼に見切りをつけたのであろう。また武田一門で江尻城（静岡市清水区）の守将穴山信君（梅雪）が勝頼から離反し、家康に内応した。武田征討の総大将となった信忠は五万の軍勢をひきい、東美濃から木曽を北上し、鳥居峠をへて深志（松本）にいたり、飯田城を攻め落とし、三月のはじめ勝頼の弟仁科盛信を守る高遠城を一日で攻略した。あまりにも呆気ない落城に新府城の勝頼の軍勢は浮足だった。勝頼は新府で織田軍を迎え撃つことをせず、再起を考えてか、譜代家老である都留郡の谷村城主（都留市）小山田信茂の意見で岩殿山を指して退去した。しかし信茂の裏切りにあって、田野（甲州市）で織田軍に包囲され自害した。ここに武田氏は滅亡したのである。

これにより信長は知行割をおこない、「駿河・遠江両国は、家康公へ進(まい)らせる」という。「進らせる」と進上することである。しかしいろいろの史料をみると、「進らせられ」たのは駿河一国で遠江はない（拙著『戦国時代の徳川氏』）。これは遠江は実際上、家康の領国であったとする信長の認識があったからであろう。ともあれ武田滅亡により家康は三・遠・駿三カ国の大大名となる。

(二)　家康に属した今川旧臣

1　久野宗能家

久野氏は家康の遠江侵攻にさいしいち早く味方となった。久野城は掛川城の西方にある。当主宗能は今川氏に仕えていたが、永禄一一年（一五六八）、家康の内命をうけて家康に属した。このころ武田勢が遠江国に出張した宗能を味方に入れようとしたが、宗能は断ったので久野城を攻撃した。ところが家康の出馬を聞き甲州勢は退去する。宗能は家康本陣に行き子の千菊を人質にした。家康は宗能に本領など二五〇〇貫文の地を与えた。同一二年、家康が掛川攻めに出陣のさい、一族の久野宗益が今川氏真に内応し宗能を殺そうとした。宗能は家康の陣に行き応援を依頼し、榊原康政の加勢によって謀反の一族を処罰した。

元亀三年（一五七二）、武田信玄は掛川城に押し寄せ、久野城を攻めたが、徳川勢の加勢もあって城を堅固に守った。そのご石川家成軍とともに可久輪城（掛川市）をかこみ攻略する。天正二年（一五七四）、勝頼が遠江国に出張し天竜川に在陣していることを浜松城の家康に知らせた。小牧・長久手の戦いでは「海賊」の押えとして久野城を守る。関東入国時、下総国佐倉で一万三〇〇〇石を与えられる。慶長元年（一五九六）、嫡男宗朝が遺恨で三宅弥次兵衛某を刺殺、自身も自殺するが、これによって領地は没収された。しかし宗能の旧功により「久野の本領にかへさるべし」との家康の命で、久野城および八五〇〇石を知行した。宗能の領地は二男宗成が継ぐ。宗成は家康の子頼宣に付属し、紀伊徳川家の重臣となり、一万石を与えられ伊勢国田丸城（玉城町）に居住した。子孫代々、同家に仕える。

宗朝の三男宗次の系統は旗本となり、六〇〇石を知行し、書院番・小姓組の番士となった。

2 近藤秀用（ひでもち）家

先祖より三河国八名（やな）郡宇利に居住した。康用は井伊谷三人衆の一人である。祖父の満用は清康（家康の祖父）に仕え、父の忠用（ただもち）は清康の死後、今川義元に属した。康用は父とともに義元に仕え、宇利城に居住し近郷で二二一貫文を知行した。永禄一一年（一五六九）、遠江侵攻の家康の案内役となる。忠節をつくせば数郷の地を与えると家康は約束した。康用嫡男の秀用は遠江国井伊谷辺の地理を調査して、家康に報告した。翌年、家康出馬のさい案内役となり、刑部（おさかべ）・堀江・浜松などの城々が徳川氏に属した。のち武田勢が不意に来て宇利城をかこむ。康用などよく防戦したので武田の兵は敗走した。家康はこれを聞いて感状と一字を与えた。「遠江国平均（統一）の後、武田の押（おさえ）として（菅沼）忠久・（鈴木）重時等と共に山の吉田におかれる。これを井伊谷の三人衆という」と。「遠江国平均」とは掛川城の落城をさしているのかよくわからない。天正一六年（一五八八）死去。井伊谷の龍源寺に葬る。

秀用は「山の吉田」の砦を守る。元亀三年（一五七二）、武田勢が井伊谷に出張して吉田の柵を攻略し伊平村（掛川市）をかこんだ。井伊谷三人衆防戦するといえどもかなわず、浜松に退去した。長篠の戦いでは鳶ヶ巣山の案内者となり先手となった。のち遠江国諏訪原城、高天神城攻め、駿河国田中城攻めに軍功があった。天正一〇年（一五八二）、甲斐侵攻の合戦に軍功があった。長久手の戦いのとき井伊谷三人衆は井伊直政の軍団に編成される。のち秀用は徳川直臣となることを願い、秀忠に仕え五〇〇〇石を知行し御鎗奉行となる。そのご相模国において一万石を加えられ小田原の城番となる。

大坂の陣で落城のさい、秀頼・淀君母子など助命を願い、それを使者が家康本陣に伝えるあいだに、井伊直孝と秀用は、「君（家康）は仁慈に御心深ければ、御許容あらんもはかりがたし。この期にいたりては速に果さんしかじとて鉄砲をはなたしめ」たという。これにより秀頼母子はついに自殺したとされる。以上については諸説があるので検証が必要である。秀用はのち居所を井伊谷に移した。嫡子季用は天正一八年（一五九〇）、小田原陣のとき、父秀用とおなじく井伊直政の手（組）に属したが、家康直臣となり蔵米一〇〇〇俵を与えられ御小姓となった。関ヶ原の戦いに御徒頭として参陣した。戦後、父祖の旧領の井伊谷において三五〇〇石余を与えられる。のち駿府において家康に近侍した。季用の子貞用は紀伊徳川家の頼宣に付属させられたが、祖父秀用のたっての願いで将軍直臣となった。百人組の頭をつとめる。子孫は五四五〇石を知行する。

別家は一三家と多い。知行は五〇〇〇石、三〇〇〇石、二〇〇〇石の大身旗本とこれらの家から分家した旗本となっている。大番頭・長崎奉行・大目付・御持筒頭などをつとめている。

3　菅沼忠久家

井伊谷三人衆の一人である。実は長篠・菅沼氏の一族である。忠久の父元景は井伊谷の領主井伊直親に仕える。忠久ははじめ今川家に仕えのち直親に仕える。直親は今川義元敗死のあと家康内通していると中傷があって、氏真の命により掛川で殺害され井伊家はいったん滅亡した。忠次は同族の定盈のすすめで家康に属し、遠江国で「数多の郷」を与えられるべき誓書をえた。遠江侵攻のさい先陣をまかせられ、井伊谷・刑部などの城を攻め落とした。永禄一二年（一五六九）、大沢基胤の守る遠江国堀江城を攻略する。のち井伊直政に付属せられる。天正一〇年（一五八二）死去する。

嫡孫の勝利は将軍秀忠に仕え相模国のうちで二〇〇石を知行した。大番・書院番などをつとめる。

4　松下之綱家

先祖、三河国碧海郡松下村（稲沢市）に居住してより松下を称した。之綱の父長則は今川氏に仕え、あるいは北条氏に、あるいは武田信玄に仕える。之綱は今川氏に仕え、遠江国頭陀寺城主（浜松市）で、長上郡西塚村（浜松市）三〇貫文の地を領した。家康の遠江侵攻のときに属した。のち命により秀吉に仕える。これは秀吉が幼少のころ之綱の家に仕えることがあって、秀吉に招かれたという。天正一五年（一五八七）、従五位下、石見守となり三〇〇〇石を与えられる。北条征討後、遠江国久野城主となり、一万六〇〇〇石を領した。子の重綱は秀吉の死去後、家康に仕え関ヶ原の陣に「供奉」する。合渡の戦いで「首級五十余」を討ち取った。のち秀忠に仕え久野から転じて、常陸筑波（つくば市）で一万六〇〇〇石を与えられる。大坂の陣で軍功があった。旧領をあらため下野国烏山城（那須烏山市）二万八〇〇〇石を、のち烏山を改め奥州二本松城（二本松市）五万石を領した。またそののち、同国の三春城（三春市）三万石を領した。

5　都筑秀綱家

秀綱は田原藤太秀郷の後胤、都筑秀景の養子である。秀景は「武州の人」でのち遠江に移住し、今川氏真に仕え軍功があった。秀綱は養子となり家督をつぐが、松下をあらためて都筑を称した。永禄一二年（一五六九）、家康の遠州入国のとき、五〇〇貫文余の所領を安堵された。本多忠勝の手に属し、三方ヶ原の戦いで、敗戦した家康が浜松に帰城のとき側近でしたがう。このとき秀綱の妻は粥を煮て随従の人たちにすすめた。家康は感心して秀綱の妻に呉服を与える。これよりさき六〇〇〇石を与えられ、そのうち二五〇〇石をもって寄子給（付属した武士の給料）とした。

　子の為政は父と共に本多忠勝の手に属した。三方ヶ原の戦いのとき家康の馬のそばをはなれず奉仕した。小田原陣のとき北条氏勝の守る甘縄城（鎌倉市）に使者として行き開城せしめた。家督をつぎ忠勝の家老となる。のち事情で同家を去り松本に居住していたが、将軍秀忠に仕え、六〇〇〇石を与えられる。筒井定次除封のとき本多忠勝と共に伊賀国上野（伊賀市）におもむく。また、明石城築城のとき奉行する。為政の長男の云成はみずから願って本多忠政に付属し、そののち父為政の領地六〇〇〇石は忠政より幕府に還付し、同家より六〇〇〇石を知行し子孫代々家臣となる。嫡男の為次は秀忠に仕えて御徒頭をつとめ五〇〇〇石を知行する。

6 江間一成家

家祖時成は、今川氏の臣で遠江国引間城主の飯尾致実に仕える。時成は致実に家康に内応することをすすめた。致実は家康に属したが、今川氏真はこれを知って怒り、ひそかに駿府にまねいて殺害した。時成は二心なきことを家康につげたので、家康家老の石川数正・酒井忠次より連署の起請文がおくられた。永禄九年（一五六六）、家康の命で浜松（引間）城を守り、本領引間領一二二〇貫文を与えられた。同一一年、氏真が浜松城を攻めたとき、和議に同調する従弟の泰顕と不和になり、くわえて家康の遠江出馬で家康を同城に入れるか入れないかで争論があり、ついに泰顕に殺害される。

　子の一成は同年、六歳のとき人質となって今川氏のもとにあり、父時成殺害の知らせで、家臣と共に浜松に行き家康に言上したところ、遠江国のうち五五三貫文の地を与えられた。幼年のため本多忠勝に属せられる。天正一八年（一五九〇）、領知をうつされ駿遠両国のうちにおいて一六二〇俵余を与えられた。のち忠勝のもとを「退去」し「處士」となって上総国久留里（久留里市）に居住した。慶長二年（一五九七）、徳川直臣として復帰し、はじめ五〇〇石、のち遠江国において一二〇〇石余を与えられた。のち新居（あらい）の関所（湖西市）を守衛し同地で死去した。嫡子の秀治は紀伊・徳川家に付属せられ同地で死去。長男、二男とも同家の家臣となるが三男成次は幕臣となり三〇〇俵を給せられた。御弓矢鎗奉行・大番などをつとむ。

7　小笠原氏

①　高天神・小笠原清広家

家祖の長高は信濃国から尾張国にそしてのち三河国幡豆（はず）郡の吉良家に仕え、のち今川氏親に従い馬伏塚城主となる。嫡男の春義は、大永元年（一五二一）、今川氏に叛いた高天神城主福島正成（まさなり）を討ち高天神城主となった。甥の清有は家康に仕え永禄一一年（一五六八）、家康の命で高天神城におもむき一族を徳川方とした。これにより四三二貫文の所領を与えられた。春義の嫡男氏清は今川氏に属し遠江国城東、榛原（はいばら）、山名、敷智（ふち）四郡を領し、馬伏塚および高天神城主である。同年、清有などと共に家康に属した。掛川城攻めに参陣する。

嫡子の長忠（「諸家譜」は氏助）は姉川の戦いにしたがう。天正二年（一五七四）、武田勝頼は高天神城を攻め、味方になれば多くの加恩の地を与えると誘う。氏助これを受けいれ降参する。勝頼は駿河国富士郡において一万貫の地を与えた。武田家没落ののち小田原に逃れ、北条氏政のはからいで鎌倉にかくれていたが、家康はこれを知り信長に告げると、信長は氏政をして誅殺せしめた。そのことはさておいて、勝頼の高天神城攻めで、城内は長忠など降参する側とこれに反対する氏助、叔父の義頼など一族とのあいだで紛争がおこった。そこで徳川氏からの監察使として同城に配置されていた阿部正吉（まさよし）などが調停し、武田勝頼とのあいだで和議をととのえ、義頼嫡子の義信と武田信豊と人質の交換がおこなわれた。これによって高天神城は開城されたが、義頼方の一族は、高天神城の西南の地の横須賀城にうつり居住した。同城は家康の重臣大須賀康高が守将で、高天神城のおさえとなる。義頼はのち三三〇〇石を知行した。嫡子の義信は紀伊・徳川家に仕えた。義信から四代目の胤次は将軍吉宗の御側となり四五〇〇石を知行する。宗家の春義三男の清広は、高天神城主の宗家の長忠が武田氏に降服したが、志をかえず家康に属した。高天神城攻めの先手となる大須賀康高の守る横須賀城に配置された。これは周辺の地理にくわしいからである。子の良忠は慶長八年（一六〇三）、すべて一二〇〇石を知行しのち紀伊・徳川家に属した。政登（まさなり）のとき将軍吉宗の御側となり五五〇〇石を知行した。

② 寺部・小笠原家

同家は西三河の国衆であるが、元来、今川氏の家臣で高天神・小笠原氏の一族であり、ここでとりあげた。家祖定政は永正一一年（一五一四）、三河国幡豆郡寺部城を攻め落とし居城とする。家政は家伝の「芸術」（武術）で武田信玄の師範という。嫡子広正は今川義元に仕えた。その子広重は寺部城に居住した。永禄のはじめ家康に仕えた。三河一向一揆で家康方に属し、本領を安堵される。永禄一一年（一五六八）より武田氏の押えとして松平家忠と共に、遠江国船方山の砦を守る。武田勝頼、高天神城を攻めたとき、一族と共に同城を守る。三方ヶ原合戦のとき、命により浜松城を守衛した。

広重子の信元は天正四年（一五七六）、松平康親などと共に、武田の押えとして遠江国諏訪原（牧野）城を守る。同七年、牧野康成などと駿河国持宗（用宗）城を、同一〇年、駿河国三枚橋（沼津）城を守る。同国のうちで「千石」の地を加増された。関東入国時、上総国のうちで二五〇〇石を与えられる。文禄元年（一五九二）、「朝鮮陣」に随従し肥前国名護屋に行く。関ヶ原の戦いのときには、九鬼嘉隆の押えとして尾張国毛呂崎の城を守る。子孫は二六〇〇石を知行する。相模国三崎走水の番をつとめた。ほかに御舟手頭・書院番などをつとめる。

別家は五家、知行高は五〇〇石、三〇〇石、二〇〇石で書院番・小十人番頭・小姓組の番士・大番などをつとめる。

8 大沢基胤家

家祖の基長は「持明院左中将基盛」の子という。代々、丹波国大沢（加古川市）の地を領して家号とする。基秀のとき、貞治年中（一三六二〜六七）、遠江国に「下向」し堀江城に居住する。基胤のとき今川氏真に属していた。家康の遠江侵攻で井伊谷三人衆に攻められるが、よく戦って城を守る。しかし本領を保証すると約束した家康に服属した。三方ヶ原の戦いではかたく居城を守った。子の基宿は小牧・長久手の戦いで、家康の命により三宅康貞・中安兵部少輔某などと共に、清須城の二の丸を守る。天正一六年（一五八八）、井伊直政と共に従五位下侍従に叙任する。これは持明院（藤原北家道長流）の「下流」であるという理由による。関ヶ原の戦後、本領の遠江国堀江村など六カ村において、一五五〇石余の知行を与えられる。のち家康の将軍宣下の諸事をまかされ、「摂家門跡諸公事往来等」のこと、「朝鮮琉球等の使拝礼のとき」の披露の役をつとめる。少将、中将にすすみ、正四位に昇った。堀江において死去する。子孫は二五五〇石余を知行し、奥高家となり、朝廷との役にあたった。

別家は七家あり、知行は二六〇〇石であとは蔵米取である。長崎奉行・書院番・小姓組などをつとめている。

9　井伊直政家

武田滅亡後、家康は多くの武田旧臣を家臣としたが、これをベースに規模の大きい旗本一手役軍団を編成した。井伊直政軍団の登場である。井伊直政は家康の側近で二二歳の若さで軍団長に抜擢されたのである。直政は三河譜代ではない。父直親は浜名湖北辺にある井伊谷城主で、周辺の地域二七郷を一円的に支配する在地領主である。今川氏の重臣であったが桶狭間の戦いのあと、家康への内通のかどで氏真に謀殺された。幼児であった直政は出家することで一命を助けられ、実母の再縁先の松下清景のもとで養育され松下を称した。天正二年（一五七五）、浜松城下で直政をみた家康はただちに近臣として取りたてた。

江戸時代の諸書で直政の人物評をみると、才知・武勇がひとなみでない英雄の素質とそれに美形であると付け加えている。ともあれ名族の出身で稀にみる逸材であるとされ、家康側近の出頭人として出世する。家康の臣属した武田旧臣への所領安堵状の奉書人をみると、直政が四一通、本多正信が三〇通でその他の奉書人は一〇通以下が多い。弱冠二〇歳でしかも新参の直政は破格の出世である。直政は旗本一手役の大将となった。軍団は直政に付属した家康直臣、今川先方の士、井伊谷三人衆、今川旧臣、それに鉄砲足軽隊で構成され、総兵力は二〇〇〇人ほどの兵力となる。

この井伊軍団は長久手の戦いに先鋒となり、秀吉方の池田勝入（しょうにゅう）、森長可（ながよし）、堀秀政の軍と戦って破った。秀吉と家康との和睦のとき、秀吉の母が人質として岡崎に来るが、秀吉の要請により家康は、直政・本多忠勝・榊原康政の親族のおのおの一人を人質として出している。かれらが徳川を代表とする武将として秀吉が認めていたからであろう。世に三傑といわれる所以である。なかでも直政は特別であったようで、天正一六年（一五八八）、秀吉の奏請で従五位下、侍従に任ぜられている。そのご小田原陣では篠曲輪（くるわ）を攻め敵三〇〇余人を討ち取る。家康は甘縄城主北条氏勝に降参をすすめたが受けいれなかったので、直政など三傑が同城に入り説得したため、氏勝は開城した。関東入国時、上野国箕輪城（高崎市）で一二万石を領した。これは徳川家臣のなかで最高の知行高で、三傑のあとの二人は一〇万石であった。二万石のひらきは直政が侍従という官位にあったからであろう。朝鮮出兵のとき、直政は江戸城の御留守となる。家康からは「台徳院殿（秀忠）御若年たるにより、御留守のあいだ万事こころを用うべきむね、御自筆もておほせ下さる」とある。慶長三年（一五六八）、伏見城下の徳川屋敷護衛のため藤森にいたところ、伏見城下が騒動し、家康の命により探索した結果、石田三成・大野治長の邸に、にわかに兵器を集めていることを諸民が知って騒いでいると言上した。翌四年、家康が有馬則頼邸で宴会の途中、直政が来て密事を告げたところ家康はすぐに自邸にもどった。

慶長五年（一六〇〇）、上杉征討で下野国小山在陣のとき、石田三成が兵を挙げたため評議したところ、井伊直政は「御旗を畿内にすすめて一定せらるべし、しからずんばふたたび拝謁せじと」、家康にせまった。家康は直政の提言を受け入れ、福島正則・黒田長政などの諸将に意見を聞き、結果は三成征討に決定される。そして直政と忠勝が総軍の「監使」となった。これは各将が勝手な行動をとらないように監察する役目である。三成敗死後、大坂城に入城した直政は、本多忠勝・榊原康政と共に「諸将の忠不忠を正し、天下の政事を議」したという。家康は、直政が「天下の大戦にしばしば先鋒の将として勝利を得たこと、誠に開国の元勲成」と、三成の居城佐和山城を与え、近江国と上野国のうちにおいて一八万石を領した。翌六年、従四位下に昇った。翌七年佐和山で死去する。

嫡男の直勝のとき公儀普請で彦根城がつくられた。直勝は多病のため、直孝が家を相続するにさいして、家康は直孝を呼び相続するよう命じたが、「弟としてその家をつぐ事あるべからずとて、安藤直次をもって、再三固辞すといえども、上意すでに決す、違背すべからざるのむね、かさねて厳命をこうぶるにより」、相続することとなり、直勝は上野国安中三万石を領し別家となった。なお直孝は、のち五万石を三回加増されてすべてで三〇万石を領した。嫡子直澄のとき「父がときのごとく国政の大議あらんには、これをうけたまわるべき」とされる。またその子直該（なおあき）は「表に出御のときは、老職の上に着座し、常に老中政事を議する席に候すべきむね台命をこうぶる」とされ、のち「大老職」となる。子孫の直幸は参内して「天盃」（天皇からの酒杯）を賜う。「大老職」となり、つとめが終わったのちも、「おりおり老中の席に候して、諸事を議すべき」と命じられる。

一方、安中三万石の城主となった直勝の嫡子直好は、安中から三河国西尾城に移される。五〇〇〇石加増されすべて三万五〇〇〇石を領した。子孫の直朗のとき、越後国のうちにおいて二万石を領し与板に居住した。奏者番となり、西城の若年寄にすすむ。妻は田沼意次の息女。

10　本間政季家

代々、遠江国に居住し鎌倉時代、北条氏に属した。のち室町将軍家に仕える。遠江国高部郷（袋井市）領主職の本領について後醍醐天皇の綸旨（天皇の文言）により保証される。範季のとき室町幕府将軍義持より遠江国山名庄高部郷（袋井市）・岩井郷（磐田市）の知行を保証する御教書を与えられたという。のち今川氏に属す。政季は今川氏の臣の久野宗能の手に属し、のち家康に仕える。天正二年（一五七四）、山名郡石野郷のうち小野田村の本領安堵状を与えられる。子孫、旗本となり知行は一八〇〇石、大番・書院番・小姓組をつとめる。

別家は七家もあり、それぞれの知行は五〇〇石、三〇〇石、二〇〇石、蔵米は二〇〇俵、二〇〇俵を支給されている。

11　岡部氏

①　正綱家

曾祖は「駿河権頭清綱」、その子泰綱のとき岡部を名乗るという。子孫の嫡統の正綱は天文一一年（一五四二）、駿河国に生まれ父とおなじく今川義元に仕える。一六歳のとき、はじめて戦場におもむき甲首二級を得た。のち氏真に仕える。永禄一一年（一五六八）、武田信玄が駿府の城を攻め氏真は遠江国掛川に逃れたが、正綱はよく堅守した。信玄が和をこい、正綱は城をしりぞき駿河国清水（静岡市清水区）に居住した。実は正綱と家康とは同じ年で、家康が人質として駿府にいたころの幼なじみであった。家康は浜松の正綱に音信を続けていた。のち武田氏の一族穴山梅雪は、勝頼を恨むことがあって家康に降伏を申し入れてきたが、家康はこれを疑い正綱に虚実を問う。正綱はいつわりないものと返答した。これは家康と正綱のあいだに信頼関係があったからであろう。

天正一〇年（一五八二）、信長が武田征討出陣のとき、家康は駿河より兵を進める。正綱は先導となり梅雪も徳川方で参陣し、あわせて武田勢を攻めた。勝頼は防ぐことができず敗走したので、ここに駿河国は徳川氏により平定された。勝頼敗死のあと正綱は、「彼国（甲斐）の人民武田家の恩をこうぶること久し」、「信玄が菩提寺恵林寺を修理し、勝頼が自滅の地に寺をいとなみ、両将の霊を祭らば、国民必ずその恩恵を感じ、帰服せん事疑いなし」と家康に進言した。家康はもっともなことだと、正綱などをして事にあたらしめた。また本領安堵の書を諸士に与えると、「士民等大によろこび、ことごとく御麾下に属」したという。また北条氏との合戦において殿のつとめを果し軍功をつくした。それらの功を賞せられて駿河・甲斐領国のうちにおいて七六〇〇貫文の地を与えられる。同一一年、駿河国において死去した。

嫡子長盛は長久手の戦いでは、大須賀康高・榊原康政・本多康重・水野忠重とおなじく先鋒となる。その他諸合戦において軍功があった。同一六年、秀吉の奏請で功臣一〇人がえらばれ官位が授与されたが、長盛もその一人で従五位下内膳正（ないぜんのしょう）に叙任される。このとき家康は、「源の氏及び御一字を賜い、康綱にあらたむべき旨仰ありて口宣（くぜん）にもしるしたまわる」とのことであったが、長盛ははばかって称することはなかった。関東入国時、上総・下総両国のうちで一万二〇〇〇石を領し、下総国山崎（野田市）に居住した。のち家康は、生母（伝通院）の再婚先（久松氏）の孫娘を妹に准じ、長盛の妻とした。上杉征討のさい、下野国黒羽根城（大田原市）の加勢におもむき二の丸を守衛する。

のち丹波国において新恩二万石を与えられ亀山城（亀岡市）に居住した。元和元年（一六一五）、大坂の陣のとき「丹波国の凶賊蜂起」により、命をうけて亀山城を守り「賊徒」を鎮圧する。亀山を転じて福知山城にうつり一万五〇〇〇石の加恩があって、すべて五万石を領した。寛永元年（一六二四）、封地を美濃国にうつされ大垣城に居住した。長女は家康の養女の格で鍋島勝茂に嫁した。その子宣勝（のぶかつ）の代になると、播磨国龍野城、摂津国高槻城、和泉国岸和田城と転封され、一万石の加恩があってすべて六万石を与えられた。子孫のなかで一人が奏者番となったほか、幕府の役職はつとめていない。

正綱系の別家は五家で、それぞれの知行高は、五〇〇〇石、四五〇〇石、三〇〇〇俵・二〇〇〇石（二家）と上級旗本が多い。役職は書院番頭・大番頭・小姓組番頭・御使番などをつとめる。

②貞綱家

同統とは別に貞綱を家祖とする系統がある。貞綱の長女は河村重忠の妻となるが、同人の死後、将軍秀忠の「御乳人（ごめのと）」となり「大姥（おおうば）の局」と称し、二〇〇〇石の知行を与えられる。貞綱の子長綱は関東のうちで一五〇〇石を知行した。書院番・小姓組などをつとめる。別家は五家で知行高は二〇〇〇石・一三〇〇石・五〇〇石（二家）などである。大番・書院番・小姓組・桐間の番などをつとめる。

12 有田吉貞家

家祖吉貞は今川氏真に仕える。氏真没落のとき「處士」となり相模国小田原に居住した。天正一九年（一五九一）、家康に仕え武蔵国のうちにおいて一二〇石余を与えられる。のち秀忠に属した。慶長一三年（一六〇八）死去する。家康の駿府人質時代に関係ある人物か。子の吉久は秀忠に近侍し、大番をつとめすべて五二〇石余を知行した。子孫は日光奉行などをつとめる。別家は二家。七五〇石と二〇〇石を知行した。御小姓・書院番・小十人などをつとめている。

13 大村高信家

永禄一二年（一五六九）、家康は大村高信の功に対し八〇〇貫文の地を与えている。これは武田軍が遠江に侵攻したさい、砦を作って守ったこと、また家康が「青田山」に出馬したとき、「本郷山の城」を小笠原氏とともに攻略したとされる。「同心」が配下にあり（『譜牒餘録』）、有力な地域の豪族であったようである。江戸時代に入って紀伊徳川家の家臣となったが、「寛政譜」にはみられない。おそらく西遠江の国人領主であろう。

14 向井正綱家

先祖は伊勢国に居住した。忠綱が伊勢国においてしばしば武名をあらわし、同国慥柄（南伊勢町）において死去。その子正重は武田信玄、勝頼に仕える。天正五年（一五七七）、駿河国興国寺城を守る。関東の北条勢の攻撃に屈せず堅守する。同七年、徳川勢が同国持舟城を攻撃し、正重は城中において子正勝とともに戦死した。

正重の子正綱は勝頼に仕え、武田没落ののち「処士」となる。家康は正綱を「御家人にめしくわえらるべきむね」、本多重次に所在を尋ねさせる。重次、正綱に会い家康の意を伝える。正綱は家康に仕え「食禄二〇〇俵」を与えられた。この年、重次と共に北条氏の支配する城々をせめるため伊豆国におもむく。同一二年、長久手の戦いのさい、戸田忠次とともに兵船で伊勢国に渡海し、小浜浦で九鬼嘉隆と戦う。のち駿河国のうちで知行地を与えられる。天正一八年（一五九〇）、小田原陣に家康は駿河国清水より「国一丸」に乗船して蒲原（静岡市清水区）に着岸し、それより陸地にあがって進撃した。この船は豊臣秀次より贈られたもので、正綱に預けられた。正綱は「駿河の船手のもの」とともに、伊豆国西浦（沼津市）田子（西伊豆町）におもむき、「山本信濃守某の陣屋」を攻略した。

関東入国のさい相模・上総両国のうちで二〇〇〇石を与えられ、同心五〇人を預けられて御舟奉行となる。大坂両度の陣には相模国の海辺を守り、三崎（三崎市）および走水（横須賀市）などに居住した。

その子忠勝は秀忠に仕え相模国のうちで五〇〇石の知行地を与えられ、国一丸の「御船」と水夫五〇人を預けられる。慶長一九年（一六一四）、豊臣秀頼「陰謀」により命をうけて摂津国尼崎に行き、急いで「百挺だちの御船」を造り、「一族郎党」をここに残して自身は江戸に参上して「大坂の形状」を言上した。そしていよいよ出陣となり、弟二人と騎士・歩卒など六〇〇人をひきい関船（早船）六艘、子船等一五艘、「難風」に漂流し、ようやく摂津国転法（伝法—大阪市）に着岸、海上から敵陣の様子をみて徳川本陣に注進した。大坂再陣のさいも、尼崎において大坂往来の船をおさえる。このとき海戦により鉄砲傷をうける。のち家を相続しすべて六〇〇〇石の知行となる。三代将軍家光は、正勝に伊豆国において「安宅(あたか)の御船」を造らせ「天下丸」と名付け、これを正勝に預けた。子孫は御舟手(ふなて)となり同心三〇人を預けられる。

別家は四家があった。忠勝の五男正方は兄忠宗死去のあと水主(かこ)五〇人を預けられ、「御召の船奉行」となり、伊豆国三崎（三浦市）の守衛の任務にもあたった。のち三浦郡のうちに一〇〇〇石を加えられ、すべて二〇〇〇石を知行する。子孫も御舟手となる。その他の二家は、知行九〇〇石、四〇〇石、そして蔵米三〇〇俵で、御舟手・書院番・御小姓組などをつとめる。

小　括

家康が遠江に侵攻して以降、今川支配下にあった諸領主の多くは、今川氏真から離反して家康に帰服した。その諸領主は久野宗能・近藤康用・菅沼忠久・松下之綱・都筑秀綱・江間時成・小笠原清有・小笠原広重・大沢基胤・本間政季・岡部正綱・大村高信の面々であった。また駿河侵攻では岡部正綱・向井正綱が家康に属して軍功をつくした。

ところで武田氏の遠江、東三河の侵攻で、北遠江、東三河の諸領主は抗すべくなく徳川氏から離反していたが、前掲の領主たちは徳川軍として武田軍と合戦をまじえた。徳川氏にとって遠江統一のネックになっていたのは高天神城である。天正二年（一五七四）、勝頼が大軍をもって高天神城を攻め、和談によって高天神城は開城となった。城主が勝頼の示す多大な領地を受けることを承知したのである。ただし城主の一族は徳川方として、同城のおさえとなる横須賀城に移った。結局、同城が落城するのは天正九年（一五八一）であるから、徳川氏による遠江の完全統一はなかったのである。勝頼は大井川下流地にある武田方の小山城から高天神城への食糧の補給を続けていた。

一方、家康は大井川を越えて駿河国の用宗城・田中城を攻める。この駿河侵攻で家康はえがたい二人の武将に出会う。一人は駿府での人質時代の幼なじみの岡部正綱、あと一人はのちに徳川氏の舟手＝水軍の大将としてはたらいた向井正綱である。岡部氏は武田滅亡後の甲斐国の人心の安定が大事としていろいろと提言した。その子長盛は家康の厚遇をうけ諸国の要地に配置され、五万石の大名にまで取りたてられた。向井氏は徳川氏の水軍の大将となって大坂の陣などで活躍し、また相模国の海辺を守り伊豆国三崎の守衛にあたった。徳川氏にも軍船はあったが、水軍の大将というべき人物はおらず、駿河侵攻において貴重な人材をえたといえよう。

第五章

甲信経略時家康に属した大名

(一) 甲信経略の様相

武田滅亡から三カ月もたたない天正一〇年（一五八二）六月、京都の本能寺で、明智光秀の叛逆により信長が横死する衝撃的な事件が勃発した。日本の歴史は新たな展開をして、のちに江戸幕府の成立となる。その間に秀吉の天下統一、家康の関東入国、秀吉の死、関ヶ原の戦いの歴史的事件があった。

家康は当時、堺にいたが伊賀越えに入ってから伊賀者が家康を護衛した。家康と伊賀者の関係は古い。「三河物語」によれば、同九年、信長は大軍を伊賀国にいれ、伊賀の武士を「撫斬」（殺戮）したが、三河に逃げてきた伊賀者を家康は「一人も御成敗なくして御扶持」し助けたという。この恩義に報いるため家康一行を護衛したのである。家康は困難をのりこえて岡崎にもどった。岡崎にもどるまで家康は、関東の北条氏が甲信に攻めこんでくるであろうから、それに対する手配をどうするかを考えていた。米倉助右衛門の「貞享書上」によると、家康は武田の旧臣折井次昌と米倉忠継を召しだし、「甲州え参り武川（北杜市）の者共引付」けるよう命じている。実は武田滅亡後、信長は武田旧臣を「扶助」することを禁じたが、家康は成瀬正一を通じて二人を甲斐国市川（市川三郷町）に呼び、「月俸」を与え、遠江国桐山（牧之原市）に「潜居」せしめた。家康は、甲州経略の先ず一手として武川衆という軍団を召集したのである。

家康は又、徳川氏に服属していた依田信蕃に、甲信の武田旧臣を招き集めるよう命じた。信蕃は信濃国佐久郡の豪族で信玄に属し、遠江国二俣城、駿河国田中城の守将であった。徳川氏の攻撃に開城して居城の小諸（小諸市）に戻ったが、信長からの追及から逃れ、家康によって二俣にかくまわれていた。家康は岡崎に帰還するときに信蕃に飛脚をおくり、甲信を手に入れたいから、ただちに甲斐に行き、浪人中の武田旧臣を集めるよう指示、信蕃は期待に応えて、三〇〇〇人の甲州武士を徳川氏に服属せしめた。

このように家康は甲州武士を出来るだけ多く取り立てるよう指示したうえで、同年七月、甲府に着陣していた。甲斐は織田領国となっており河尻秀隆が「国守」として治めていたが、秀隆は武田旧臣の一揆に斬殺され、秀隆の家臣は「上方（かみがた）」に逃れ、甲斐は「無主の国」になったのである。家康は「上方」における信長横死後の一族・家臣の権力争いに巻き込まれることなく、甲信の「横領」を進めようとしていた。北条氏ももちろん甲信の略取をねらっていた。同月、北条氏直は信濃国に出馬している。家康はこれに対抗して伊奈城主の知久頼氏に書状を出して、諏訪に出陣することを告げ、頼氏に出陣するよううながした。

ところで、家康は東三河の旗頭酒井忠次に出陣命令を出すが、忠次に信濃国に統治権を与える定書（さだめがき）をだしている。これは信濃国を平定したならばの前提で、しかも二年間たてば所領を返上させる期限つきで、支配領域の軍事指揮権・知行宛行（あてがい）権をゆだねたもののようである。家康の場合は一門がおらず、筆頭家老の酒井忠次に任せようと考えたのである。徳川氏の信濃経略は甲斐から諏訪への道筋と、東三河から伊奈に入る両面作戦でなされ、忠次の組下の奥平信昌が伊奈方面に出動し、周辺の「国士」（領主）が徳川氏に服属した。この勢いのもと、酒井忠次は諏訪頼忠に対し、「信州ハ我領なる間（あいだ）、信州のものハことごとくわれにつくべし」といったという（「寛永家系」）。しかし頼忠は、自分は家康に属したのであって、酒井忠次の手下ではないと怒り、北条氏に内応して高島城に籠城してしまった。これは家康の誤算で、のちに大久保忠世などを使いとして密に告げて、信濃は忠次の所領ではないのですみやかに家康に属するよう説得した。頼忠は得心して甲府に行き家康に謁見した（『酒井忠次公伝』）。

このように信濃の平定は容易ではなく、信濃の国人のなかで徳川氏に属したのは、依田信蕃・禰津信光・加津野信昌（真田信尹）・諏訪頼忠・小笠原貞慶・同信嶺・知久頼氏で、北条方は真田昌幸・保科正直、秀吉とむすびついたのが木曽義昌である。もっとも真田・保科・木曽はのちに徳川方となる。しかし北信濃では越後の上杉景勝が川中島四郡をほぼ制圧、真田昌幸と小笠原貞慶とのあいだに交戦が行われている情況がある。

さて、諏訪氏の離反と同時に北条軍が信濃から甲斐に進入してきた。北条勢は北信濃から甲州方面に移動して家康の在陣する新府（韮山市）を攻める計画であったか。「家忠日記」によれば「相州氏直押出して候て（加筆で人数二万余、味方人数二千余）新府迄引取候」と、北条氏の大軍が家康の在陣する新府の近くまでせまってきているようである。北条の大軍は、同城から西北半里（二キロ）ほどある若御子（須玉市）に陣を張った。これに対し家康は同年八月八日、古府（甲府）から新府に出張した。新府城に入った家康は、若神子を展望できる浅生原（浅尾新田の原）に出陣して北条方の出方を待ったが、結局、合戦を仕掛けてくることはなかった。家康は「新府むかいに城普請」（「家忠日記」）をする。これは堂ヶ坂などの砦で新府城より半里の地にある。家康は北条軍と決戦のかまえをみせたが、氏直は新府城の徳川軍をさけて、古府（甲府市）に軍勢を進めて郡内に入り小田原に帰るとの情報が入った。そこで家康は古府への通路にあたるところに砦を築き、氏直軍の退路を阻止しようとした。ともあれ北条軍が郡内をへて帰陣できないように封鎖したのである。北条氏はこの状態を打開しなければならなかったが、黒駒合戦で敗北し、徳川氏の甲信領有を認めるという不利益な和睦をむすばざるをえないこととなる。若神子陣の北条軍が古府経由で郡内に入り帰国する情報には裏がある。実はその行動と同時に本国の北条軍が郡内から御坂峠を越えて古府方面に進攻し、あわせて徳川軍を攻撃する計略であった。事実、八月一二日、氏直の叔父氏忠、一門氏勝などがひきいる一万余の軍勢が古府方面に進行してきたのである。ところがこの北条軍は黒駒（笛吹市）で惨敗を喫した。北条氏忠は甲斐進攻の拠点として御坂峠に築城した御坂城から軍を出して、姥口（「小田原記」に市河の辺）に在陣した。古府の町に放火し是を合図に、若神子陣の氏直軍が新府城を、氏忠陣が古府を攻めれば、家康はたまりかねて下山筋から駿河の方に撤退せざるをえないとする戦略であった。

当時、古府には鳥居元忠と水野忠重が留守を守っており、松平清宗と三宅康貞は東部の大野砦を守備していた。北条軍の様子については古府の徳川留守軍に急報があったようである。氏忠は古府の小勢の徳川留守軍が攻撃してくるとは思いもしなかったのであろうか。氏忠は古府の徳川留守軍の動きを知ってか、左右口の陣を引き払って御坂の黒駒をさして移動した。ここを徳川軍が襲撃したのである。合戦の結果は徳川方の圧勝で北条軍は「悉く御坂を指て逃げ行ければ、左衛門之助殿（氏忠）もからがらの命助かり給いて、御坂を指て落行き給う」（「三河物語」）という有様であった。このときの徳川軍の戦果は、「家忠日記」に北条方の「随一の者三百余討取」とあり、諸史料をあわせてみると、雑兵を入れて五〇〇人前後としてよい。

家康は黒駒で討ち取った首級を北条陣の面前に晒した。家康のねらいは徳川軍の勝利を若神子陣の北条軍将兵に知らせ、かれらの戦意を弱めるところにあった。一方の氏直は黒駒での北条軍の敗戦で新府城を攻撃するタイミングをうしなったのか、急造の若神子城でいたずらに時を送る始末となった。戦線は二カ月余、まったく膠着状態にあった。大軍の北条軍が徳川軍に攻撃をかけられなかったのは、徳川軍のもつ鉄砲隊にあったのではないか。「家忠日記」に「味方諸手へ鉄放（砲）そろえ候」とある。また甲府近くの街道に「弓鉄砲の者千人御ふせ置」（「乙骨太郎左衛門覚書」）とあるので、相当の鉄砲が用意されていたと考えてよかろう。黒駒合戦の勝利も鉄砲隊に関係あるのかも知れない。もちろん北条軍にも鉄砲はあったが、質量ともに徳川軍の方が優っていたのであろう。

結局、同年の末、若神子に滞陣中の北条軍は脱出できないまま、徳川氏との和議をよぎなくされ、ようやく本国に帰還することになった。その結果、北条氏は都留郡を徳川氏に譲った。これにより甲斐一国のほとんどが徳川領国となった。このように北条氏が不利な和議をむすばざるをえなかったのは、若神子から碓氷峠をへて本国に通ずる糧道を断たれたからである。これには真田氏の北条氏からの離反があった。真田氏は小県（ちいさがた）郡真田村（上田市）を出身地とするが、当時は小県郡から西上野方面にも勢力のある大名領主である。この真田氏を北条氏から離反させ家康に属せしめたのが依田信蕃（のぶしげ）である。両者のはたらきのよって、佐久盆地の大方は徳川方が征圧するところとなった。したがって碓氷（うすい）峠から佐久郡をへて若神子の北条陣営に運ばれる糧道を依田・真田軍がおさえることができたのである。

徳川氏優位の和睦の背景には、信濃の大小領主層の多くが徳川方になってしまっている情況があった。とはいっても徳川氏は信濃を完全に領有できている状態ではなかった。

(1)　家康に直属した信濃の大名領主は小諸（こもろ）城主依田（松平）康国のみで、ほとんどは独立的な大小名領主であって、かれらを信濃外に移封してその跡を直轄とするような強権は発動できなかった。

(2) まとまった直轄領と拠点をもっていない。

(3) 川中島四郡は上杉支配下にあり、ここへの侵攻は秀吉権力と抵触することになり不可能となった。

(4) 北条氏の和睦の条件となった真田氏支配下の上野国沼田領など譲渡の問題が宙に浮いたままで推移し、これが家康に対する不信に高まり、真田氏が離反する情況がつくり出された。

次に信濃領国化で家康に属した小大名や在地領主層の活動状況と系譜をみよう。

㈡　信濃の小大名・在地領主の系譜

1　依田信蕃（のぶしげ）家

代々、信濃国依田城（上田市）に居住したため依田氏を称すという。経光（つねみつ）のとき佐久郡蘆田（あしだ）村に移住したので蘆田と称したが、家康に属したときには依田氏を称している。家康の甲信経略につくした信蕃の父信守（のぶもり）は武田氏に属し、武田氏の領国となった駿河国の二俣城を信蕃とともに守った。信守は同城で死去した。信蕃は徳川軍のしばしばの攻撃に屈しなかったが、結局、城を渡して、同国の田中城の守備を命ぜられる。武田氏の勢力が弱体となり、武田氏の城は徳川氏に攻略され、田中城のみ残った。家康は「汝（なんじ）今この一城を守り、いつのとき期して運を開かむや。縦（たとえ）よく保ちうるとも何の益かあらむ。はやく城を避て兵の気をたすけむにはしかじ」と諭したとされる。これに従った信蕃に対して家康は「汝勝頼がために命をゆだね、義を守りて栄をはからず、実に感賞するにたへたり、後、我に属し、よろしく軍忠をはげむべし」と、家臣になることをすすめた。信蕃は「某勝頼が存亡をしらず」、このときに敵方の臣になることは「全く臣子の義にあらず、殊に汚名を子孫に遺（のこ）すのみと。あへて（家康の）命に応ぜず」と兵をまとめて信濃国に帰った。そこで勝頼の生害を知り、市川の徳川陣に行き家康に臣属した。家康は、信長が甲信の武田旧臣の諸将を招こうとしているが、来た者は殺すことを謀っているから、身を隠した方がよいとすすめた。信蕃は鍛冶の姿に身を変え、家康家臣の案内で遠江国の二俣あたりの深山に潜居した。

本能寺の変で信長横死後、家康は伊賀越えで岡崎に帰還する途中、「脚力」（徒歩の伝令）により信蕃への書状を送った。これには「はやく甲信のあいだに旗をあげ、両国をして平均（平定）せしむべし」とある。信蕃は本多正信を通じて「鐘の纏」を甲信の境の柏坂峠に建て近郷の士を招いたとされ、来たり集まる者「三千人におよぶ」という。信蕃はこの兵力をひきい佐久郡の諸地を攻略した。これにより家康は信蕃に佐久郡・諏訪郡を与えることを約束した。かつて信蕃は家康の敵将であったが、ここでは信濃経略の先導役として充分なはたらきをしている。さらに信蕃は、若神子で新府城の徳川氏と対陣する北条氏の糧道を断った。

信蕃が家康につくした、今一つの大きな功績は上田城主（上田市）真田昌幸を北条氏から離反させ、家康に属せしめたことであろう。これによって小県郡・佐久郡における北条氏の勢力は減退し、信濃国の領国化はすすんだ。信蕃は「佐久郡の城を一日に一三の城」を攻め落としたという。あとは小諸城と岩尾城（佐久市）のみを残すところとなり、岩尾城攻めでの鉄砲傷で死去する。

信蕃の嫡子康国は父の遺領と家康の一字を与えられ、松平の称号を許された。家康は信蕃のはたらきに感謝していたのであろう。そして康国に対して「父が功業を継、甲信両国もて全く平均せしむべし」と命じた。康国は北条方であった小諸城に入った。のち小田原陣では小諸城にいたが隊下の長根縫殿輔某に刺殺される。家を継いだ康真はすでに家康の一字を与えられ、松平の称号をゆるされ家康の側近につかえていた。小田原陣では兄康国とともに前田利家軍を案内し上野国におもむき、松井田城（安中市）を攻略した。関東入国の時武蔵国・上野国二郡のうちにおいて三万石を与えられる。慶長五年（一六〇〇）、大坂の旅宿において囲碁の相手と争い殺害した。自身は自殺しようとしたが家臣にとどめられ高野山に入る。結城秀康（家康二男）のまねきで姓名を加藤四郎兵衛康寛と称し家臣となる。子孫、蘆田を称し、越前松平家に仕える。こうして依田宗家は徳川家臣として続くことはなかったが、一族が旗本となっている。信蕃の弟信幸は本能寺の変時、家康が伊賀路で帰還を聞き迎えに行くが、すでに三河に到着していたので岡崎まで随従した。天正一一年（一五八三）、信濃国佐久郡岩尾城攻めで兄信蕃とともに戦死した。子孫は二五〇〇石を知行し書院番などをつとめる。ほかに別家二家あり。知行は二〇〇石、三〇〇石で書院番をつとめる。ほかに支族が四家あり信蕃に属した。子孫は旗本となり、知行は一五〇石、二〇〇石、四〇〇石で大番・小十人・天守番などをつとめる。

また依田氏には次のような家もある。元は宇野氏で信濃国依田城に住んでから依田をもって家号とする。そして足利尊氏に属した人がおり西国で戦死したという。さらに上野国板鼻城（安中市）に居住して板鼻とあらため、そして信濃国平原に居住して平原を称し、盛繁のとき依田に復したという。盛繁は平原城に住し、武田氏没落のあと信蕃とともに信濃国三沢小屋にこもり北条氏と戦う。のち上田城の番をつとめ高崎城を守る。子孫は知行一五〇石、御勘定、代官などを、別家は二家、知行は七〇〇石、二五〇俵、小十人・桂昌院（五代将軍綱吉母）に勤仕する役をつとめる。

2 真田信之家

はじめ海野を称し、幸隆のとき信濃国真田庄に住し真田を称号とする。

武田氏に仕える。長男と次男が長篠の戦いで戦死し、三男の昌幸は武田信玄・同勝頼に仕え、武藤喜兵衛と称した。兄信綱の戦死後、家を相続した。武田氏が滅亡して家康に属した。北条氏直が若神子に在陣のとき、依田信蕃と碓氷峠に陣し北条氏の糧道をたった。天正一一年（一五八三）、信濃国上田城（上田市）を与えられた。同十三年、家康は真田氏に領地の上野国沼田（沼田市）を北条氏に渡すように命じた。これは北条氏との和議での氏直と家康との約束事であったが昌幸は拒否する。その理由は「昌幸御味方に属して忠誠をつくせしかど、只本領を賜わるのみなり。しかるに今また沼田の地をも奪われんことといかなるつみにやとて、御旨にしたがいたてまつらず」と。これにより豊臣秀吉に属した。同十五年、駿府に行き家康に詫びる。慶長五年（一六〇〇）、家康による上杉征討で昌幸は宇都宮で三成挙兵を知り、家康から離反して石田方に味方することにし、居城の上田城にひきあげる途中、家康方になっている嫡男の信之の沼田城に立寄ろうとしたが、信之の妻は城に入ることを拒否した。

信之が室（妻）城中より使いして、昌幸のもとに告げていわく、今父子別心のうえはまみゆることなりがたし。況（いわんや）城中に入（ら）む事おもいもよらず。はやくこの地をさりたまふ（う）べし。しかるうえにも猶（なお）入らむとならば、われみずから幼児（昌幸の孫）を刺殺し、その身も亦（また）自殺して忽（たちま）ち城に火を放つべしといいおくり、家臣をして厳しく城中を警固せしむ。

これにより昌幸は城に入ることができず、この地を去り上田城に帰城した。信之の妻は家康側近の重臣で武勇で知られた本多忠勝の娘であった。このあと石田追討のため中山道を進軍した秀忠は上田城を攻めるが、攻略することができず、関ヶ原の合戦場に間に合わなかった。石田方敗北後、信之の助命により死を免ぜられ、高野山に蟄居せしめられた。慶長一四年（一六〇九）同地で死去した。

父と敵味方となった子の信之は、父の本領信濃国小県（ちいさがた）郡三万八〇〇〇石と上野国利根郡二万七〇〇〇石の加増ですべて九万五〇〇〇石を領し上田城に住した。元和八年（一六二二）、上田城から同国松代（まつしろ）城（長野市）に四万石加増のうえ移封された。万治元年（一六五八）死去。弟幸村は父昌幸とともに高野山に蟄居していたが、豊臣秀頼のまねきで大坂城にこもり、しばしば力戦して討死する。真田宗家はそのご一〇万石を領し代々、松代城に住す。幕府の役職はつとめていない。外様大名としてあつかわれたのである。これは昌幸が豊臣家臣となったからであろう。

別家は五家あり。信之の長男信吉は嫡男となれなかったが、父の領地の上野国利根郡のうちで三万石を与えられ沼田城に住した。子の信利のとき城地没収となったが、のち再興されたものの、結局、断絶した。また昌幸の弟信昌の家がある。信昌は北条氏に仕えていたが、兄昌幸を北条氏から離反させ、家康に属せしめる仲立ちをした。家康はこれをよしとして金五〇両を与えた。関ヶ原の戦いで大坂の陣に随従し、そのご御旗奉行となり一〇〇〇石を加増されて御旗奉行になった。嫡男幸政は国目付となって諸国におもむく。その子幸信、後嗣なく断絶する。信昌家の別家は旗本となり、五〇〇石、一二〇〇石を知行し、書院番・小姓組などをつとめる。

3　下条頼安家

下条頼安は信濃国伊奈郡下條城主（下條村）である。下条は三河国との境に近い。天正一〇年（一五八二）七月、家康は甲信経略に着手し富士郡大宮（富士宮市）から甲府をめざす一方、頼安に一両日のあいだに諏訪表へ出陣するから用意しておくようにと書状を出している。頼安は家康の意をうけて小笠原貞慶とともに高遠（たかとお）城を奪取した。そして八月の家康の書状をみると、頼安は飯田城において北条軍と対戦しており、家康は「鉄砲玉薬」を送ること、若神子の北条軍は退却について相談している様子だと述べている（『家康文書』）。

下条氏については「寛政譜」にはみえないが、『熊谷家伝記』に伝聞がある。

天文十三年八月より信州当近辺は下条伊豆守時氏公に属す。御嫡子幸菊丸今は助太郎信氏公と号（す）。下条本領は六千二百貫之（の）由、関領廿七ヶ村三千二百五十二貫之内三州（河）分二百三十一貫は足助の松山領と成、残て二十三ヶ村村高三千二十一貫是に下条の本領を合で九千二百二十一貫と相見ゆる也。

下条氏は、所領は三河国の分を含めておよそ一万貫、四〇カ村を支配する大名領主である。ところで下条頼安は天正一一年（一五八三）、義父の小笠原信嶺によって殺害され、同十五年、嫡男康長は飯田城（飯田市）から行方不明となり、下条家は断絶する。下条家についてはそのごの徳川氏関係史料にみあたらないので、滅亡は事実であろう。下条領は飯田城主となった菅沼定利の領地となり検地が施行された。

4　松尾・小笠原信之家

前述の下条城より北方に松尾城（飯田市）があり、小笠原氏の居城である。室町幕府将軍義持のとき信濃国守護職に任ぜられたとする名族である。一五世紀の半ば松尾城に居住した。本能寺の変で、「甲信の両国大いにみだれて、領主いまださだまら」ない状態であったころの当主信嶺（のぶみね）は、菅沼定政を介して家康に属した。家康は甲信両国に侵攻のとき酒井忠次とともに諏訪氏の居城高嶋城を攻囲した。そのあと信嶺は忠次とおなじく甲斐国新府にいたり、大道寺政重軍と数日、戦う。北条氏との和議のあと伊奈郡の本領を与えられた。この時期、信嶺が下条頼安を殺害したとする事件は、小笠原氏の「寛政譜」には記されていない。

長久手の戦いでは小牧の陣営を守る。のち家康の命により酒井忠次の三男信之を養子とした。関東入国のとき、武蔵国本庄城（本庄市）を与えられ一万石を領した。信之は上杉追討で軍功あり、のち古河城に移され二万石を領する。そしてのち関宿城に転じのち当主が幼年のため美濃国石津郡にうつされ高須（海津市）に居住しそして越前国大野郡にうつされ勝山（勝山市）に居住した。信辰（のぶとき）のとき、「先祖より代々城主たるにより、勝山に居城を営むべきむね仰をこうぶる」という。幕府の役職にはついてはいないが、江戸城の石垣普請とか増上寺の裏門の普請などをつとめている。

別家は三家とも旗本となる。知行は五〇〇石、七〇〇石、一〇〇〇石である。このうち信嶺の弟長臣は小笠原氏の旧領松尾において一〇〇〇石を知行、代々、知行地に居住して異変があれば注進するように命ぜられた。あとの二家は書院番・小姓組・小姓組番頭などをつとめる。

5 知久頼氏家

信濃国伊奈郡知久郷（飯田市）に住したので知久氏を称号とす。知久の神峯城（飯田市）に住した。武田信玄と合戦して防戦かなわず落城し、今川義元のもとにあって、のち織田信長に属した。その子頼氏、天正一〇年（一五八二）、京都においてはじめて家康に謁し、信長横死のあと伊賀路より浜松まで随従する。同年七月、家康、甲府に在陣し頼氏に諏訪表へ出陣すべく命じ、信濃国伊奈郡知久の本領六九カ村の領地を安堵された。酒井忠次の組に属し、北条氏直軍が若神子に出張のとき御嵩（甲府市）を守り防戦す。同一一年、佐久郡前山・岩尾の両城で合戦し、多くの戦傷者をだす。この年、正五位下より従四位下に昇進する。同一三年、遠江国浜松において自殺した。

嫡男則直は幼少で一三歳のとき大久保忠世の仲介で家康に謁し蔵米三〇〇俵を与えられる。関ヶ原の戦いに随従し信濃国の本領伊奈郡のうちで三〇〇〇石の地を与えられる。大坂の陣のとき信濃国浪合の関（阿智村）を守る。のち代々、知行地に住してその役を務める。別家は一家で信濃国伊奈郡のうちで三〇〇石を知行し、大番などをつとめる。

6 屋代秀正家

もと村上市で信濃国埴科郡屋代郷（更埴市）に住すにより屋代氏を称した。先祖は村上義清に属しのち武田信玄に仕える。嫡統の秀正は武田勝頼に仕え、その没落ののち上杉景勝に属し、天正一一年（一五八三）、家康に属した。信濃国更科郡において領地を与えられとされる。上杉景勝軍が秀正の所領に攻撃のとき奮戦して首一〇〇余級を討ち取る。同十三年、真田昌幸が上杉謙信とともにせめてきたとき、虚空蔵山にたてこもり、防戦して景勝の軍を退ける。

慶長五年（一六〇〇）、上杉征討のさい命により、堀秀治・前田利長などに軍令を伝え、それより越後国中の諸士とはかり会津・米沢攻めの手分けをさだめる。

慶長一九年（一五八九）、一月二七日に甲斐国巨摩郡のうちで一万五〇〇〇石の地を真田信昌・三枝昌吉三人で分割して知行すべきとされる。大坂の陣に参陣し御旗奉行をつとめる。徳川忠長に付属し信濃国小諸城を守衛した。嫡男の忠正も忠長に付属しすべて一万石を領した。忠長改易のあと赦免され御先鉄炮頭となり、与力一〇騎同心五〇人をあずけられ、安房国において一万石の地を与えられ北条（館山市）を居所とする。のち百人組頭となる。のち農民の強訴で苛政が発覚し領地没収となる。しかし先祖の勲功により蔵米三〇〇〇俵を与えられた。同族に室賀勝永がいる。屋代、室賀の両氏とも村上氏であったが、埴科郡屋代郷と更科郡の室賀郷に居住してそれぞれ姓名としたのである。実は屋代秀正の実父は室賀勝永で屋代家の養子となったのである。勝永は武田信玄・同勝頼に仕え武者修行をつとめた。子の満俊は兄である秀正ともに軍功があった。大坂両陣に出陣しのち御鎗奉行となる。子孫は七二〇〇石を知行し、百人組頭、小十人頭などをつとめる。別家は一家、五〇〇石、一二〇〇石を知行、小姓組・御持筒頭・御目付などをつとむ。

7 保科正直家

家祖正則は信濃国伊奈郡保科（長野市）に住して称号とする。その子正俊は武田信玄・同勝頼に仕え、およそ「三十七度の軍功」があったという。このころ伊奈郡高遠城主になっている。嫡男正直は、家康が新府で北条軍と対陣のとき、近郷の者を誘い味方に属すべく、酒井忠次のもとに使者をだす。家康はこれにこたえて、「伊奈郡半分」を領地として与えることを約束した。正直は伊奈郡箕輪（みのわ）郷で要害をかまえる藤沢頼親に、家康に属するよう誘ったがうけいれなかったので、わずか三日で攻め落とした。家康は異父妹の多劫(たけ)姫を正直に嫁がせた。保科氏の存在を重視したのか。天正一三年（一五八五）、小笠原貞慶が三〇〇〇余人をひきいて高遠城を攻囲したとき、正直、防戦して名あるものどもを討ち取る。家康から「其功比類なきの旨御感状を下されて、包水の御刀をたまう」という。

嫡男の正光は天正一〇年（一五八二）より家康の側近に仕え、小田原陣では父とともに出陣し、関東入国時、下総国多胡（多古町）において一万石を与えられた。関ヶ原の戦いでは堀尾忠氏に代り浜松城を守り、戦後、越前国北の庄城（福井城）の城番をつとめ国中の政務をおこなった。慶長五年（一六〇〇）、多胡を転じて高遠の旧領二万五〇〇〇石を与えられる。江戸城石垣普請の役をつとめる。元和二年（一六一六）、越後国三条城（三条市）の城番をつとめ、「軍中の諸務を沙汰」した。同四年、すべて三万石を領した。そのご大坂の城番をつとめ、命をうけて伊奈郡より遠江掛塚（磐田市）に至るまでの材木伐出すこと三回におよぶ。正光の弟正貞は、文禄三年（一五九四）、家康と秀忠の命により兄正光の「猶子」（養子）となる。正貞の母は多劫君である。大坂の陣では兄正光とともに御先手となる。天王寺表では「鎗創三箇所鉄炮創一箇所」の奮戦ぶりであった。その様子を家康が知って、「祖父正俊、父正直相続で勇名ありしに、今汝も其武功を継げり」と賞せられる。元和八年（一六二二）正光死去の年、正光のもとを去り伊勢国長島の松平定勝の家に寄宿し、定勝によって再び「奉仕」をのぞんだが定勝死去し、酒井忠世を通じて願いを果たした。上総国のうちで三〇〇〇石を知行し大番頭となる。のち大坂の定番となり与力三〇騎同心一〇〇人を付属せらる。「与力の輩は、御旗本の内にゆかりあるものを撰ぶべきむね仰をこうぶる」とされる。一万七〇〇〇石を領した。子孫は六カ国のうちにおいて二万石を領し上総国飯野に居住した。大坂の城番をつとめる。

別家は一家、一五〇〇石を知行する。目付代・御使番・山田奉行などをつとめる。

8 諏訪頼水家

先祖は鎌倉幕府、室町幕府の重臣である。信濃国諏訪城（諏訪市）に住す。頼重のとき、武田信玄と境を争うことしばしばであったが、信玄は妹を頼重に嫁せしむ。天文一一年（一五四二）、信玄、欺て頼重を招きよせ板垣において自殺せしめた。信玄父子はこれより諏訪を横領すること二〇年におよぶ。武田氏が没落して嫡男頼忠が相続した。甲信に侵攻してきた家康に属したが、酒井忠次は使者をして、信濃国のものはことごとく自分の命令に従うべしと告げたため、頼忠は家康に属していたので、どうして忠次の命令に服さねばならないのかと拒否した。家康は大久保忠世などを頼忠のもとにつかわし、信濃は酒井忠次の所領ではないことを伝えた。これによって頼忠は甲府に在陣の家康に謁し翌天正一一年（一五八三）、諏訪郡の本領を安堵される。小牧・長久手の戦いでは、「人衆を催すところの信濃の辺境静かならざるにより」諏訪にとどまる。そのご小笠原貞慶、木曽義昌を攻めるとき先手となる。関ヶ原の戦いでは江戸城を守る。

嫡男頼水は家康の命により、三河譜代の重臣本多康重の息女を妻とする。関東入国時、武蔵国のうちで一万二〇〇〇石を与えられる。文禄元年（一五九二）、上野国郡波郡惣社（前橋市）に領地をうつされる。慶長四年（一五九九）、「石田三成野心をさしはさむのきこえありしかば」、夜中、伏見より大坂にはせ参じ、その後伏見に随従し「向島の要害を経営（守備）」する。同六年、諏訪郡に領地を移され本領二万七〇〇〇石余を与えられ高島城（諏訪市）に居城した。大坂の陣では甲府城を守り、五〇〇〇石加えられてすべて三万二〇〇〇石を領した。三代将軍家光、「御譜代の輩三十六人を召れ」、「此輩特にたのもしくおぼしめさるるのむね仰をか（こ）うぶる、頼水もその列にあり」と。明治維新までほかの地に移ることはなかった。

別家は九家あり。知行は六〇〇〇石、二〇〇〇石、一五〇〇石（二家）、七〇〇石、五〇〇石、三〇〇石、三〇〇俵である。京都町奉行・書院番頭・小十人頭・書院番・小姓組・御使番などをつとめる。

9 木曽義昌家

信濃国木曽郡福島（木曽町）に代々住んでいた。木曾義仲を祖とする。義昌のとき家康に属し、天正一〇年（一五八二）八月、信長より与えられた安曇郡・筑摩郡と本領を安堵された（『家康文書』）。信長は同年六月に本能寺の変で横死しているから、信濃に侵攻した家康があらためて保証したのである。そして同年九月に諏訪出兵を命じられた。ところが小牧・長久手の戦いのとき、義昌は家康から離反して秀吉に通じた。家康は保科正直・諏訪頼忠をして妻籠（つまごめ）城（南木曽町）を攻めさせた（『朝野』）。家康と秀吉が和睦したあと義昌は家康に帰服し、その子義利は関東入国時、下総国において一万石を与えられた。そのご義利は叔父義豊を殺害したことがわかり領地を没収された。

10 馬場昌次家

はじめ木曾を称した。昌次のとき木曾義利が所領を没収されたため、「處士」となった。上杉征討で小山に陣した家康は、昌次父子および木曽氏の旧臣山村良勝・千村良重などを呼び木曽に発向せしめた。山村・千村の両人は木曽旧臣を集めて熱川の砦を攻め落とし、木曽路は安定したことを昌次に報告した。昌次は中山道の押えとしての信濃国妻籠城を松尾・小笠原家の信嶺とともに守る。関ヶ原の戦いのあと美濃国のうちにおいて一六〇〇石の知行を与えられた。その子利重は一〇〇〇石を加えられすべて二六〇〇石、長崎奉行・京都町奉行となる。

別家は一家。知行は六〇〇石、書院番をつとめる。

11 千村（ちむら）良重家

上野国千村郷に住し家号とする。家政のとき木曽義昌に仕え、天正一八年（一五九〇）、義昌が下総国海上郡洗郷に移転のとき、ともに下総国に住す。関ヶ原の戦いの年、秀忠が木曽路を進攻のさい、石田方の石川貞清が木曽の代官として往還を阻止しているので、家政嫡男良重は家康の命により山村良勝とともに木曽におもむき石川を追っ払った。そののち美濃国の苗木（中津川市）・岩村（恵那市）の両城をうけとる。のち秀忠が木曽を進発するとき、良勝の父良候（よしとき）の住む福島の邸宅に行き、良重などの忠功を賞した。戦後、木曽の「族臣」に美濃国のうちに一万六二〇〇石余の地を与えられる。良重は四四〇〇石余を知行する。慶長八年（一六〇三）、信濃国一万石、遠江国のうちの一〇四〇貫余の地（徳川直轄地）を支配した。大坂陣のとき信濃国浪合の関（阿智村）、木曽妻籠（つまご）（南木曽町）の番をつとむ。そのご代々尾張徳川家に仕える。

別家は三家、蔵米三〇〇俵、大番・御小姓組などをつとめる。

12 小笠原貞慶（さだよし）家

家康の信濃経略にかかわったのは松本城主小笠原貞慶である。この家は小笠原氏の嫡流で古来、武家礼法を伝え、貞慶はとくに近世の弓馬術に通じていた。貞慶の父長時は武田信玄の侵攻を阻止する事が出来ず、越後国に落ち行き上杉謙信のもとに滞在し、のち伊勢国にいたり、そののち同族の三好長慶の仲介で将軍義輝に仕え河内国高安郡に領地を与えられ、弓馬の師範となった。ところが義輝が長慶によって追放されるにいたって再び越後国に滞在したものの、謙信が死去したため陸奥国会津（会津若松市）におもむいて蘆名（あしな）盛氏のもとに移った。天正一一年（一五八三）、会津若松で死去する。

嫡男貞慶は京都の六条合戦で叔父たちと三好一族に加わって大和国多門城（奈良市）に立て籠ったが、長慶が敗北したため、織田信長に属した。そのご三河国岡崎に来て家康に対面した。このとき家康から「本国信濃をうちしたがうべきのむね、おほせをこうぶりてふたたびかの地にはせ下り、人衆を催せしかば、累代の主君なりとてしたがうものすくなからず、譜第の家臣等はせくわわりてほどなく多勢となり、（天正）十年七月十六日まず深志城（松本城）を攻めた。この城には叔父の貞種が上杉景勝の援助のもとに守っていたが、貞種は貞慶に城をあけわたした。これにより深志を居城とし、旧領の筑摩・安曇の二郡を領した。同十一年、木曽義昌の籠る福島城、その他二、三の城を攻めおとした。小牧・長久手の戦いのときには、上杉景勝の押えとして信濃国麻績郷に出張し所々の要害を守る。このとき池田信輝・森長一などひそかに三河に攻め入るという情報を知り、このことを家康に告ぐ。「御感悦におぼしめされ、二十三日御書を賜ふ」とある。この情報によって家康は長久手において勝利をえた。

ところがそのご貞慶は家康に背き、保科正直の籠る信濃国伊奈郡高遠城を攻める。同一五年、秀吉のあつかいで家康に帰服する。嫡男の秀政は、命により家康の長男信康（故人）の息女を妻とした。関東入国時、信濃国松本から下総国葛飾郡のうちで三万石を領し、古河城に住す。上杉征討のとき命により景勝の押えとして下野国宇都宮城の守衛に加わる。慶長六年（一六〇一）、二万石を加増のうえ美濃国飯田城に移される。同一五年、御謡初めの着座をゆるされる。同一八年、三万石を加増のうえ旧領にうつされ松本城を与えられる。大坂の陣で真田幸村との決戦で七カ所の痛手を負いそれがもとで死去した。

秀政の子忠真は将軍秀忠から一字を与えられる。大坂の陣で負傷した忠真を家康が、福島正則などの諸将に、「これわが鬼孫なり」と話したという。そののち父の遺領を与えられる。元和三年（一六一七）、播磨国にうつされすべて一〇万石を領し、命によって明石に新城を築いた。寛永九年（一六三二）、豊前国にうつされ、五万石加恩によりすべて一五万石を領し小倉城（北九州市）に住んだ。「此とき豊前国は西国枢要な地なるがゆえに同族信濃守長次、壱岐守忠知、松平丹後守重直等も亦その近国に封をうつさる。相ともに鎮護すべきのむね仰をこうぶる」。正保二年（一六四五）、将軍家綱の元服のとき、家伝の元服の式を記して提出する。息女千代姫は将軍秀忠の養女として細川忠利の妻となる。

別家は大名が三家、旗本が二家である。まず大名の家について記載する。

①真方家

真方は嫡家の忠真の四男である。嫡家の領地豊前国上毛郡のうちで新墾の田一万石を分ち与えられ、小倉の城下に居所をかまえた。豊前国小豆島において「難風」に船が転覆し溺死する。子孫、大番頭となる。

②忠脩家

忠脩は嫡家秀政の長男。母は信康（家康の長男）の息女。将軍秀忠より一字を与えられる。大坂の陣では父秀政、弟忠真と出陣し、天王寺口で討死する。子の長次は播磨国において六万石を与えられ龍野に居住した。のち豊前国のうちで八万石を与えられ中津城主となる。子孫のうち幼年に死去し領地没収のところ、「先祖の勤労をおぼしめされ」一万石の地を与えられる。

③忠知家

忠知は秀政の三男、母は信康の息女。はじめ五〇〇〇石を与えられ、書院番・大番頭・奏者番をつとめ三万五〇〇〇石を加えられ豊後国のうちにおいて四万石を領し、杵築城主となる。「鉄炮三百挺、火薬および鉛をおのおの五千斤を賜う」という。「御譜第の衆に列」した。のち詰衆となる。子孫は奏者番・寺社奉行・老中などをつとめ五万石を領し、武蔵国岩槻城、遠江国掛川城などに移封される。

あとの二家は旗本となり、知行け二〇〇〇石、三〇〇〇石で、小姓組番頭・書院番などをつとめる。

小括

信濃を統一するにあたり家康は、家老の酒井忠次に統治権を与えようとしたが、これには諏訪頼忠が猛烈に反発して北条氏に味方する行動に出た。家康は大久保忠世をして家康が直接、統治である説得し、事なきをえた。家康は信濃の小大名に相当、苦労をした様子がみえる。しかし徳川氏の関東入国のさい、真田昌幸以外離反せず関東に移り、江戸時代には譜代大名として徳川氏の藩屏となるのである。

第六章

武田滅亡後、直臣となった甲州武士

(一)甲州武士

本能寺の変後、伊賀越えから岡崎への帰路、家康は甲信への侵攻を企図し、そのため至急、武田旧臣―甲州武士を取立てる方策を講じたことは前に述べた。この甲州武士は信濃国の小大名のように城をもつ領主層ではなく、大は一郷内の村々を支配するか、又は平常は農業経営をおこない、合戦のときに出陣する地侍であった。甲州武士の領地については、たとえば天正一〇年(一五八二)、武川衆の柳沢信俊が柳沢郷七〇貫文を与えられているが(『家康文書』)、この貫文とは年貢として納入される永楽銭である。当時、金貨・銀貨は通用されておらず、中国から入ってきている永楽銭などの銅貨が使われていた。たとえば三〇〇坪の田から収穫された米は現物ではなく、一定の租率で永楽銭で収めるのである。こういう制度を貫高制といっている。七〇貫文は貫文で表示された年貢高でもある。柳沢氏は柳沢郷の領主として郷内の農民を支配していたのである。

甲州武士がどのていどの領地(貫高)をもっているのかについては、伊藤多三郎氏の研究がある。氏は家康から本領または本給を与えられた一九〇名の貫高を調べたところ、一〇貫未満が二六名(一三%強)、一〇貫以上五〇貫未満が八八名(四七%弱)、五〇貫以上百貫未満が四〇名(二一%強)、百貫以上が三九名(一九%弱)とされ、そして、一〇〇〇貫文内外の大身歴々の一族・宿将は武田滅亡とともに滅び、また一度は徳川氏に属しても失脚または自立して徳川家臣とならなかったという(『近世史の研究・第四冊』)。

甲州武士のなかには武川(むかわ)衆・津金(つがね)衆・御岳(みたけ)衆などの地域での結合集団があり、軍制上、大身武士の組に編入された。同属団単位で出陣するかたちではなく、軍事的に組織されていたのである。同年八月の「甲信諸士起請文」によると、軍団と人数は次表のようである。

人数の合計は八一四人になるが、史料の「浜松御在城記」には「人数合八百九拾五人」となっている。ちなみに「武徳編年集成」で六五一人であり記録に差異がみられる。それはともかく起請文を出した時点では、七、八〇〇人の甲州武士が家康家臣団に編入されたのである。もっともそのごの甲信の合戦で、一〇〇〇人をオーバーする人数になったと思われる。一人は一騎であるから親類(兄弟など)、足軽など雑兵を入れると五〇〇〇人以上の兵力となろう。軍団統率者の武田時代の地位は、一門・譜代・家老職・侍大将・足軽大将・槍奉行・勘定奉行などで、組下の兵力は「騎馬」が「一五騎」・「五〇騎」・「百騎」・「百二十騎」・「三百騎」、そして足軽が三〇人など付属している。もっとも、これらの兵力は長篠の戦いなどの合戦で戦死したか、在地に待機中かで減少している。たとえば、駒井昌直は「騎馬五十五騎」であったが、起請文提出時の「駒井右京進同心衆」は一二名である。

軍団名のなかで統率者がすでに死去しているのは、一条信龍・土屋昌恒・山縣昌景・原昌胤・武田信豊・小山田昌行・甘利昌忠である。これらの部隊の同心衆は出身別に起請文を提出したと思われる。それらの甲州武士は家康側近の井伊直政など旗本一手役の軍団に編入された。

次に当時、生存していると思われる統率者は、津金胤久・駒井政直・城昌茂・今福昌和・今福昌常・青沼忠吉・跡部勝資・跡部勝忠・三枝昌吉である。このように部隊が解体されずに徳川氏に従属している例を「三枝平右衛門同心衆」の場合についてみてみよう。

三枝昌吉の父寅吉は武田家臣のとき、同心五六騎をもつ侍大将で、依田玄蕃とともに駿河国田中城を守っていたが、武田滅亡で信蕃とともに家康に属した。ところが信長によ

表「甲州諸士起請文」にみる甲州武士

軍団名	人数
武田親族衆	14
信玄近習衆	71
遠山衆	36
御岳衆	20
津金衆	6
栗原衆	26
一条衆	70
（小山田）備中衆	24
信玄直参衆	15
同　子供衆	11
典厩（武田信豊）衆	28
山縣衆	56
駒井右京進同心衆	12
城織部同心衆	49
土屋衆	70
今福筑前守同心衆	24
今福新右衛門同心衆	48
青沼助兵衛同心衆	18
跡部大炊助同心衆	16
跡部九郎右衛門同心衆	53
原隼人同心衆	46
甘利同心衆	16
三枝平右衛門同心衆	42
寄合衆	16
御蔵前衆	11
弐拾人衆	16
計	814

るいわゆる〝武田狩り〟があって、家康の配慮によりはじめ同国藤枝の東雲寺に、そのご伊勢国に隠れた。天正一〇年（一五八二）の甲州若神子での北条氏との対陣のさい、虎吉は与力五二騎、足軽五〇人と、かつての配下であった同心五六騎を預けられる。昌吉は父に所属の与力・足軽を指揮して、依田玄蕃とともに信濃国前山城を攻略した。そして同年十二月、「遠江国秋葉寺において連署の誓詞」を提出した。昌吉は武田時代の同心を配下として徳川氏の部将となったのである。新たに徳川軍の新兵力として再出発した武田旧軍団の諸隊は、甲斐の方面軍の大将となった大久保忠世などの指揮下に入った。実際、「甲州先方衆・曽根下野・津金一党・駒井一党・今福和泉・工藤一党・遠山党」が信濃に出陣しており（「貞享書上・跡部又十郎久次譜」）、甲州武士の軍団が徳川軍の新兵力として甲信経略に活動していることがわかる。

家康は甲州武士のほとんどを徳川軍に編入したうえで、三河譜代の平沼親吉・成瀬正一・日下部（くさかべ）定好に甲斐の国政を担当せしめた。親吉は甲府を守って甲斐郡代となり、正一と定好は奉行職をつとめた。甲斐国政には武田旧臣も参与している。たとえば桜井信忠・市川清斉・工藤玄道・岩間大蔵左衛門の四人は、国中の巷説（風説）を聞く役割を担当し、山本忠房・窪田正勝が甲斐国の「庶務」にかかわり、石原昌明が奉行職をつとめている。

ところで天正一八年（一五九〇）の小田原合戦のころ、徳川軍制に「御旗本大番組六手（組）が組織された。家康の直轄軍団である。六組で一組は五〇騎、大番頭が一人、その下に「小頭」（組頭）がいた。この大番は江戸幕府軍制の大番組となった。寛永期の大番衆の先祖を調べると、三河譜代が三八％、武田旧臣が二一％、北条旧臣が一二％などとなっている。甲州武士は徳川将軍家の直臣となったのである（拙著『幕藩体制成立史の研究』）。

(二) 甲州武士の部将クラスの系譜

1 駒井政直家

先祖は甲斐国巨摩郡駒井郷（韮崎市）を領した。政直は武田信玄・勝頼に仕え小田原の境にある深沢城を守る。譜代家老職で同心衆五五騎を指揮する。勝頼没落ののち家康に仕え一二騎の同心衆を統率する。同十一年、甲斐国のうちにおいて三六二貫文余の領地を与えられた。関東入国時、領地を上野国にうつされ、一五〇〇石を知行する。子の親直は江戸幕府の書院番となり、大坂の陣では軍功あり。のち三〇〇〇石の加増があって一八〇〇〇石を知行する。子孫は関東または諸国の巡検使をつとめた。また新番頭をつとめている。

2 青沼忠吉家

甲斐国青沼郷（甲府市）を領して家名とする。祖父昌吉は武田信虎に仕える。父昌平は勝頼に仕え、物頭役、勘定奉行とつとめ算術に通じていたという。家康は甲斐に入国して行方を尋ねたところ、すでに死去していたので、子の忠吉を召しだし、一七三貫文余の領地を与えた。忠吉は一七騎の同心衆とともに起請文をだしている。子の七左衛門某は徳川忠長（秀忠子）に仕え、忠長改易ののち御留守居与力をつとめたが、後嗣なく家は断絶する。

3　折井次昌家

家祖が甲斐国巨摩郡武川の折居（韮崎市）に住してより の家名とする。次昌は武田信玄・勝頼に仕え足軽を付属せしめられる。勝頼が没落し、家康が甲斐国市川に在陣のとき、織田信長の命で武田旧臣をめしかかえることを禁じられていた。しかし家康は次昌と同じ武川衆の米倉忠継を遠江国桐山（牧之原市）に「潜居」させ、ほかの武川衆とともに「月俸」を与えた。北条氏直が甲斐国に出動のとき次昌は忠継とともに帰国し、武川衆をすべて家康に属せしめた。家康は二人に武川衆を統率させ、天正一〇年（一五八二）八月、本領一一三貫文余、同年十二月に新恩として一四八貫文余を与え、「歩卒（足軽）五〇人」を付属せしめた。諏訪頼忠が酒井忠次の配下になることを嫌って北条方に付こうとしたとき、大久保忠世とともに、忠次一件を否定した家康の判断を頼忠に伝えた。

小牧・長久手の戦いでは軍功があり、武川衆とともに尾張国一宮城（一宮市）を守衛する。同一三年、徳川軍が真田昌幸の居城を攻め敗戦したが、次昌は武川衆とともに踏みとどまり善戦する。同一四年、「証人」（人質）として武川衆の妻子をことごとく駿河国興国寺城に入れる。十八年一月、武川衆二四人に「一紙の証文」が与えられた。同年小田原合戦の陣中で病死する。

嫡男の次忠は関東入国時、武蔵国において八〇〇石を知行する。同十九年、米倉種継が御使番となり次忠が一人で武川衆を統率した。同年、九戸（くのへ）陣には大久保忠世に属し、文禄元年（一五五八）、朝鮮の役で「御船造るべき材を伐出す事をうけたまわり、武川の士をひきいて伊豆山に」おもむく。慶長九年（一六〇四）新恩二〇〇石を加増されてすべて一〇〇〇石を知行する。同時に武川衆に加恩の地を与えられるべき「一紙（いっし）の証文」を家康から与えられた。次忠の嫡男（養子）の政次は大坂の陣では父に代り武川衆をひきいて出陣した。のち徳川忠長に付属したが忠長改易により「處士」となる。そのご将軍家直臣に復帰し、二〇〇石を加増されすべて一二〇〇石を知行する。子孫は御徒（おかち）頭・

小姓組・書院番をつとめた。別家は二家、知行は一五〇石、二〇〇石で大番・御広敷番・御宝蔵番などをつとめる。

4 米倉氏

①忠継家

米倉氏は代々、武田家に仕え甲斐国武川（北杜市）に居住した。忠継の父宗継は長篠の戦いで戦死した。忠継は勝頼没落後、家康に属した。家康の配慮で折井次昌とおなじく遠江国桐山に「潜居」した。信長横死後、次昌とともに本国に帰り二人して武川衆の統率にあたる。天正一〇年（一五八二）、甲斐国において四三〇貫の知行地を与えられ「歩卒」をあずけられる。そのごの行動は折井次昌と同じ。関東入国後、武蔵国において七五〇石を与えられる。弟の信継が家を継ぐ。信継は忠継とおなじく同年、家康に仕え甲斐国のうちで一二五貫文の知行を与えられた。関東入国後、知行地を相模国にうつされる。慶長三年（一五五八）、この地を嫡男の重種に分地する。忠継死去して後嗣となり領地を相続する。御使番をつとめ加恩があってすべて一二〇〇石を知行した。伏見、大坂において御金奉行をつとめる。重種は大番・代官をつとめ六八〇石を知行した。のち家は断絶したが、記録が不明である。

②永時（ながとき）氏

永時は実は信継の長男であるが別家となった。天正一六年（一五八八）、はじめて家康に謁見し大番をつとめた。慶長一八年（一六一三）、大久保長安事件で佐渡国に行き御目付の役をつとめ、のち鎌倉の代官となる。長男の義継は大坂の陣で討死した。二男の昌縄が相続して大番となり一五〇石を知行したが、私闘の罪で知行地は没収されたのち細川忠興の家臣となる。昌縄の弟政縄か父永時の知行高二〇〇石を与えられ大番をつとめた。のち二〇〇石を加増され、組頭となってまた二〇〇石を加えられる。宝永四年（一七〇七）死去。子の昌尹が家を継ぎ、御小姓組から書院番、そして御徒頭、目付、桐間の番頭とうつる。加増をかさねてすべて一万石を領し、若年寄となる。五代将軍綱吉の近臣となって厚遇をうけた。のち武蔵国、相模国において一万五〇〇〇石を領し、都賀郡皆川（栃木市）に居所をつくる。のち武蔵国久良岐郡金沢（横浜市）にうつる。子孫のうち昌晴は若年寄となる。別家は昌尹の遺領のうち三〇〇〇石を分地され、御小姓をつとめる。子孫は御使番などをつとめる。

③豊継家

豊継は家祖の宗継四男。武田信玄、勝頼に仕える。家康の甲斐入国のとき、武川衆の諸士とおなじく味方にくわわり、北条方の小沼の小屋を攻めやぶった。そのごも軍功あって家康から越前継利作の十文字鎗を与えられる。甲斐国の本領五〇貫余を安堵される。関東入国時、領地を武蔵国鉢形（寄居町）にうつされる。のち甲斐国八代郡のうちで二〇〇石を知行し甲府城の番をつとめる。大坂の陣のとき「金ほり（堀）」の奉行にあたる。徳川忠長に付属するが、子の正継は忠長の改易により「處士」となったが幕臣に復帰し、御蔵番をつとめ二二〇石余を知行する。子孫は大番・御納戸番をつとめる。

④満継家

家祖の宗継六男。武田信玄、勝頼に仕え、勝頼没落のあと兄忠継とともに行動する。甲斐国のうちで五〇貫文の地を与えられる。小牧の戦いのとき信濃国勝間反（そり）の砦（佐久市）を守る。天正一三年（一五八五）、徳川氏が真田昌幸の上田城を攻めたとき、妻子を人質として駿河の興国寺城に入れる。のち徳川忠長に仕えた。子の信継は忠長改易ののち幕臣に復帰し御蔵番をつとめ、のち本領を与えられ大番となる。知行地をあらため蔵米二二〇俵余を給せられた。子孫は大坂の御金奉行となり蔵米一〇〇俵を加えられた。のち代々、大番となる。

5　津金胤久家

津金氏は甲斐国巨摩郡津金村（北杜市）に住んだことにより家名とする。父胤時は武田信玄、勝頼に仕える。長篠の戦いで戦死した。勝頼没落ののち、津金郷は信濃国の境にあるため、北条氏直は胤久を招いたが家康に属した。その賞として胤久兄弟は駿河国において「百貫文の采地および粮米百俵」を与えられた。徳川氏が北条氏直と若神子での対陣のさい、胤久兄弟は「御先にすすみ、敵地を教導し」、江草の根小屋の砦（北杜市）を攻めて多くの「敵兵」を討ち取った。この軍功により本領の津金郷と信濃国、上野国のうちにおいて一九二貫文余の地、さらに二六三貫文の地を加えられて、すべて四五五貫文余の地を与えられ、足軽一〇人を属せしめられた。兄祐光（小尾家の養子）とともに命により信濃国に行き、岩尾・穴小屋・前山などの敵方の兵を討ち、長久手の戦いでは信濃国勝間の砦を守る。小田原陣での戦功で「新恩の地」を与えられる。天正一九年（一五九一）、陸奥国九戸（くのへ）一揆のとき岩手沢まで「扈従」した。慶長五年（一六〇〇）、最上義光の山形城に使者をつとめる。のち徳川義直に付属し、胤久の所領は子の胤卜（たねうら）に与えられた。

胤卜は秀忠に仕え書院番をつとめる。武蔵国のうちにおいて七五〇石を与える。子孫は小姓組などをつとめる。別家は二家あり、知行は二七〇石、蔵米三〇〇俵を給与される。

6　小尾祐光（すけみつ）家

祐光の父は信玄、勝頼に仕え信濃国比企（日岐カ）の城主である。祐光は勝頼没落のあと、北条氏直のさそいを断り弟の津金胤久とともに家康に属した。胤久と同じ領地を与えられた。合戦の参陣も胤久と行動をともにする。小田原陣の戦功で家康より「米三八〇俵」を与えられる。関東入国時、八六〇石余の知行地を領した。のち新恩一〇〇石を与えられる。子の光重は罪あって流浪し二四年間、「籠居」したが、「赦免」となり大番をつとめ蔵米二五〇俵を給与された。子孫も大番をつとめすべて四五〇俵の禄米となる。別家は一家、大番の役で蔵米二〇〇俵を給せられた。

7 山本忠房家

忠房の父は信玄、勝頼に仕え「鎗(やり)の者を支配」した。勝頼没落後、子の忠房とともに駿府の家康に謁見し、「これより御家人(ごけにん)に加えられ」る。忠房は「御長柄(ながえ)の者を支配（槍奉行）すべきむね仰（せ）こうぶりその給米をたまい」、甲斐国の本領を安堵された。遠江国秋葉寺で「同列の者九人とともに一紙の起請文」を提出した。のち、関東入国時、甲斐国は豊臣領となったので、仮に「月俸」（月給）を与えられる。関東入国後、北条氏の残党の不慮の行動にそなえるため、命により八王寺城を守る。のち「同列」が「十人」となり、「所々に離散せし所の處士（甲州武士）召（さ）れて同心となり」おのおのに五〇人を配下とした。八王子（八王子市）に代々住す。また「十人」それぞれ同心五〇人を増し加えられ「すべて千人」を支配した。いわゆる千人同心である。関ヶ原の戦いにおいて忠房など五人が「御先備」のとき、村越直吉が「御旗と御鎗との前後を論」じたとき、家康はこれを聞き「長柄備のことにおいては、武田家にて覚えの者なればとて、五人どもなればとて、五人の者申せし如く」せよとした。元和の大坂陣では「十人の同僚とともに御先陣」にありという。子の忠吉は武蔵国、上総国において二二〇石余の知行地を与えられる。その子忠安は父について千人同心の頭となり、また忠吉の弟忠重が家を継ぎ、のち代々、千人頭をつとめる。なお、千人同心には「日光山火防の備」という役があり、交替で勤務した。別家は三家あり。知行は一五〇石、蔵米は三五〇俵、二〇〇俵の給与である。新番・大番・小十人などをつとめる。

8　跡部氏

跡部氏は先祖の宗長が信濃国小県（ちいさがた）郡跡部村（佐久市）に居住したので家名とする。秋葉山での起請文には跡部大炊助と跡部九郎右衛門の名がみえる。「諸家譜」によれば大炊助とは勝資（かつすけ）のことで信玄、勝頼に仕え、父の領地信濃国において「数邑」（数村）を領有し、「甲斐国一乱のとき討死す」とある。柴辻俊六氏によると「譜代家老衆三百騎持。勝頼時代には原昌胤と共に両職を勤め、佞臣の評あり。竜朱印状の奏者として多見。天正一〇年（一五八二）三月、武田家滅亡に際して諏訪で誅殺される（『戦国大名家臣団事典・東国編』）」という。「甲斐国一乱」とは織田信長による勝頼追討のことか。いずれにしても家康の甲斐入国以前と思われるから、起請文の提出者はその子の大炊助昌勝であろう。昌勝は「天正十年勝頼生害の後、めされて東照宮（家康）につかへたてまつり」とある。おそらく父以来の同心衆とともに起請文を提出したのであろう。関東入国時、上総国において領地を与えられた。そのごの子孫については「寛政譜」には記されていない。

　跡部九郎右衛門は「寛政譜」の昌忠であろう。この家の家祖については「寛政譜」に記されていないので、大炊助家と同系統なのか不明である。柴辻氏によれば父の勝忠は「譜代家老衆五十騎持。勘定奉行を勤む」とあり、昌忠は「使番十二人衆の後、近習番頭となる」とし、起請文では「士隊将に属し同心二十四名を記す。慶長年間、徳川家四奉行の一人」という。「没年未詳」とあるが「諸家譜」には「慶長十一年十一月十二日死す」と記している。子孫は江戸幕府で大番をつとめるとし、江戸時代中期以降が記されておらず断絶したか。

9　今井信俊家

九兵衛、名を昌義ともいう。「足軽大将衆足軽十人持。天正一〇年（一五八二）三月、武田家滅亡後、徳川氏に仕えて駿河田中城代」（『戦国大名家臣団事典』）とされる。「寛政譜」には九右衛門昌吉家が記載され、家康が甲斐国入国のとき「めされてつかえたてまつり、慶長九年五月朔日御代官」という。信俊はその一族であろう。

10　志村貞盈家

先祖は信濃国志村に居住してより家名とする。貞盈は武田信虎、信玄、勝頼に仕え「鎗のもの」を支配する。勝頼没落ののち駿府で家康に謁見し臣属した。「武田家にて支配せし同心を預けられ」る。甲斐国の旧領七九貫文を安堵された。秋葉山で起請文を提出、「甲斐国の諸務を沙汰すべき」と命ぜられ、「荻原甚之丞昌之等九人の輩に一紙の御証文をたまう」とある。のち長久手の戦いに出陣する。関東入国時、甲斐国の本領はおさめられ月俸を与えられる。山本忠房などとおなじく八王子に住し同心五〇人を「支配」する。子孫も「千人同心の頭」をつとめ、武蔵国、上総国のうちにおいて四五〇石を知行する。別家は四家。小十人（こじゅうにん）・御天守番・右筆（ゆうひつ）などをつとめ、「月俸」を与えられる。

11　市川清齋（昌忠）家

甲斐国「市川庄」に居住したので家名とする。昌忠は武田信虎、信玄に仕え勝頼没落ののち、家康に属した。甲斐国のうちにおいて本領九三貫文余の地を安堵された。「国中の巷説（こうせつ）（風説）を聞て言上すべし」と命ぜられる。子の満友は小田原の役に従軍し、のち大番となり伏見城を守衛する。元和の大坂陣にしたがい、寛永四年（一六二七）、武蔵国、下総国の六郡のうちにおいて四三〇石余を知行する。子孫は大番をつとめる。別家は一家で蔵米三〇〇俵を給与され、大番・御蔵奉行をつとめる。

12 三枝昌吉（さいぐさ）家

父虎吉ははじめ武田信虎に仕え一字を与えられる。武田没落のとき依田信蕃とともに駿河国田中城を守る。武田の支配下の諸城は落城したが同城のみは陥落しなかった。しかし勝頼の敗死を知って城を明け渡し、近くの長恩寺に退去した。虎吉は譜代家老で同心五六騎をもつ侍大将であった。信蕃とともに家康に属し、しばらく駿河国藤枝（藤枝市）の東雲寺に「籠居」する。このとき信長が、「武田家の余類を捜り求めて、これを殺すの聞えあるにより」、ひそかに家康の命により伊勢国に隠れた。信長横死のあと家康の指示で遠江国相良（牧之原市）におもむく。家康の甲斐入国にしたがい、北条氏直との若神子の対陣のとき、「与力五二騎、足軽五〇人を預けられ、内藤信成・松平清家と共に同国巨摩郡大野砦」を守る。このとき嫡男の守友の旧領一七一〇貫文を与えられ、「彼が配下に」いた同心五六騎を預けられる（守友は長篠の戦いで戦死しその子は幼少であった）。

そのころ、北条軍が初鹿口に兵を出し、「その勢い近郷に振う。虎吉案内者たるにより、兵をひきいてこれを追いうつ」という。また「甲斐国静謐するの後なを彼地にとどまりて諸事を沙汰」した。そして別家した長男守友の子守吉は幼少であるが、父守友の本領を与えられ叔父昌吉を「陣代」することを家康に願い許された。また昌吉は、父の支配下の与力・足軽を預けられた。

遠江国秋葉寺において連署の誓詞を提出する。天正一一年（一五八三）、北条軍が甲斐国より信濃国に至る通路の封鎖をはかったとき、昌吉兵をひきいてこれを追討し、ついにその砦を攻め取る。このとき家臣など多数の死傷者がでた。同一二年、長久手の戦いで真田昌幸の押えとして信濃国勝間の砦を守る。小田原陣において武蔵国岩槻城内に攻め入ったさい、味方の兵が進まないので、「ひとり昌吉奮いたたかい、頭に疵を被り、血ながれて眼にそそぐに及び、従者に助けられて引退く」。このとき戦傷者多しという。のち上野国名和（伊勢崎市）において領地一万石を与えられるべきよしとの家康の内命があったが、昌吉はこれを辞退し、武蔵国において三七〇〇石余を与えられた。そのご九戸陣、上杉征討杉にしたがい、知行地を転じて旧地の甲斐国巨摩・八代両郡のうちで六〇〇〇石を知行する。大坂の陣では御旗奉行をつとめた。元和八年（一六二二）、徳川忠長に付属され、のち命により信濃国小諸城を守衛した。

昌吉の子守昌は将軍秀忠の御小姓となり御膳番をつとめる。大坂の陣では父の兵をひきいて戦う。戦後、加恩四〇〇〇石を甲斐国のうちにおいて与えられる。父とともに徳川忠長に付属せられ、のち家を相続してすべて一万石を領し、父が支配した足軽五〇人を預けられる。忠長より五〇〇〇石を加えられたが、忠長改易により陸奥国棚倉に蟄居した。のち将軍家光に召しかえされて、安房国のうちで一万石を与えられたが分地され、子孫は六五〇〇石となる。子孫は大番頭・小姓組番頭・書院番頭などをつとめた。別家は六家あり。知行は五〇〇石（二家）、一六〇〇石、三〇〇〇石で、京都町奉行・御鉄砲頭・たいがいは書院番をつとめる。

13 三枝守友家

守友は虎吉の長男である。武田信玄に仕え所々の戦場で功名をあらわす。五六騎の組頭であった。山縣昌景はその勇猛を感じ自分の家名を授けた。これより山縣と称し、一七一〇貫文余を知行する。嫡孫の守恵は大坂の陣において将軍秀忠の「御馬の左右」にしたがう。のち家光の小姓となり下野国に二〇〇石を与えられた。そのご御小姓組に組頭から書院番頭に出世し、すべて六〇〇〇石を知行し、「与力一〇騎、同心二〇人」を預けられる。家光死去のとき殉死した。その子守俊は八〇〇〇石を知行し駿府城代となる。子孫は書院番頭・小姓組番頭などをつとめる。別家は三家あり。知行は三〇〇石、四〇〇石、一〇〇〇石、一五〇〇石である。小姓組・書院番・御徒頭・普請奉行などをつとめる。

14 三枝吉親家

吉親は虎吉の四男。武田信玄に仕える。家康が甲斐入国のとき、秋葉寺において誓詞を提出する。子の守里は徳川忠長改易のあと「處士」となる。その子守勝は徳川綱重に仕えて小姓組をつとめ四〇〇俵を給与される。子孫はのち書院番などをつとめる。別家は一家あり。蔵米一五〇俵を給与された。

15 城(じょう)昌茂家

昌茂の祖父貞茂は、長尾為景および景虎に仕えのち武田信玄に仕える。父景茂は上杉謙信に仕え故あって越後国を離れ武田信玄に属す。信玄は、城家の嫡流が断絶しているので、景茂に城を称号せしめた。武田没落のあと家康に属し、越後国古志(こし)郡の本領を安堵された。子の昌茂は信玄、勝頼に仕えて戦功あり。信濃国河北のうちにおいて「百貫文」の地を領した。「足軽大将衆・騎馬一〇人・足軽三〇人持」（『戦国大名家臣団事典』）という。秋葉寺での起請文提出には「城綾部同心衆」四九名が記されている。

昌茂は長久手の戦いにしたがい、のち武蔵国において知行七〇〇〇石を与えられる。関ヶ原の戦いでは「勝山の御陣営と大垣城の間に陣してこれを守る」という。のち奏者番をつとめ、大坂の陣では松平利隆軍の「軍監」（軍事の目付役）であった。凱旋ののち、「昌茂軍令を犯せしを咎（とが）められ改易せられ」、近江国石山寺（いしやまでら）に「屏居」し、寛永二年（一六二五）、赦免があったが江戸におもむく途中、信濃国において死去する。その子の信茂は書院番をつとめ西海道（さいかいどう）（九州地方）の国々を巡視し甲斐国において一〇〇〇石を加えられ、すべて二〇〇〇石を知行する。子孫は書院番・小姓組をつとむ。

16　窪田正勝家

正勝は吉正ともいう。父の直重は武田信玄および勝頼に仕える。勝頼没落のあと家康に属し「これより御家人に列し」、本領を安堵される。正勝は勝頼に仕えて「鎗の者を支配」した。甲斐国の本領に新しい領地を加えて「三一〇貫文余の地」となった。同心三五人を預けられた。「もとのごとくその給米を賜ひ、吉正これを支配すべきむね仰をこうぶり」、また本領を安堵された。秋葉寺において同僚の九人とともに「一紙の起請文」を提出する。これにより「御長柄のものを支配」する。天正一一年（一五八三）、「浜松にめされ、井伊直政をもって甲斐国の諸務をあずかり沙汰すべきむね仰をこうぶり、九人のものに一紙の御朱印をたま」う。長久手の戦いにしたがい甲斐国のうちにおいて「一七六〇俵余を諸務」する。関東入国時、八王子に住し同心千人を支配した。正勝の長男兵左衛門某は知行二一〇石を与えられ、同心五〇人を預けられ八王子に住す。嫡男正明は「月俸」をあらためて武蔵国・上総国のうちで四五〇石余の知行地を与えられる。子孫は「千人同心の頭」をつとめる。別家は一家。蔵米は一五〇俵を給与され、油奉行をつとめる。

17　五味政義家

旧姓は山内。政義の父は尾張国に住し、のち甲斐国におもむき武田信玄に仕える。政義も信玄に仕え、命により五味常運の名跡を継ぎこれより五味を称した。家康関東入国のとき「武田家の兵士六〇人を御麾下にめされ、政義および今井九兵衛某を組頭となさる」という。長久手の戦いで軍功あり。小田原陣のとき「御鎗奉行」をつとめる。子の豊直は武蔵国のうちで六七〇石余を与えられる。慶長二年（一五九七）、大番となる。同十七年、保科正光などと信濃国伊奈山よりの材木伐出しを奉行した。大坂の陣にしたがい「諸士の陣屋を分賦（割当）す」。また使者もつとめる。のち山城国の幕府の領地二万石地を預けられる。元和七年（一六二一）、丹波国の郡代（ぐんだい）となり、すべて一〇七〇石余を知行し、伏見城の営作などを奉行する。「洛外及び西国の御料所（幕府領）を預けられ、同心二〇人を属せられ」寛永一一年（一六三四）、命により「五畿内（ごきない）の訴を沙汰」する。同一九年、大飢饉により板倉重宗などと「窮民賑救（しんきゅう）の事うけたまわる」という。正保四年（一六九一）、丹波・近江両国の奉行となり、与力一〇人、同心一〇人を付属せらる。子孫は小姓組・書院番などをつとめる。別家は二家。一家は山内を名乗る。それぞれ蔵米二〇〇俵を給与される。大番などをつとめる。

18 辻盛昌家

盛昌は四〇騎の部下をひきいて家康に属した。家康より「堪忍分」（給与の一種）として「百貫文」を与えられた。のち本領にかわる領地と四七貫文余を与えられる（『家康文書』）。「寛永家系」・「寛政譜」には記載がない。

19 石原昌明家

昌明は武田信玄および勝頼没落後、家康に属し、甲斐国のうちにおいて二五貫文の地を与えられる。また同国の本領四四貫八〇〇文の地を安堵される。家康の命により甲斐国の公事（訴訟）をつとめ、また関東入国のとき「上総国の制法を沙汰」する。慶長五年（一六〇〇）、甲府城の「御留守居」をつとめた。子孫は上総国において二七〇石余を知行し、大番・小姓組・石奉行などをつとめる。

小括

以上、甲州武士の部将クラスの家譜から、家康に属した甲州武士の活動の様子をいくつかみてきた。

家康が甲斐入国のとき、甲州武士は北条方につくか、家康につくかを判断する情況があり、かれらは家康をえらんだのである。これは信長の甲州武士にたいするきびしいあつかいに対し、かれらを保護した家康に信頼感があったからであろう。前にも述べたが、信長が武田氏の「余類」をさがして殺すとする達しがあって、三枝虎吉は家康の指示で、駿河国藤枝から伊勢国に隠れた。信長が横死して徳川氏と北条氏は甲信に侵攻した。北条氏直はたとえば津金胤久を味方につけようとしたが、胤久は応ぜず家康に属し、若神子の戦いでは徳川軍を誘導する役目を果たしている。

結局、甲州武士の軍団は徳川氏の新兵力となって、徳川部将の指揮下で活躍した。家康は従来の武田軍団を解体せず、これを徳川軍に編入してその結束力に期待したのである。ここで留意したいのはこの軍団は同族団ではなく、地域で自立している小領主層であり、その点は三河譜代の軍団と同じところがある。

さて、徳川氏は甲信を経略して五カ国を領有し、そしてのち関東に入国し、豊臣秀吉の没後、関ヶ原の戦いに勝利して江戸幕府を開設した。甲州武士の部将クラスのなかには、大坂の陣で旗奉行となり、「諸士の陣屋を分賦」したり、また「軍監」などの任務についたりして、徳川直臣と同様の役割をはたしている。そして江戸幕府ではたいがいは大番・書院番・小姓組など徳川氏の直轄軍に所属する。なかには若年寄に出世する甲州武士もいた。窪田正勝の「寛政譜」に武田没落のあと家康に属し「これより御家人に列し」と記している。

この場合の「御家人」とはどういう意味であろうか。御家人とは鎌倉時代に将軍と主従関係を結んだ武士が将軍を尊んで自称したことから、幕府直属の臣の総称となったといわれる。「家人」とは元来、奴隷的な存在で「家内の人」である。それから転じて将軍、大名などの直属の家来をさすようになった。大久保彦左衛門が「三河物語」で三河譜代を「御家人の犬」と述べているが、譜代とは主君のためにのみ存在しているということであろう。つまり「御家人」とは譜代の家来と同様の意味になる。甲州武士は家康の直臣として、家康を支える土台（軍事力）を強化したといえる。

第七章

関ヶ原の戦いで家康に属した豊臣大名

(一)　五ヵ国領有から関ヶ原の戦いへ

(1)秀吉との対決

甲斐と信濃国の両国をほぼ領有し、五ヵ国の大大名となった家康であったが、中央では秀吉が、信長の後継者となって着々と実績をあげていた。柴田勝家を亡ぼしたあと秀吉は、小早川隆景への書状で「坂東」(東日本)においては秀吉に立ち向かう者はいないと広言している。そのなかに家康も入っていたのか。秀吉は家康が信長の応援なくして武田氏と対抗できない存在であったことから、東国の地方大名であり、毛利氏と同じようにみていたかもしれないが、小牧・長久手の戦いでは家康に敗北したのである。秀吉と家康が対決するきっかけになったのは、信長二男の信雄(のぶかつ)が、秀吉に好(よしみ)を通じている重臣を誅殺したことで、秀吉が軍勢を出すことを予想し、家康に援助を依頼したためである。

家康は天正一二年(一五八四)二月、尾張に出陣し小牧山に陣した。秀吉の方は二万余の大軍で包囲したが攻撃することはなく、かえって羽黒合戦、長久手の戦いで惨敗を喫した。徳川軍の新兵力となった勇猛な甲州武士も軍功をあげている。秀吉は長久手の敗戦で小牧陣から撤退した。そのご家康が野戦に強いことを知ってか、正面きって対戦することはなかった。そして信雄を家康から切り離し、家康に和睦を求め、家康もそれに応じた。秀吉は関白となり、根来・雑賀の一揆を鎮圧し、家康が秀吉の権力に従うように画策した。秀吉は戦いには負けたが、朝廷をバックにした政治力で家康に圧力を加えた。結局家康は、上洛し秀吉に対して臣下の礼をとった。

秀吉の奏請で家康は正三位、中納言となり、一介の地方大名から高い官職につき、豊臣家臣では最高の地位につく。のちには秀吉死後の政治の実権を取ることになるから、家康サイドでみれば、家康の次の舞台を秀吉が用意したことになる。それはともかく同一四年、家康は浜松から駿府に移城した。これは秀吉の勢力範囲からより遠方に居城を移す戦略上の必要から、何よりも新しく両国となった駿・甲・信三ヵ国の統治の強化にある。駿河から甲斐・信濃に行くには駿府からの方が便利である。そのご、駿府に家康の直臣団が浜松から移住してきた。そして大番が組織された。

この時期は天正一〇年以降、とくに駿府移城期とするのが妥当である。大番は武田軍制の「信玄旗本大番六備」を取り入れたもので、小牧・長久手の戦いの終盤、石川数正の出奔を機会に徳川氏は武田軍法にきりかえたのである。

(2)五ヵ国の支配体制

そして五ヵ国の支配体制において家康は、三河譜代の有力家臣を城持衆・大名領主に取り立てて、地域の封建的支配をまかせた。家康は、松平一族に相当気をつかっていた様子であるが、城持衆に登用していない。城持衆のほとんどは家康の家（安城松平家）に仕える譜代である。家康は小領主層の三河譜代の有力家を大名領主に仕立てて藩屏とした。この駿府を要にした領有体制のうえで、分国法というべき七ヵ条の定書が発布された。その内容は、年貢の納入方法、「陣夫」―戦いに動員される村人―、給与（食糧）、地頭（領主）が「百姓」を使用することのきまりで、とくに地頭に「百姓」を無制限に使わせないことが特徴である。以上家臣＝地頭の領主経済の基礎を確立するためである。

今一つは五ヵ国総検である。これはいわゆる太閤検地と基本的にかわらないが、大・半・小制をとり、徳川氏独自の基準によって施行されている。石高制ではなく俵高制で、知行高は俵高（年貢高）で表示される。そしてこの知行高の年貢を納める請負証文が村単位で提出される。このようにして徳川家臣の軍役（知行高に応じた兵力）負担の経済的基礎の確立をはかった。家康は東海一の弓取といわれる武将であるが、領国経営の実務家でもあった。というのは家康は直接、年貢請取状を出している。領主経済に対する積極的な関心を示す証左である。「百姓は天下の根本なり」（『本佐録』）は家康の治政を代表することばのように思われるが、これは実際上の面からも評価される。

さて一方、秀吉の天下統一にとって関東・奥羽の東国が残されていた。関東を領国とする北条氏は秀吉から再三、上洛せよ、つまり服従を催促されたが、結果的に拒否したので天正一八年（一五九〇）、北条征討となった。家康の娘は、北条氏の当主氏直の妻であったから家康は微妙な立場にあったが、征討軍の先手となり諸城を攻めおとした。北条氏は小田原城を明けて滅亡した。

(3) 関東入国

北条滅亡のあと家康は関東に入国し江戸を居城とした。これについて諸説があるが、私見を述べておく。家康にとって故国の三河をはじめ領国が安定した五ヵ国を捨てて、未知の関東に移ることは相当の決断が必要であった。しかし家康を支える家臣団が分裂せず、離反しないかぎり問題ない、という判断があったにちがいない。「三河物語」によれば、家康は秀吉に、国替ということであれば是非、関東入国を所望したい、それが叶えられないのなら秀吉の思いのままで結構だというと、それでは、関東に国替するという話になったという。長久手の敗戦以来、家康に遠慮気味の秀吉が一方的に国替することは考えられず、両者の談合の結果、家康の希望を秀吉が受け入れたとするのが妥当である。

関東を新天地とした家康は関東平野の要の地点の江戸を居城として、要衝の城に、三河統一以来の有力家臣を配置し一万石以上の知行高を与え城主とした。（表を参照）。そして石高制検地をおこない直属の家臣（旗本）に知行高を与えた。石高制による知行制によって、軍事力の基礎は安定的になった。一方、秀吉は関白、太政大臣、豊臣の姓を朝廷から授けられ天下統一を達成していた。のち関白は養子秀次に譲り太閤と号した。家康は関東の統治を子の秀忠にまかせ、自身は伏見城下の屋敷に居住し、豊臣政権の政務にあたっていた。家康は内大臣に昇格し、豊臣政権家臣団の首座になっていた。秀吉には徳川氏の三河譜代のような譜代家臣団が存在しない。したがって外様大名の地位にある家康は重鎮とならざるをえなかったのである。ところが関白となった秀次は秀頼の誕生と自身の乱行のために自害に追いこめられた。そこで秀吉は政権強化のために家康・前田利家・毛利輝元・宇喜多秀家・小早川（こばやかわ）隆景の有力大名を五大老として国政を、そして子飼いの石田三成などを五奉行として主に豊臣氏の家政を担当させた（五大老の設置については異説あり）。このような不安定な権力構造は大名統制の強化を必要とし、秀吉は朝鮮出兵を強行したのである。徳川氏は基地となった九州の名護屋城に在陣したが出兵することはなかった。秀吉にとって家康は大事な相談相手であったので、朝鮮の方に出動させなかったのか。

家臣団	知行高	知行地	出身地
井伊直政	12万石	上野・箕輪	遠江
本多忠勝	10	上総・大多喜	三河
榊原康政	10	上野・館林	三河
大久保忠世	4.5	相模・小田原	三河
鳥居元忠	4	下総・矢作	三河
平岩親吉	3.3	上野・厩橋	三河
松平（依田）康貞	3	上野・藤岡	信濃
酒井家次	3	下総・臼井	三河
松平（大須賀）忠政	3	上総・久留里	三河
小笠原秀政	3	下総・古河	信濃
奥平信昌	2	上野・小幡	三河
石川康通	2	上野・鳴戸	三河
本多康重	2	上野・白井	三河
牧野康成	2	上野・大胡	三河
菅沼定利	2	上野・吉井	三河
松平（久松）康元	2	下総・関宿	尾張
松平（松井）康重	2	武蔵・騎西	三河
内藤家長	2	上総・佐貫	三河
高力清長	2	武蔵・岩槻	三河
大久保忠隣	2	武蔵・羽生	三河
岡部長盛	1.2	上総（下総山崎とも）	駿河
諏訪頼水	1.2	武蔵・奈良梨・蛭川	信濃
松平（深溝）家忠	1	武蔵・忍	三河
酒井重忠	1	武蔵・川越	三河
小笠原信嶺	1	武蔵・本庄	信濃
小野宗能	1（1.3）	下総の内	遠江
松平（戸田）康長	1	武蔵・東方	三河
松平（大給）家乗	1	上野・那波	三河
保科正光	1	下総・多古	信濃
松平（竹谷）家清	1	武蔵・八幡山	三河
松平（桜井）家広	1	武蔵・松山	三河
菅沼（土岐）定義	1	下総・相馬郡守谷	三河
松平（長沢）康直	1	武蔵・深谷	三河
本多正信	1	相模・甘縄	三河
三浦義次	1	下総・佐倉	遠江
木曽義利	1	下総・足戸	信濃
菅沼定盈	1	上野・阿保	三河
内藤信成	1	伊豆・韮山	三河
北条氏勝	1	下総・岩富（岩田）	相模
伊奈忠次	1	武蔵・小室・鴻巣	三河

（拙著『江戸幕府と譜代幡』より引用）

⑷秀吉の死と家康の専権

慶長三年（一五九八）、秀吉は死去した。そのごは五大老・五奉行の合議で政治がおこなわれた。もっとも家康と前田利家は格別の地位にあった。五奉行から両者への誓書に、奉行の五人で解決しがたい一件があれば、家康と利家の意見を聞いたうえで「上意」（秀頼の命令）にしたがうとある。秀頼は幼少であるから事実上は五大老首座の家康の裁定によるということになろう。

五大老と五奉行が勝手な行動をしないと誓約してからまもなく、家康が約束を破る行動に出た。それは伊達家・蜂須賀家・福島家と婚姻を結んだことである。婚姻は五大老・五奉行の「十人衆」による合議での決裁が必要となる。したがって利家など四大老と石田三成など五奉行が猛然と咬みついたのである。「石川正西聞見集」によると、「伏見・大坂京中此外在々少々の事にても騒ぎ候の時分は、内府様御父子様（家康・秀忠）の御屋敷へかけ集り」という情況であった。

家康の身辺を警戒する派と、石田三成を中心とする家康を打倒する派と分かれての、俗にいう伏見騒動である。家康派は藤堂高虎・黒田長政・福島正則・加藤清正・池田輝政・森忠政・有馬則頼・金森長親・織田長益・新庄直頼・大谷吉継などである。一方、三成側にくみして大坂城に集まったのは、宇喜多秀家・毛利輝元・上杉景勝・佐竹義宣・小西行長・長曽我部盛親の諸大名であった。関ヶ原の戦いの前哨戦をみるようである。加藤清正などの武功派の三成に対する反感は、朝鮮出兵での論功行賞において労苦がむくわれなかったところにある。かれらの軍功について、三成が秀吉に公正に報告していなかったとされる。ここで中老職の生駒一正などが両者の斡旋につとめたので、誓詞を交換して和解したが、今度は前田利家の死により大坂中は上を下への騒動となった。武功派七将が三成を打ち殺す挙にでた。これを知った三成は佐竹義宣の機転により伏見の家康の保護を求めた。三成が襲撃の対象であった家康に保護を求めたのは、家康が公儀（政務）を裁定する地位にあるから、武功派七将に討たせることはしないという読みがあったからである。結局、家康は三成の奉行職を解任し、居城の佐和山で蟄居することで折り合いがつき、家康の二男秀康が警固して途中まで送り、一連の騒動は終わった。

以上の一連の騒動は無政府状態になっているといってよく、武功派七将をおさえられる家康の存在が唯一、公儀（政府）を支える重石となっていた。家康は伏見城の本丸に入った。「多聞院日記」に「天下殿に成られ候」と記している。「天下殿」とは天下取または天下人の意である。同史料は興福寺多聞院の日記で、大坂の豊臣秀頼の存在を無視している。

こののち合議制の形式（五大老の連署）を残しつつ実際は家康の独裁となる。家康が伏見城で天下（日本）の政務をおこなうようになると、諸大名を家康に取り次ぐ奏者が必要となり、榊原康政がその任にあたった。徳川家臣が奏者になっていることになる。天下の政務は事実上、徳川氏によっておこなわれ、諸大名は伏見城の家康のもとに参候したのである。伏見城で政務を執っていた家康は、大坂城に移る。この間に前田利長による家康刺殺計画があった。家康は利長に真偽のほどを釈明するように、大坂へただちに参勤すべしと催促したが、利長は秀吉の生前に三年間の休暇をもらっていることを理由に拒否した。それでは征伐するとおどかされ、利長は結局、母芳春院を江戸に人質に出すと約束した。家康は前田利長を屈服せしめたのである。そして家康は大坂城の西の丸に入り大守閣をつくり、常備軍を配置した。諸大名は元旦など行事のさい、本丸の秀頼に拝謁をすませると、家康のもとに祗候した。大坂城は徳川氏の城のようになってしまったといえる。伏見城には徳川氏城番が常駐しており、ここは完全に徳川氏の番城となった。

(5) 関ヶ原の戦い

このような情況になかで上杉征討がおこなわれ、これが関ヶ原合戦の導火点となり、家康天ト統一を成立せしめた。上杉征討の理由は、(1)上杉氏が新しい城を築いている、(2)諸浪人を数千人召し抱えている、(3)馬具・弓鉄砲を大量に用意しているとの、隣国の越後国の大名堀秀治の家老堀直政の注進による。家康は新城をつくることは公儀の許可を必要とするのに、これに違反しているとし、大坂に来て釈明すべしと伝えたが、景勝はこれに応じない。家康は公儀の要請を拒否するのは「謀反」であるとし、慶長五年（一六〇〇）六月、家康は諸大名を伏見城に召集し出陣の令をくだした。参陣した全国の大名すべてではなく、伏見騒動以来の家康の与党大名が中心となった。追討軍に加わらなかった大名たちは、三成旗揚げを予想して動かなかったのか、それぞれの事情は不明であるが、「天下、御下知」（「後編薩藩旧記雑録」）であるから、公儀の命令に違反していることは間違いない。

さて、すでに三成の旗揚げを知っていた家康は西征を決し諸将の判断を求めた。結果は西征をよしとすることとなった。上杉征討軍は三成征討の東海道軍となり、家康嫡男秀忠は徳川軍をひきいて中山道を西上し、三成方に付いた真田昌幸の上田城を攻めた。そして関東は家康二男の結城秀康を総大将とし、奥羽・北陸・下野の諸大名がその指揮下に入った。そして同年九月一五日関ヶ原において、天下分け目の合戦にいたったのである。前夜からの雨で敵味方の判別がつかないなか、合戦は八時ごろからおこなわれた。昼すぎに決着がつき徳川方の勝利となり、石田三成方の西軍は四散し、三成、小西行長などは捕えられて処刑された。ところでこの戦いには舞台裏があった。

家康の勝利を決定的にしたのは小早川秀秋の裏切りだといわれているが、これには藤堂高虎や黒田長政の奔走があった。その努力が実ってか、合戦の前日、家康重臣井伊直政と本多忠勝の起請文が、松尾山の小早川陣地の稲葉正成・平岡頼勝に、今一つは南宮山に陣する石田方の吉川（きっかわ）元春のもとにもたらされた。稲葉・平岡の両氏は小早川家の家老である。起請文には両人が以前より家康に忠節であること、もし秀秋が裏切れば、家康から二カ国の領地宛行状を出させることを約束するとある。ちなみに稲葉正成は三代将軍家光の乳母となった春日局の夫である。

一方、吉川広家あての起請文は、広家が南宮山の陣地をうごかず、徳川方を攻撃しないなら、広家の本家にあたる毛利氏の領国を保証するお墨付（すみつき）を家康から出させることを約束する内容である。輝政は石田方の大将となったが、大坂城を出ることはなかった。実は広家は黒田長政を介して、合戦の七日ほど前から徳川方に付くことを申し入れ、その条件として毛利家の今後を頼み込んでいたのである。

このようなわけで、高虎・長政を中心とした与党大名の支持なくして家康の覇権はなかったが、反面、家康なくしてかれら大名家の安定はなかったことも事実である。このように家康に属した豊臣大名は、戦後、家康から新しい領地を与えられ、いわゆる外様大名となった。

(二) 関ヶ原の戦いで家康に属した豊臣大名

1 浅野長政家

浅野氏は尾張国丹波郡浅野村（一宮市）の出身で、長政は安井重継の子、長勝の養子となり、その二女を妻とした。長勝の長女（養女）は豊臣秀吉の正室寧子（ねね）である。幼少のとき秀吉は長政とおなじく「長勝が家にやしなわるる故、秀吉と兄弟の約をなす」という（「寛永家系」）。長政は信長の弓衆となりのち秀吉に属し「一二〇石を扶助せられ」た。天正一一年（一五八三）、近江国のうちにおいて二万三〇〇石を与えられ、「大津坂本両城を領し」、京都所司代となる。同一四年、秀吉の妹朝日姫が家康に嫁ぐとき浜松城まで「供奉」し、家康は長政と「まじわりをしたしく」（「寛永家系」）したという。

天正一八年（一五九〇）、秀吉が駿府城に向かうとき、石田三成が家康と北条氏が通じていることを秀吉の耳に入れたが、長政は「この事いつわりなり、信じたまうべからずといさめけらば、太閤（秀吉）たちまち心とけて入城あり」という。小田原陣後、「五奉行をおかる。長政其（の）随一たり」とされる。もっとも五奉行の設置は五大老とおなじく秀吉の死去直前とする通説があるが、検討を要する。秀吉死去後、三成など「野心をさしはさみ、諸将をかたらい東照宮（家康）に叛きたてまつるといえども」、長政父子は「ひたすら志を通じたてまつるがゆえに、兇徒等が計策もれて事ならず」という。三成など奉行は家康に「長政伏見に居住せば国家の騒動やむ事あらじ、よろしく長政を甲州に蟄居せしめたまふ（う）べし」とせまり、そのため、長政は甲斐に「蟄居」した。上杉征討時、三成の「謀反」の知らせで家康は長政に対してすみやかに甲斐国に帰り、秀忠の中山道軍に同道し「御異見」を頼むとの書状をだしている（「寛永家系」）。関ヶ原の戦後、「恩遇いよいよあつく、常にめされて囲碁の御相手に加えらる」という。慶長一二年（一六〇七）、「隠栖の料」として五万石を与えられた。

嫡男の幸長は、秀吉死去後の三成に対抗した家康派の七人衆の一人である。「幸長等夜ごとに伏見の御舘に候して警固し、つねに東照宮（家康）の耳目（補佐する人）」となる。関ヶ原の戦いでは「軍功を御感ありて東照宮、台徳院殿（秀忠）より御書を賜う」とのはたらきがあった。軍功を賞せられて紀伊国において三七万六五六〇石余を与えられ、和歌山城主となる。慶長一八年（一六一三）死去する。後嗣なく弟の長晟が家を相続した。長晟は慶長一五年（一六一〇）、備中国において二万四〇〇〇石を与えられる。兄幸長の遺領を継ぎ先の所領は返還した。大坂の陣で兵一万余を率いて出陣する。数々の軍功あり。家康から「長晟が戦功比類なし、汝等も身を捨、勇を励す事神妙との御諚ありて、金銀、衣服をたまう」という。そして家康の娘振姫が長晟に嫁いだ。のち領地をうつされ安芸国と備後（広島県）半国で四二万石余を領し広島城を居城とする。嫡男の光晟は松平の称号を許された。

別家は七家。領地高は五万石が三家、そのうち二家は断絶する。その他の別家の知行高は五〇〇石、二〇〇〇石、二五〇〇石、で、小姓組番頭・山田奉行・書院番頭などの役職をつとめ、別家は幕臣となった。

2　福島正則家

正則の父正信は尾張国海東郡二寺村（あま市）に住し、のち豊臣秀吉に仕える。妻は秀吉の叔母「木下氏」という。正則は幼少より秀吉に仕えしばしば高名をあげ、伊予国今治城（今治市）主一〇万石を領した。文禄四年（一五九五）、清須城にうつされ二四万石を領す。慶長五年（一六〇〇）、上杉征討のとき「関西諸将」とともに下野国（栃木県）小山におもむく。「石田三成反逆の企」により家康は諸将に「大坂方の輩は多くは豊臣太閤の恩顧の士にして三成と旧好あり、彼にくみせんと欲せば速に西にかへるべし」と述べると、「正則すすみ出て、我輩女子を質として大坂の城に捨置、御麾下に属し東国に発向す。豈今志を変じ三成にくみせんや」と。諸将はみな正則の言にしたがい、「無二の御味方たるべきむねおのおの誓詞をまいらす」という。関ヶ原の戦いでは先陣となり、宇喜多秀家、島津義久の軍とたたかい「首二〇五級を獲たり」とされる。戦後、命をうけて京都の警固におもむく。そして安芸・備後の領国を与えられ、すべて四九万八二二五石余を領す。慶長一九年（一六一四）、大坂陣のときは江戸に留まり「御留守居」をつとめる。これは大坂城の豊臣方とのなんらかの関係があっての措置であろう。

元和五年（一六一九）、広島城の普請が「御制禁」にそむき、本丸そのほかことごとく破却すべしとの幕命を守らず、「少しく石塁を毀ちて命に応ぜし形をなし」たことにより、安芸・備後両国を没収され、越後国魚沼郡二万五〇〇〇石、信濃国川中島二万石、すべて四万五〇〇〇石を与えられた。同国高井郡高井野村（高山村）に蟄居する。元和六年（一六二〇）、嫡男忠勝が死去し越後国二万五〇〇〇石を返す。正則は寛永元年（一六二四）死去する。このとき、幕府の検使が到着する前に火葬にしたため、その落度により所領は没収された。忠勝の子正長が祖父正則死去後、叔父正利のもとで養育される。正利が死去し、正長は京都にいたところ、天和元年（一六八一）、将軍綱吉に召し出され、上総国において二〇〇〇石を与えられ、小姓組番頭となった。子孫は御旗奉行・書院番をつとめる。

正則の弟高晴は秀吉在世期、尾張国で一〇万石を領した。上杉征討では兄正則とともに従う。命により伊勢国桑名城を攻略する。戦後、大和国宇多城を与えられ、三万石を領す。慶長一九年（一六一四）、家臣が「訴えるむねありて東照宮（家康）に目安をささぐること両度に及びしかど、兄正則が旧功をおぼしめし、糺明の沙汰」がなかった。しかし高晴は、駿府城大手でその家臣をめしとり「下馬騒動」に及んだことは「越度」とされ、「閉門」の処分となり、所領を没収され、伊勢国山田（伊勢市）に蟄居した。子の高経は喧嘩の相手を殺害し自害した。その子の忠政は将軍綱吉のときにめしかえされ、蔵米五〇〇俵を与えられ書院番をつとめる。子孫の正胤のとき博奕をやり旗本の所行にあらずとの罪で「遠流」となる。

3 黒田長政家

黒田氏は近江国伊香郡黒田村（長浜市）に住み黒田を称す。子孫は一時、小寺を称し孝高のときに黒田に復した。長政の曽祖父重隆は赤松家に属し、播磨国姫路に住んだ。祖父識隆は小寺政識に属し軍功によってその家号をゆるされる。政識死して子なく、属した者はことごとく識隆にしたがう。天正八年（一五八〇）、播磨国府山城に移り住んだ。

長政の父孝高は姫路に生まれる。一七歳のときより弓矢をとり、つねに士卒にさきだち高名あり。織田信長上洛のとき「見参」する。秀吉が信長の命により播磨国を攻めるとき、孝高は秀吉を迎える。秀吉は「孝高と互に誓書を通じ、今よりのちは我汝と兄弟たらむ、かならずたがうことなかれとやくす」という。孝高は秀吉の播磨経略の戦いに力をつくす。本能寺の変の信長横死の知らせで、秀吉に毛利輝元との和談をすすめた。明智光秀、柴田勝家没落のあと、秀吉の四国、九州経略のいわば方面司令官として活躍した。秀吉より豊前国六郡を与えられ、中津城（中津市）を居城とする。秀吉は孝高の優れた軍略を認めるものの、かれの「大志をいみておおく国郡をあたえず」という。天正一七年（一五八九）、領知を嫡男長政に譲り隠居し如水と称したが、秀吉の命により、「なお近侍して軍事を議」した。朝鮮出兵では浅野幸長とともに渡海し諸将に軍令を伝えた。

秀吉死去後の家康襲撃にかかわる伏見騒動のさい、「如水はかつてより東照宮の恩愛深きをもって、逆に家臣を具して御舘を守護」した。そして福島正則・加藤清正が意志をしめしていないので、「喩して御味方」とし、また細川忠興などとともに、前田利家との和睦をととのえ、「しばしば無二の志をあらわし」たという。如水は、家康から相当信頼されていたことがわかる。家康が上杉征討で出陣したあと、如水は豊後国の「敵味方」（家康方三成方）の要害を巡見し、三成に通じている大友義統と戦い義統を捕虜にした。そのほか九州の諸将を家康方にして加藤清正とともに九州の法制を定める。慶長六年（一六〇一）、伏見において家康から九州平均の軍功を賞せられ領地を与えられ、「軍政を議せらるべきむね仰（せ）ありといえども、老を告て」辞した。同九年、伏見において死去。孝高は高山右近の影響もあってかキリシタンであった。

嫡男長政も父とともに秀吉在世期より軍功あり、秀吉死去し朝鮮に出兵した日本軍について、家康から加藤清正と談合して撤退すべき由の通達があった。石田三成の「陰謀の風説」があったとき、父とともに家康の屋敷を守衛する。また家康が前田利家との「和平」のことがあって大坂に行き、藤堂高虎の宅で「恩顧の人々とともに宿直して審議にあづかり、翌日伏見におもむかせたまうのとき、長政が手をとらせ給い、懇の仰をこうぶる」という。上杉征討中、石田三成「謀反」で家康が諸将の判断を問うたとき、「長政、福島正則と共にすすみいで、某等妻子を大坂城に捨おき、御麾下に属して東国におもむく。豈今こころを変じて三成に与せんや」と述べる。そして先手となった正則と同行して上方（近畿地方）へ発向の途中、「めしかえされ、東照宮の御前において逆徒追討の事ども深更にいたるまで御評議ありて、正則は別心あるまじきや」と問われた。これに対し「正則はかつてより忠義を存ず。況日比三成と中（仲）よからざれば、かたがた違変あるべからず。若不慮に志を変ずることあらば、異見を加うべし」と答えたという。家康にとって長政は頼もしい人物であった。

次に長政がはたした功績は、関ヶ原合戦において、石田方の陣地にいながら、態度をはっきりさせなかった小早川秀秋を家康に内応せしめたことである。長政は秀秋の家臣平岡頼勝と「所縁」があって、家臣を小早川の陣所につかわし、徳川方になることをすすめたところ、秀秋は同心したという。又、南宮山に陣をかまえる石田方の吉川広家のもとにも使をつかわし家康方にした。合戦に勝利したあと、家康は「この合戦に勝利を得給うこと、ひとえに長政が計策によれり」と感謝している。画策を可能にしたのは、如水・長政に対する諸将の信頼感であろう。戦後、長政は筑前国において、五二万石余を与えられ福岡城（福岡市）を居城とした。大坂の陣においては命により江戸にとどまる。元和九年（一六二三）死去。前妻は蜂須賀正勝の娘、のち離婚。後妻は家康の養女栄姫、実は保科正直の娘である。

長政嫡男の忠之は将軍秀忠より一字を与えられ松平の称号をゆるされる。大久保忠隣の娘と婚約したが破談とし、のち秀忠の養女と結婚せしめられる。寛永一〇年（一六三三）、家臣の栗山大膳が忠之に陰謀あると訴えたが、その事実はなく本領は安堵された。

4　蜂須賀至鎮家

蜂須賀氏は尾張国海東郡蜂須賀村（あま市）に住して家名とする。至鎮の祖父正勝は永禄二年（一五五九）、より織田信長に属す。のち羽柴（豊臣）秀吉に属し所々の戦場におもむく。父の家政ははじめ信長に仕え、天正二年（一五七四）より秀吉に属し中国経略に従軍して軍功をあげる。小牧・長久手の戦いのとき家康に通じた根来・雑賀一揆と戦い戦死する者多し。この軍功により阿波国（徳島県）において一七万二〇〇〇石を与えられる。文禄元年（一五九二）、朝鮮に渡海ししばしば軍功をあらわした。慶長五年（一六〇〇）、隠居し蓬庵と称す。のち石田三成の招きに応じたが盟をたって家康に属した。寛永一五年死去する。

家政の子至鎮は八歳のときより秀吉に仕える。石田三成「謀反の企」ある時、細川忠興、加藤清正などと党をむすび、家康に三成の罪状を訴える。慶長五年（一六〇〇）、家康、養女氏姫を至鎮に嫁せしむ。上杉征討に従うとき、五奉行の増田長盛に「太閤（秀吉）の旧臣として、東照宮に属する事いわれなきのよし」と非難された。至鎮はこれに対し「我何ぞ豊臣家にそむかんや。ただ汝等にくみせざるのみ」と、「五千余騎をひきい」大坂の自邸に入った。これをみて、長盛などは和議をこうたので、家康に従って下野国小山にいたり、関ヶ原の戦いにしたがう。大坂の陣では木津におもむき、家臣に船で川筋をめぐらせ、家康本営に行って情況を報告した。また大坂方の部将のこもる穢多崎を攻める。

元和元年（一六一五）、陣中において、将軍秀忠より松平の称号をゆるされる。のち淡路国を加えすべて二五万七〇〇〇石を領す。嫡男忠英は同九年、将軍秀忠の面前で元服し、一字を与えられ忠鎮とあらため、松平の称号をゆるされる。このご代々、将軍より一字を賜う。

5　池田輝政家

池田氏の先祖は数代続いて摂津国に住んだ。輝政の祖父恒利（つねとし）は室町幕府将軍義晴に仕え、のち尾張国にうつり近江国池田某の娘を妻とした。同女は織田信長の乳母となる。父の信輝は天文五年（一五三六）に生まれる。織田信秀に仕え戦功により一字を与えられ信輝と称す。信長が弟信行（のぶゆき）の野心を知り謀って清須にまねいたとき、逃げる信行を捕えて信輝が殺害した。武勇で度々の高名あり。信長から「武士功名越度（すぐれる）の事」と記した感状を与えられた。信長横死後、柴田勝家などと四人宿老となって天下の政務をおこなう。そのころ剃髪して勝入と称し、美濃国を領し大垣城に住んだ。長久手の戦いで家康の家臣、永井直勝に討ち取られる。

輝政は永禄七年（一五六四）尾張国清須に生まれる。父とともに長久手に出陣し父と兄の戦死の知らせで討死をのぞみ、なお徳川陣に進むところを家臣にいさめられ大垣城に引き退く。天正一六年（一五八八）、秀吉から豊臣姓を与えられ侍従に叙任する。のち三河国吉田城一五万二〇〇〇石を領す。秀吉の命により家康の息女督姫を妻とする。上杉征討では先陣となり、転じて石田征討においても福島正則とともに先陣となる。岐阜城のうけとりで正則と争うが、「輝政御因（ちなみ）あるの故もって」（家康の婿であるから）「軍監」の意にまかせて正則に岐阜城をうけとらしむ。このいきさつを江戸の家康に注進すると、「しばしば懇（ねんご）（ろ）の御書をたまいて戦功」を賞せられた。また、南宮山（なんぐうさん）の石田方のおさえとされたが、家康から「まげてこれにしたがうべしとの仰（せ）をこうぶり」、「やむ事を得ずして」これに従う。

戦後、軍功により播磨国を与えられ五二万石を領し姫路城に住んだ。〝西国将軍〟といわれたが、広島城主となった福島正則に対する配慮であったと思われる。二男忠継に備前国、三男忠雄は淡路国を与えられる。二人とも母は家康娘の督姫である。また家康は督姫に二〇〇〇両を与える。池田家は徳川一門のあつかいであった。西国で制禁の安宅船一艘を与えられ松平氏の称号をゆるされる。慶長一八年（一六一三）死去。

6　細川忠興家

細川氏の本宗は室町幕府の管領として中央で勢力をふるった。先祖が三河国細川に住んで家名とした。父藤孝は三淵晴員の子で室町将軍足利義晴の命により細川元常の養子となる。義晴（義藤）より一字を与えられ、藤孝と称す。当時、畿内での争乱で将軍義輝が敗死した。藤孝は義晴子の義昭に京都から離れることをすすめ、近江・若狭・越前などの国々を遍歴し、ついに「織田右府（信長）をすすめて兵を起さし」めたという。義昭が将軍となり直属の部将として活躍するが、義昭は信長と不和となる。藤孝は義昭をいさめるが用いられず、居城である大和国の青龍寺城に蟄居する。

そのご信長の招きで家臣となり、山城国長岡（向日市）、桂川より西の地、すべて領知すべき朱印を与えられ細川をあらため長岡と称す。そのごは信長の中国経略の諸戦に常に出動し、丹後国の諸城二五カ所をおとしいれた。のち丹後国一二万石余を与えられる。信長横死のとき薙髪（髪をそる）して幽齋とあらため田辺城（舞鶴市）に移る。そのご秀吉に属す。秀吉死後、上杉征討時、石田方の諸将が一万五〇〇〇石余の兵で田辺城を攻めた。嫡男忠興は上杉征討軍にしたがって関東におもむいており、幽齋は残兵をわけて所々の要害を守らしめた。しかし朝廷が両軍の和解をすすめたため、丹後国亀山城に移る。家康に「ねがわくは田辺寄手のうち、城中にこころざしを通ぜる輩が所領、もとのごとく安堵（承認）せしめられんことを」言上したといい、家康に「殊更に御感をこうぶる」とされる。慶長一五年（一六一〇）死去した。

藤孝の子の忠興は永禄六年（一五六三）京都に生まれる。天正五年（一五七七）、紀伊国雑賀一揆蜂起のとき父とともに信長に属し、はじめて戦場にのぞむ。その年、松永久秀の居城大和国志貴（平群町）を攻めて高名あり。信長はその武功を賞して「昵近の列」（近臣衆）とした。信長の長男信忠から一字を与えられ忠興と称す。信長の中国経略に戦功あり、丹波国（京都府・兵庫県）一二万石を与えられた。信長横死のとき、忠興の妻が明智光秀の息女であることから、光秀に誘われたが従わず、光秀の属城を攻め落とした。以後、秀吉に属して諸所の城を攻めしばしば戦功をあらわした。

慶長四年（一五九九）、「石田三成逆意を企て、前田利家をすすめて東照宮をのぞきたてまつらんとはかる。忠興これを聞（き）て密に東照宮につげたてまつり、これより恩顧の人々とともに御舘を警固し」た。そして利家をいさめて家康に和を結ばせようと、伏見から大坂の前田邸に行くとき、「人のしらしむことをおそれて蓑笠を着、みずから小舟にさおさして往来す。利家終に具いさめにしたがい和をこう」にいたる。忠興は三成などが伏見の家康邸を襲撃する密議を知り、加藤清正と相談し、家康に伏見城内の向嶋にうつることをすすめた。家康は「いまは御心やすくおぼしめさる。これ偏に汝が忠節のいたすところなりとて懇のおおせをこふ（う）ぶる」とされる。同五年二月、豊後国のうちで六万石の地を加えられる。上杉征討で忠興の軍が「上美濃」に到着したさい、家康はにわかに忠興および加藤嘉明を小山の陣に呼び、妻子が大坂にいるので立ち帰るべしと申しわたした。しかし忠興は、「妻も已に大坂において自殺せり。ただ諸将と倶に、先鋒たらんことをこいねがうのみ」と言上した。三成は征討軍諸将の妻を人質として大坂城に入れたが、忠興の妻は従わず自殺した。ちなみに同女はキリシタン（洗礼名はガラシャ）であった。

戦後、丹波国をあらためて、豊前一国と豊後国のうち国東郡など三九万九〇〇〇石を与えられ豊前国中津を居城とする。のち小倉城（北九州）にうつる。大坂冬の陣には毛利氏、島津氏の押えのため、在国すべき命令があったが、島津氏が出陣したので、忠興も兵船「五百余艘」をひきいて小倉を出帆した。しかし和睦の知らせを聞きひきかえす。夏の陣では嫡男の忠利が総勢一万余をひきいて出陣、忠興は別行動で「馬廻」（近臣団）をひきつれ海路大坂に到着し、淀城（京都市）で家康を迎えた。家康は「すみやかに参陣せしことをよろこばせ給い、御傍ちかくめして密事を議せらるること数刻におよぶ」という。

ところで忠興が三男興秋を自殺させるという事件があった。これは興秋が慶長一〇年（一六〇五）、人質として江戸に行く途中で逃げ、秀頼に属し大坂城に籠った。幕府は忠興の日ごろの忠節により赦免したが、忠興は自殺を命じたのである。大坂の陣後、秀吉から与えられた羽柴をあらため細川に復す。松平の称号を名乗るようすすめられたが、「代々の家名を名乗らんこと本意なりと」辞したという。元和四年（一六一八）、隠居し三齋宗立と号す。同九年、忠利に肥後国が与えられたので、三齋は命により同国八代城（八代市）に移った。おそらく島津対策であろう。正保二年（一六四五）死去。

嫡男忠利は慶長五年（一六〇〇）、人質として江戸に行く。秀忠より一字を与えられ、長岡をあらためて細川を称す。慶長一三年（一六〇八）、秀忠の養女（小笠原秀政の息女）を妻とした。寛永九年（一六三二）、豊前国小倉をあらため肥後国と豊後国のうちにおいてすべて五四万石を与えられ熊本城を居城とする。九州大名のなかで細川氏は「九州の目」といわれる特別な立場にあった。これは忠利と親交のあった東海品川寺の和尚沢庵のことばで、「目」とは要で、九州の扇の要ということになる。忠利が将軍家光から信頼を得ていたようで、沢庵和尚の書簡には、「まったく上様（家光）の御目も違わなかった」という。沢庵は時々、家光の相談相手になっている。忠利は外様大名ながら沢庵を通じて家光から信用され、大国の肥後国を任されたのである。ちなみに前領主は加藤清正の子忠広で、江戸から母子を無断で帰国させた罪で肥後三四万石を没収された。

7 生駒一正家

生駒氏の先祖は藤原房前（北家）とされる。家祖家広は大和国生駒村（生駒市）に住み、子孫は美濃国土田村（可児市）に住んだ。一正の祖父は一族とおなじく織田信長に仕える。天正五年（一五七七）、播磨国を領した羽柴（豊臣）秀吉に属した。同六年、秀吉より近江国のうちにおいて旧領を合わせて「千石」を与えられた。同一二年、一揆の攻撃から和泉国岸和田城（岸和田市）を助け一揆を追討し功名をあげ、同一三年、近江国のうちで二万三五〇〇石の領主となる。のち播磨国赤穂（赤穂市）にうつされ加増があって六万石を領し、同一五年、また所領を讃岐国にうつされ丸亀城（丸亀市）に住した。この年、中老職となる。慶長五年（一六〇〇）、上杉征討のとき病気により、嫡子一正を出陣させた。石田三成の催促で細川氏居城の田辺城（京田辺市）攻めに家臣を派遣する。石田方敗北のあと高野山に入り薙髪し、罪を許され、これより嫡子一正の領地に蟄居する。

一正は父とともに信長に属し、紀伊国雑賀に出陣して武名をあらわす。上杉征討にしたがい、美濃国岐阜城攻めに戦功あり。関ヶ原の一戦では先鋒にすすみ、多くの首級を得た。同六年、父の本領の讃岐国（香川県）において一七万一八〇〇石を与えられ、丸亀城（丸亀市）から高松城（高松市）に移り住む。嫡子の正俊は大坂の役両陣にしたがう。一正孫の高俊のとき、「家中の作法よろしからずして、家臣等徒党を結びて離散し、騒動におよびしにより」、領知を没収され出羽国由利郡に配流、同郡のうちで一万石の地を与えられる。いわゆる〝生駒御家騒動〟である。

8 堀尾忠氏家

先祖は尾張国丹羽郡供御所村を領す。忠氏の祖父泰晴は織田信長に仕える。父可晴は信長に仕え、のち秀吉に属ししばしば軍功があって遠江国浜松城一二万石を領す。秀吉は五大老、三中老、五奉行の制を定め、可晴は中老職となった。秀吉の死後、家康、毛利輝元・宇喜多秀家の三大老連署の知行宛行状で、吉晴は越前国府中城の「御留守居」となり、「知行五万石」を宛行われた（「慶元古文書」）。吉晴はひそかに家康に通じ、家康と他の大老・五奉行のあいだを調停して功あり、家康の伏見入城に尽力した。本領浜松城は嫡子忠氏に譲り府中城に移った。上杉征討のとき、浜松城で休息した家康に、吉晴は越前国から帰り随従することを願ったが、「まず越前国にかえり石田三成が佐和山にての様子、および北国・上方の事ども注進あるべし」とのことで越前国に出立した。三河国池鯉鮒（知立市）で「信友」の水野忠重は石田三成がさしむけた刺客（暗殺者）のために殺害され、可晴は犯人を組ふせ刺殺した。ところが忠重の家臣は、二人とも可晴が殺したと江戸に通報した。しかし刺客の身体から三成の書状がみつかり、その文に「徳川家の老臣または可晴・忠重がうちを殺害」とすれば恩賞を与えると記されていた。この一件が事実であれば、家康はわりあいと早く三成の「謀反」を知っていたかもしれない。

可晴の嫡男忠氏は慶長三年（一五九八）の伏見騒動のとき、父とともに家康を護衛した。上杉征討での三成「反逆」の評議がなされたとき、忠氏は「居城浜松をあけわたしたてまつるべきのあいだ、御人数を入れおかれ、御上洛あるべしと言上」したという。関ヶ原合戦では、「忠氏が手にうちとるところの首二一七級」という。命により忠氏の妹を家康の直臣石川忠総に嫁がせた。戦後、出雲（鳥取県）・隠岐（島根県）両国において二四万石を領した。子の忠晴は大坂の陣で戦功があったが、後嗣がなく断絶した。

9　加藤嘉明(よしあき)家

先祖より三河国長良（西尾市）に住んでいた。嘉明の父教明(たかあき)は三河譜代であるが、三河一向一揆では一揆方につき、のち三河を去って諸国を武者修行し、そのご羽柴（豊臣）秀吉に仕え、近江国のうちで三〇〇石を知行した。嘉明も父とともに三河をはなれ秀吉に仕え、その養子の秀勝に近侍する。秀吉が播磨国に出陣のとき秀勝にいとまをこわず、軍にしたがった。秀吉の妻が怒ってすみやかにかえさるべしと書を送ったが、秀吉は「こころざしの勇壮なることを感し(じ)て軍中にとどめ」、「幼にして壮志あることを称誉」したという。そのごしばしば軍功あり、天正一四年（一五八六）、淡路国のうちに一万五〇〇〇石を与えられる。のち六万二〇〇〇石を領した。そのごの数々の軍功ですべて一〇万石を領し真崎城を居城とした。

上杉征討のさいの石田三成の「反逆」で嘉明などは、「詞(ことば)をおなじうしていわく、臣等もとより妻子を大坂（阪）にすててしたがいたてまつるうえは、いかんぞこころざしを変ぜん。ねがわくば速（やか）に三成を征伐し給い、某等(それがし)をして先鋒たらしめたまはば粉骨をつくして逆賊を誅せむ」と言上したという。関ヶ原の合戦では細川忠興・黒田長政などとともに「血戦」して三成の陣をやぶる。戦後、一〇万石を加えられて伊予国松山城（松山市）二〇万石を領す。慶長一九年（一六一四）、「御謡初めのとき着座の列に加（わ）え」られた。大坂の陣では命により江戸の留守居となる。のち三代将軍家光が「はじめて御鎧をめさるるのとき、台命によりてこれを着せまいらす」という。寛永四年（一六二七）、「新恩」二〇万石を加えて松山城をあらためて、陸奥国会津にうつすとの家光の意向に、嘉明は「会津は枢要の地なり。いま家臣の武事に馴(なじみ)たる者すでに死す。この地を守るに堪じ」と固辞した。しかし家光は「嫡子明成あり。豈(あに)汝に劣るべきや、強（い）て辞すべからず」とした。これにより会津にうつり四〇万石を領した。

嫡子明成は大坂の陣では軍をひきいてかの地におもむき、「首一〇九級」をえた。同二〇年、「多病にして国務にたえずとて、所領のことごとく還したてまつらむことを訴えしかば、これを糾明せらるといえども、誓詞をもって再三請（け）申（す）により」、会津四〇万石の地は没収された。しかし嫡子明友には、「嘉明が久勲をおぼしめされ名跡として」、石見国（島根県）のうちで一万石を与えられた。そして天和二年（一六八二）、「祖父嘉明が忠節をおぼしめされ、明友もまた奉仕怠りなきにより」、近江国水口城（甲賀市）を与えられ、新恩一万石を与えられる。その子明英は元禄二年（一六八九）、奏者番となり寺社奉行を兼ねる。同三年、若年寄にすすみ、水口を転じて下野国にうつされ、五〇〇〇石の加増で二万五〇〇〇石を領した。ここにおいて加藤嘉明家は譜代大名として遇されたのである。

10　加藤貞泰家

祖父景泰は美濃国多芸郡橋爪（養老町）の庄七〇貫文の地を領す。子の光泰は羽柴秀吉に仕え横山城（長浜市）を守る。播磨国の合戦で軍功があり、光秀滅亡ののち丹波国周山城一万七〇〇〇石を領す。のち二万石を領し犬山城にうつる。天正一三年（一五八五）、美濃国大垣城にうつり二万石を加えられる。同一八年、北条氏滅亡のあと甲斐国において二四万石を与えられ、光泰はあらたに府中（甲府）に城を築く。朝鮮出兵中、「鴆毒」で死去する。石田三成主催の宴会での出来事であったという。

貞泰は近江国磯野村（長浜市）に生まれる。秀吉に仕え、光泰死去後、甲斐国の領地をおさめられ、美濃国黒野（岐阜市）において四万石を領す。三成「謀叛」のとき「其催（し）に応じ」、竹中重門・稲葉貞通などと、「三成に宿意あるをもってこころさしを東照宮（家康）に通じたてまつり」、弟光直を人質とした。上杉征討に加わり大垣城に対陣する。戦後、稲葉貞通とともに長束政家がこもる水口城に向かう。政家は一戦もせず城を捨てて逃れた。慶長一五年（一六一〇）、伯耆国米子城（米子市）を与えられすべて六万石を領す。大坂の陣後、伊勢国大洲（大洲市）にうつる。

11　田中吉政家

先祖は遠江国高島郡田中村（藤枝市）に住んでいた。これより田中を称す。吉政は天文一七年（一五四八）、近江国に生まれる。はじめ宮部善祥坊にしたがい因幡国（鳥取県）鳥取に居住し、のち秀吉の命により三好（豊臣）秀次に属し五〇〇〇石を知行する。三成追討で西尾、岡崎の両城を徳川譜代の将に渡す。関ヶ原の合戦場から敗走した三成を生け捕った。その様子は「三成、近江国の草野に身を隠し、樵夫（きこり）の体にもてなしてふし居たり」という。結局、三成の顔を知っている者がいて捕えられた。戦後、筑後（福岡県）一国三二万五〇〇〇石を与えられて柳川城（柳川市）を居城とする。慶長一四年（一六〇九）死去する。嫡子の忠政は近江国に生まれる。将軍秀忠より一字を与えられる。家康死去により領国の山本郡善導寺境内において「宮殿を造営し、実相精舎と号す」。元和六年（一六二〇）死去する。後嗣がなく家は断絶する。妻は家康の養女で実は松平康元の息女。吉政の二男吉興は関ヶ原の戦いにおいて父にしたがって出陣し、戦功あり。近江国、三河国、上野国において領地二万石を与えられた。その子吉官は秀忠に仕え近習となり、のち「御小姓の頭」となる。

12 京極高次家

　京極氏はもともと佐々木氏で、室町時代は近江などを領有する守護大名であった。高次は近江国小谷（おだに）（長浜市）に生まれる。人質として岐阜に行き、織田信長より知行を与えられる。時に八歳という。そのご戦功あって五〇〇〇石を加えられる。信長横死ののち羽柴（豊臣）秀吉の居城長浜城を奪取することをはかる。秀吉が堀秀政をして高次を誅殺（ちゅうさつ）せしめようとしていることを知り、諸所にかくれ越前国におもむき柴田勝家の保護をうけた。高次は京極家の再興をはかり秀吉の領有する近江国をとりもどそうとしたのである。天正一一年（一五八三）、勝家が敗北したため越前国を去って若狭国の武田元明のもとにいた。元明は高次の妹婿である。のち秀吉は元明を誅し、その妻を側室とし松丸と称せしめた。高次はこのゆかりで誅求からゆるされ、近江国で二五〇〇石の知行地を与えられた。同一八年、小田原陣にしたがい、北条氏滅亡ののち近江国八幡山（近江八幡市）において二万八〇〇〇石を領す。文禄二年（一五九三）、秀吉、明の使者に対面のとき、高次は配膳の役をつとめた。同四年、六万石を領し大津城を居城とした。この年、少将に任じられ参議に叙任した。

　秀吉死去後、大津城が大破しているのをみた家康は、修復金として「白銀三十貫目」を与えた。上杉征討のさい家康は大津城に寄り密約する。高次の弟高知（たかとも）を「供奉（ぐぶ）の列」に加え、そして高次には「上方御心もとなし、大津は枢要の地たるにより、もし事あらむにはたのみおぼしめさるるによし」という。同年七月二二日、高次から江戸にいる家臣のもとに、石田三成「謀叛」の知らせがあり、家康は武蔵国岩槻でこれを聞く。そして下野国小山から返信をおくる。ところで国許の高次は、石田方の圧力に抗しがたく北国に出陣するが、事のよしを「関東」に注進する。同年八月、「三成がもとより、北国表には押（おさえ）を置、美濃国にはせむかうべしといい送るにより、諸将（北国から）軍をかえす」という。高次は大津城に帰りただちに籠城の準備をした。石田方から離反する意思表示である。「淀殿」（高次妻の姉）

の使として木下備中守某が大津に来て「異見」したが、高次は「承引」せず、大津の町を焼き払った。「大坂七手組等都合四万余騎」が城の四方を包囲した。攻防が続き、淀君の使として海津尼・幸蔵主が来て和平をすすめる。後援なく城を渡し「ふたたび東照宮に拝謁する事を恥て法躰」して高野山におもむいた。

戦後、家康より「ひさしく籠城せし功を賞せられ」、若狭一国を与えられ八万五〇〇〇石を領し小浜城（小浜市）に住す。のち近江国のうちにおいて七〇〇〇石を加えられ、すべて九万二一〇〇石余を領す。慶長一四年（一六〇九）死去した。妻は浅井長政の二女で高次死去のあと常高院と称す。同女は大坂の陣では家康の依頼でしばしば城中に入り和議の使者をつとめた。

嫡子の忠高は二代将軍となる秀忠の一字を与えられ、秀忠息女の初姫を妻とした。領地を転じて出雲・隠岐両国を与えられ二六万四二〇〇石余を領した。忠高に子はなく高和を養育して跡継ぎとすることを約束したが、幕府の許しを得る前に死去したので、末期養子とは認められず領地は没収された。しかし祖父高次の勲功により高和は播磨国においで六万石を与えられ龍野（たつの市）に住んだ。

13 京極高知家

高知は高次の弟である。秀吉に仕え近江国において五〇〇〇石の地を与えられる。文禄二年（一五九三）、妻の父毛利秀政の遺領を継ぎ、信濃国において六万石余を領し飯田城主となる。同四年、同国において一〇万石を領す。上杉征討にしたがい福島正則とともに岐阜城を攻める。関ヶ原での合戦後、大津城援助のため長浜城から火をあげて城中に示すが、すでに落城していたので同城にとどまる。戦後、丹波国を与えられて一二万三二〇〇石を領し宮津城主（宮津市）となった。大坂の陣では「首三〇二級」をえる。嫡統の高広は寛文六年（一六六六）、子の高国の「無道」を「愁訴」した。高国は「罪蒙（こうむ）り」所領を没収されたので、高広も「浪客」となった。妻は池田輝政の息女である。高国は南部重信に預けられ扶助の料として「三千俵」を与えられる。妻は伊達政宗の息女。子孫は高家となる。

14 筒井定次家

先祖は大和国添下郡井郷（郡山市）に住み筒井氏を称す。定次は慈名寺左門順国の子で順慶の養子となる。天正一二年（一五八四）、旧領をあらため伊賀国上野城（上野市）にうつり二〇万石を領し、羽柴の称号をゆるされる。上杉征討のとき随従し下野国小山にいたる。慶長一三年（一六〇八）、定次の行跡が悪く、家臣など訴えるところがあって所領を没収された。大坂の陣では「御不審をこうぶり」、自害せしめられる。妻は織田信長の息女。定次と同じく順慶の養子の政行は上杉征討にしたがう。石田三成「叛逆」のとき、筒井定次、柳生宗厳とともに石田方にそなえる。妻は家康の妹市場姫。

15 藤堂高虎家

藤堂氏の先祖は室町将軍家に仕え、近江国犬上郡数カ所を領し、藤堂を称したという。高虎の父虎高は武田信虎に仕え一字を与えられた。のち浅井長政に属し浅井氏滅亡ののち近江国に隠居し、慶長四年（一五九九）、高虎の領地の伊予国飯嶋で死去した。

高虎は弘治二年（一五五六）、藤堂（甲良町）に生まれた。父虎高が浅井氏に仕えたとき、家臣が罪あって家に籠るという事件があり、一三歳の少年ながらその家臣を斬って「罪人をうち取たりと大音に呼ばりしかば」、「虎高も思いもよらざる幼年の働を感悦し、おのれが名を転倒して高虎」と名のらしめたという。一五歳のとき浅井長政に属し姉川の戦場で首級をえた。そのご阿閉政家に、そのあと磯野秀昌に属し、また織田信澄に仕え、丹波国小山城攻めで先登して勇名をあらわしたので、「幌」をゆるされる。そののち羽柴秀長（秀吉の弟）に仕えた。近江国では豪勇の士として知られるようになったのであろう。秀吉による中国経略の諸戦に軍功をあげる。そして「紀伊国一揆」を「誅殺」してすべて一万石を領した。秀長死去ののちもその子秀俊に仕え、朝鮮出兵では秀俊に代り渡海して戦功をあげる。のち秀俊は死去する。「嗣なきゆへ、高虎旧恩を報ぜんがため高野山にのぼり剃髪」する。秀吉はしばしば高虎を招くがすぐに応ぜず、時を経て秀吉に仕えた。そして高虎は伊予国において七万石を与えられ宇和島城主（宇和島市）となった。朝鮮出兵のあと一万石を加えられ八万石を領した。

　秀吉死去後、高虎は石田三成「陰謀の企」を聞き、ひそかに家康の耳に入れ「恩顧の人々と共に御舘を警固し、夜ごとに御座に候じて密議にあずかる」という。家康の大坂での宿泊地は高虎の「中の嶋の宅」であった。これは「多年二心なきをしろしめさるるによりてなり」とされる。関ヶ原の戦いにおいて上杉征討中、石田三成の挙兵で西進がきまったさい、高虎は家康に「密に告ていわく、諸将の御味方方に属するもの時の勢いなりといえども、意はかりがたし、高虎諸将とともに御先へ参り、その挙動を察しすみやかに言上すべし」と述べた。そして岐阜城を攻略したあと、使者を江戸に送り家康に情況を報告させ、家康は「小山の約にたがわず」出馬するとの返書をだす。家康はよほど高虎を信頼していたやにみえる。関ヶ原の合戦では、「密旨」により裏切りを約束している松尾山の小早川秀秋の陣に「むかいて陣し、東西の合戦はじまると雖も備をかたくして動」かなかったが、秀秋軍が石田方の大谷吉継陣を攻めるのを見て、一緒に攻めた

　戦後、伊予（愛媛県）半国を与えられ二〇万石を領し、今治城主（今治市）となった。慶長一三年（一六〇八）、伊勢国津に移され二二万石余を領す。慶長一六年（一六一一）、熊本城主（熊本市）加藤忠広が幼少のため、家康の命をうけて肥後国におもむき国政を指図する。このとき家康の「御旨をうけて西海の国々を巡見し、政事の是非を察して」言

上した。同一八年、家康は武蔵国川越に「放鷹」のとき、高虎を「旅館」に呼び「密事」を相談した。多分、大坂城の豊臣氏の件であろう。同一九年、「御謡初めのとき着座すべき」とされた。このとし「豊臣秀頼大坂城において叛く」で大坂の陣となった。二条城に入った家康は高虎に大坂城の地図をもたせて、「堀の浅深を問せたまい、城攻の利害を議」したという。

大坂夏の陣において、城将真田幸村が「馬廻の兵」をひきいて家康の本陣に攻めこんできた。越前松平家と「御旗本の輩」が戦った。戦死者が多くでたが、「大坂勢動（やや）もすれば敗色にみえたり」という様子となった。高虎は、「これを見て兼て期したる所なりとて馬廻の兵を率し真田が左のかたより横しまに突かかる」。真田勢はなかなかくずれず健闘したが、ついに敗走した。夏の陣の合戦で藤堂軍がえた「首八六七級」、「家臣など討死するものまたおおし」という。大坂城は落城し、家康は高虎を茶臼山の陣営に呼び「関ヶ原の役よりこの陣に至るまで比類なき忠節感じおぼしめすのむね」のことばで慰労した。家康が天下を統一するにあたっての最大の功労者というべきか。高虎は大坂の陣の軍功により伊勢国のうちにおいて五万石の地を加えられた。

元和二年（一六一六）、家康は重態となり、遺言として「若（もし）国家の大事あらんには一の先手は高虎、二の先手は井伊直孝と定め、堀直寄は其間に屯して横鎗をいるべしとなり」とし、また将軍秀忠の息女和子の入内（じゅだい）についても高虎に任せるとした。そして入内の件がととのい、御水尾（ごみずのお）天皇から「御製の短冊」などを下賜された。家康は臨終の床で「高虎が手をとらせられこまごまの仰ありしかば、高虎も積年の御厚恩報じたてまつるべきようなし、来世までもながく仕えたてまつるべし」と言上したと伝えられ、そのため天台宗に改宗したといわれる。同三年、下総国の所領を合わせ三二万三九〇〇石余を領した。

16 寺沢広高家

広高の父広正は大永五年（一五二五）、尾張国に生まれ織田信長にしたがい、のち秀吉に仕える。広高は秀吉に仕え肥前国唐津（唐津市）において六万石を領す。慶長三年（一五九八）、二万石を加えられる。同四年、島津家久の家臣が反乱をおこしたため、五大老の首座をつとめる家康の命により援兵として薩摩におもむく。上杉征討に加わり軍功あり。同六年に肥後国天草郡のうち四万石を加えられ、一二万石を領す。子の堅高（かたたか）のとき天草でのキリシタン一揆に対する処置が悪く、天草の所領四万石を没収される。正保四年（一六四七）自殺し家は断絶する。

17 山内（やまうち）一豊家

先祖は室町将軍家に仕えたとされる。祖父の久豊は将軍義晴にしたがい阿波国に、のち尾張国におもむく。父の盛豊は丹波国橋爪城（京丹波町）にいたが、武者修行して尾張国にいたる。岩倉城主織田敏信に仕え家老となり、同国黒田村（一宮市）に城を築きここを居城とした。敏信は病気し、嗣子信安の後見役を盛豊などに頼む。ところが家臣たちはほとんど信長に属した。しかし盛豊は義を守って遺命にそむかず、弘治三年（一五五七）、岩倉において討死する。

一豊は岩倉没落ののち信長に仕える。姉川の合戦などで軍功があり、のち秀吉に付属し天正元年（一五七三）、近江国において四〇〇石を与えられる。同一三年、若狭国で一万九八〇〇石を領し高浜（高浜町）に住んだ。二カ月後、近江国長浜城に移り三万石を与えられる。同一八年、遠江国掛川で五万石を領した。上杉征討のとき諸将とおなじく東国に発向する。石田三成「謀反」のとき、「大坂五奉行」がひそかに一豊への妻の手紙を「廻文」にそえて送った。一豊は二通とも封を切らずに家康にさしだした。家康は「深くこれを感じ給う」たという。家康が石田征討に出撃のさい、一豊は「掛川の居城を御譜代の士に渡し、又人質をもたてまつるべし」とし、他の東海道の諸将も開城して人質をだした。関ヶ原合戦のときには大垣城をおさえる。戦後、土佐国を与えられ二〇万二六〇〇石を領し高知城（高知市）を居城とする。家康は松平定勝の息女と養女とし、一豊の嫡男忠義と婚約せしめた。忠義は将軍秀忠より一字を与えられ松平の称号をゆるされる。

18　小出秀家家

秀家の祖父正重は尾張国中村（名古屋市）に住んでいた。父秀政は秀吉に仕え一字を与えられた。天正一三年（一五八五）、和泉国岸和田城主となり、三万石を領す。のち家康に属し、慶長九年（一六〇四）死去する。秀政の妻は秀吉の姑（おば）（父の姉妹）である。したがって秀政の子の秀家は秀吉とは従兄弟となる。秀吉に仕え和泉国のうちで一〇〇〇石の地を知行する。上杉征討のとき「従卒三百人をひきい」従軍する。戦後、父の居城岸和田に在城のとき、敗将長曽我部盛親が「兵船二百艘」で同国石津浦に上陸し、「乱妨」するので、秀家これと一戦し敗退せしめた。この功で家康から一〇〇〇石を与えられた。すべて二〇〇〇石を領す。養子の三尹（みつまさ）は和泉国・河内国・但馬国において一万石を領す。そして遠江国以東の「郡奉行」となった。

小出家の宗家は秀家の兄吉政の系統である。秀家とおなじく中村に生まれ秀吉に仕える。播磨国龍野城で二万石を領し、のち但馬国出石城（豊岡市）で六万石を与えられた。石田三成「謀叛」のとき三成の指示にしたがい丹波国田辺城（田辺市）を攻めた。関ヶ原の戦後、弟の秀家が徳川方に付いたことで本領を安堵され、岸和田城に移り三万石を領した。子の吉英は大坂の陣に軍功をあげ但馬国出石城で五万石を領した。

19 富田信高家

先祖は出雲国富田城主（安来市）である。尼子経久のために没落する。信高は近江国に生まれ若年のころより織田信長に仕え「旗本」であった。「千種合戦」などの戦いにしばしば高名をあらわす。信長横死のあと秀吉に仕え「先鋒の五奉行」となった。秀吉の妹の朝日姫が家康に「御婚嫁」のとき、知信は「御輿」にしたがって浜松にいたる。榊原康政とともに「御規式」を奉行した。戦功があって文禄四年（一五九五）、伊勢国のうちで五万石を与えられ、うち二万石は嫡子信高が領知すべきとされ同国津城を居城とする。慶長四年（一五九九）死去した。同年、信高は家康の下知で父の旧領五万石を領す。石田三成「叛逆」により家康の命で本国に帰り、伊勢国の渡海の自由をはかったが、九鬼嘉隆の水軍に敗退し、居城の津城にもどった。そこへ毛利輝元・長束正家などの大軍が攻めてきた。信高はかなわず矢文を放って和をこい、城を出て落髪し高野山に入る。慶長一二年（一六〇七）、伊予国宇和島城（宇和島市）を与えられ一二万石を領す。のち親族との争論に敗れ所領は没収となった。二男の知儀は将軍綱吉に仕え蔵米五〇〇俵を与えられた。

20 真田昌幸家

真田昌幸は上杉征討軍に加わったものの、途中で本国に帰り上田城で徳川軍と戦ったが、実は家康の甲斐経略に功があった。甲斐国若神子で北条軍が新府城の徳川軍と対戦のとき、北条方から離反した昌幸は、依田信蕃とともに碓氷峠に陣して北条氏の糧道を断った。これによって北条氏直は、信濃国の佐久郡と甲斐国の都留郡を徳川氏に渡すという不利な条件で和睦をむすんだ。ところが真田氏の領有していた上野国沼田（沼田市）を北条氏に渡すことになり、また沼田に代るべき地を家康から与えられず、北条氏の糧道を断ったことに対する恩賞がなく、秀吉に属したのである。これは家康のミスであろう。与えるべき土地の選定をしていたのであろうが、きまらないまま時日だけがすぎさっていったのか。北条氏滅亡のあと沼田城は真田氏のもとに復し、嫡子の信之が在城した。上杉征討のとき昌幸は子の信之、信繁（幸村）をひきい従軍した。「三成叛逆」を知り「俄に志を変じて三成にくみし」た。上田城にもどる途中、沼田城に入ろうとしたが、前に述べたように信之の妻が入城を拒否したという。家康は嫡男秀忠を大将として上田城を攻めさせたが、なかなか攻略できず、石田征討軍に合流すべく、森忠政などに昌幸の軍にそなえせしめ西進した。戦後、信之は父の助命を願い昌幸は高野山に蟄居せしめられた。

21 一柳（ひとつやなぎ）直盛家

直盛の祖父宣高のとき伊予国から美濃国に至り西野村（岐阜市）を領す。このとき河野から一柳に家名をあらためたと思われる。直盛の兄直末は元亀元年（一五七〇）より羽柴（豊臣）秀吉に仕え、のち「黄幌（きほろ）（黄母衣）七人の列」

の一人として、しばしば戦功をあらわす。天正一三年（一五四四）、美濃国において六万石を領し浮見城に住んだ。北条征討のとき戦死す。直盛は兄の戦死ののち尾張国のうちで三万石を与えられ黒田城（一宮市）に住んだ。慶長五年（一六〇〇）、上杉征討のとき、黒田城を発し、木曽路をへて上野国高崎（高崎市）に行き井伊直政に会う。これより小山の家康陣営に至り、「三成征伐」に加わり黒田城にかえる。のち三成が「密に書を贈りて招くといえども、直盛怒りて応ぜず」という。関ヶ原の戦いにおいては、大垣と佐和山（彦根市）の間にある長松の古城を要害とし、この間の石田方の通行を阻止した。家康は「長松の城を守れる、軍忠あげてかぞうべからざるのよし賞誉」したとされる。同六年、一万五〇〇〇石を加えられ伊勢国神戸（かんべ）城を与えられる。寛永一三年（一六三六）、伊予国西条城主（西条市）となり、六万六〇〇〇石余を領す。子孫の直興（なおおき）のとき、参勤の「遅滞」、「封内の政事よからず」、「好色不作法」により所領没収され家は断絶した。

22　金森長近家

長近の父定近は美濃国から近江国金森村（守山市）に移り、その在名から金森と称した。長近は大永四年（一五二四）美濃国に生まれる。織田信長に仕え一字を与えられる。壮年になって「緄武者二十人の列」に加わりしばしば戦功をあらわす。長篠の戦いにおいて、信長の命により家康重臣の酒井忠次とともに「鳶巣の城」を攻める。信長横死後、豊臣秀吉に属し天正一四年（一五八六）、飛騨（ひだ）（岐阜県）一国を与えられ二万八七〇〇石余を領し高山城（高山市）を居城とする。慶長四年（一五九九）、伏見騒動のとき家康の「御舘に候して日夜忠志をつくし」、また家康が大坂の藤堂高虎邸に宿泊のさい守衛した。上杉征討のさい「軽卒二千人」をひきいて従軍した。「石田三成謀反の告」で家康の命により、嫡男の可重（よししげ）に美濃国八幡城（郡上市）を攻めさせる。戦後、すべて六万石余を領し、美濃国上有知（こうづち）に住した。慶長一二年（一六〇七）死去。子孫、出羽国上山（かみのやま）に領地をうつされ、のち美濃国郡上にうつされ八幡城に住す。宝暦八年（一七五八）、いわゆる郡上一揆についての処置悪く領知を没収される。子孫は「旧家たるをおぼしめされ」、蔵米一五〇〇俵を扶持され寄合（よりあい）に入る。

23　九鬼守隆家（くきもりたか）

九鬼氏は代々、紀伊国九鬼浦（尾鷲市）に住み、その地名を家名とする。「熊野海賊」（水軍）といわれる。先祖は志摩国賀茂郡の田城にはじめて城をつくる。父の嘉隆（よしたか）は織田信長に属す。天正六年（一五七八）、大坂本願寺攻めのさい敵の通路を阻止するため「大船五十余艘」で志摩国を出発し、紀伊国熊野浦にさしかかったところ、同国雑賀浦より「賊船五百艘」が押出し、海戦となった。嘉隆はこれを近くに寄せ、「蠻国の火術」（ポルトガルの大砲・鉄砲）を使用して撃退し堺に着船した。のち志摩国鳥羽（鳥羽市）に城を築き三万五〇〇〇石を領した。秀吉に仕え、のち石田三成の強引な誘いに是非なく味方となり、徳川方になった嫡子守隆の鳥羽城を奪い父子戦いを交える。三成敗北後、嘉隆は鳥羽城から逃亡し自殺する。子の守隆は慶長二年（一五九七）、家督を継ぎ鳥羽城を居城とした。上杉征討のさい父は石田方になったが守隆は家康の味方となった。家康は喜び、南伊勢五郡を与えると約束した。ところが志摩国に帰ると居城の鳥羽城は父嘉隆に奪われていた。守隆は古城を修理して父としばしば合戦する一方、昼夜、西国の船をあらため「賊船」の通路を断つ。関ヶ原戦後、すべて五万五〇〇〇石を領す。慶長一四年（一六〇九）、「西国の諸大名の五百石積以上の武者（むしゃ）船を検」すべき命を受け淡路国におもむく。

大坂の陣では「大船」・「安宅五艘」・「早船（はやふね）五十艘」で大坂の伝法口にあって、出入の船をあらためた。嫡子久隆のとき摂津国にうつされ同国三田（さんだ）（三田市）に住した。

24 徳永寿昌(ながまさ)家

先祖は近江国徳永村に居住し、寿昌も同村に生まれる。はじめ柴田勝豊に属し、のち豊臣秀吉に仕え、そのご秀吉の甥の秀次に付属し尾張国において三万石を与えられる。秀吉死後、五奉行が寿昌に対して、朝鮮におもむき日本軍の帰還をはからうことが遺命であると伝えた。しかし寿昌は秀吉在世時の命令ではないと拒否した。もっとも大老首座の家康の命令であればしたがうというので、家康は、至急、朝鮮に行くべし、もし従わなければ家康みずから渡海すると伝えた。慶長四年（一五九九）、家康が伏見城の向島の舘に移ったとき、「橋詰めの番」をつとめる。同年、井伊直政を奏者として「ふたごころなき旨誓書」を出す。上杉征討のとき「三成謀反」に家康は、「汝（寿昌）は諸士不和なる者をして和睦せしめ、志をあわせて上洛すべき」と命じた。関ヶ原合戦で軍功多く、尾張国の領地をあらため美濃国において五万六〇〇石余を与えられた。居城を同国高洲（海津市）にうつされる。嫡子の昌重のとき、「大坂城石塁普請を助け作るのところ、遅滞におよびし事等閑」なりと領知を没収された。その子昌勝は三代将軍家光から蔵米二〇〇〇俵を与えられ寄合となる。

25 有馬豊氏家

豊氏の曽祖父則景は摂津国有馬郡（三田市）を領す。父の則頼は播磨国三木（三木市）にうまれる。同国三木淡河(あわか)城に住しのち豊臣秀吉に仕え一万石を領す。文禄年中、則頼が秀吉に昵近(じっきん)（親しく仕える）のとき、家康の関東入国下向を計らった。伏見騒動では、家康の舘に「はせ参りて護衛す」る。石田三成が家康の「伏見の御舘に攻入べきのきこえありしかば、則頼および男豊氏殿中に参候してこれをまもる。向嶋の御舘（伏見城内の徳川邸）にうつらせたまうのちも、日夜近侍ししばしば恩顧をこうぶる」という。また、石田三成が「徒党をむすぶ」とき、則頼は「諸将をすすめて（家康の）御旗下に属せしむ」という。上杉征討にしたがい、摂津国において二万石を与えられ三田城を居城とした。豊氏は秀吉に仕え三〇〇〇石を知行とした。文禄四年（一五九五）、遠江国横須賀城を与えられ、加増があって三万石を領す。のち「石田三成異心」のとき、家康は豊氏に淀城を守衛せしめた。これは、淀城は「大坂往還の要路」であったからである。そして家康は養女を豊氏に嫁がせた。関ヶ原合戦のとき大垣城のおさえとして赤坂に在陣する。戦後、三万石の加増があり、領知を丹波国にうつされ福知山城（福知山市）を居城とした。のち大坂の陣に出陣。一三万石加増のうえ領知を筑後国にうつされ、あわせて二一万石を領し久留米城を居城とした。

26 古田重勝家

先祖が伊勢国古田村（上野市）に居住し家名とした。父重則は秀吉に仕え、重勝は美濃国に生まれる。はじめ秀吉に仕え近江国のうちで領知を与えられる。文禄四年（一五九五）、知行地を伊勢国松坂城（松坂市）にうつされ三万五〇〇〇石を領した。「石田三成叛逆」により許しをえて居城に帰る。富田信高が籠る津城に五〇〇〇余の援兵をだす。のち二万石を加えられすべて五万五〇〇〇石を領す。子の重治は、元和五年（一六一九）、領知を石見・丹波両国のうちにうつされ、石見国浜田城（浜田市）を居城としたが、子孫の重恒のとき嗣子なく家は断絶する。

27 織田長益家

長益は織田信秀（信長の父）の二男である。信長横死のあと秀吉に属しのち法躰（僧の姿）して有楽と号し、摂津国において二〇〇〇石を知行する。のち上杉征討にしたがい、関ヶ原の戦いでは石田三成の軍将を討ち取る。摂津国の旧領と新恩ですべて三万石を領す。大坂の陣のとき、長益は密旨をうけて大坂城に入り、家臣をしてしばしば状況を江戸に報告せしめた。徳川と豊臣の和睦にあずかる。子孫の長則のとき嗣子なく断絶する。

28 分部光嘉家

先祖は伊勢国安濃郡分部村（津市）に住み家名とする。光嘉の父光高は伊勢国神戸城を居城とし、長野藤定に仕える。光嘉は光高の養子でその息女を妻とする。一六歳にして軍功あり。光高の遺跡を継ぎ織田信包に仕える。同国上野城を築いて居住する。天正九年（一五八一）、伊賀国の諸合戦に軍功あり。家康は光嘉をまねいたが応ぜず。のち豊臣秀次に属し、そのご秀吉に仕え伊勢国において四〇〇〇石を領す。のち秀吉が「赤母衣衆」を編成したさい、家康の「称誉」によりその一員となり、一万石を知行する。のちの上杉征討のとき家康にしたがい下野国小山にいたる。石田三成の「叛逆」により、「伊勢国は光嘉が本国にしてその地理も詳なるべし。いそぎ進発すべしとの仰（せ）こうぶり」、富田信高とともにかの地にいたる。ところが九鬼嘉隆の軍勢に抗しきれず、居城の上野を離れて津城に入って富田勢に加わり、東門を守る。のち毛利秀元・長束正家の軍勢、津城を攻囲する。これを防ぎきれず城を出て高野山に「幽居」した。関ヶ原の戦い後、家康は光嘉の軍功を賞し、伊勢国の本領を安堵した。一万石の加増があってすべて二万石を領し上野城を居城とした。嫡子の光信は近江国にうつされ大溝（高島市）に居住する。

29　稲葉正成家

稲葉氏羽河野支流で美濃国にきて稲葉にあらためたという。宗家は曽根城主（大垣市）でのち郡上郡にうつり八幡城（八幡市）を築城した。正成の父重通は庶兄のため家を継がず別家となる。正成は実は林政秀の子で養子である。前妻が重通の長女で死去したため二女を後妻とする。同女は正成と離婚してのち大奥に入り春日局となる。正成は秀吉に仕え天正一二年（一五八四）、尾張国犬山陣に従軍、時に一四歳。同一三年、和泉国の合戦で先がけして武勇をあらわす。文禄元年（一五九二）、朝鮮出兵のとき小早川秀秋に属してしばしば軍功あり。のち秀吉の命により秀秋の家老となり、五万石を領す。

上杉征討のとき、正成は秀秋の使者として伏見城の家康のもとにいき、「もし上方に逆心あらば秀秋よろしく忠節をつくすべし」と伝えた。石田三成は「叛逆」をくわだて、秀秋のもとに使者をつかわし、「秀頼十五歳以前は天下を秀秋に委附し、筑前・筑後両国に播磨国を加えて領せしむ」とし、正成には一〇万石を近江国のうちに、黄金三百枚を与えるという誓詞をだした。しかし秀秋はこれを受けいれず、伏見城を守ることを城番の鳥居元忠（家康の重臣）に申し入れたが、元忠は拒否した。そこで「正成みずから元忠と問答再三に及ぶといえども元忠ついにしたがわず」となり、秀秋はやむをえず石田方の軍勢とともに伏見城を攻めた。しかしそのごの状況から三成は秀秋がふたごころある事をうたがった。

関ヶ原の戦いとなって正成は「諸士と相談し」美濃国に

おもむき、松尾城の新城に入りその城主伊藤長右衛門某を追い払う。戦いのなかばに、秀秋は家康と約束したことを守り、松尾山より兵を発し大谷吉継陣を攻めた。正成は軍をはげまし力戦する。石田方敗戦後、秀秋は佐和山城攻めを命ぜられた。「味方死する者多くして進む事あたはず。正成石壁のほとりにちかず（づ）きつとめたたかいて退かず」という。そのご落城、家康は「このたび秀秋忠戦をいたす事ひとへ（え）に正成がはからいによるところとなりとて、御書たまう」。慶長六年（一六〇一）、「政事」のことで秀秋を諫めたが用いられず、「一族を携え、兵器を備へ、甲冑を帯して備前国を去」り、本国の谷口（関市）に閑居した。同一二年、「関原御陣前後の忠節をおぼしめされ（家康）の御麾下に加」えられた。美濃国において旧領をあわせ一万石を領した。元和四年（一六一八）、松平忠昌に付属、越後国において一万石加増されあわせて二万石を領す。忠昌が越後国にうつされるとき辞して従わず江戸に退去し、嫡子正勝の知行地に蟄居する。寛永四年（一六二七）、「召（し）帰され」下野国において二万石を与えられ、従五位下佐渡守に叙任した。

嫡男正勝は小姓組番頭・御書院番頭をつとめ「奉行職に列して政務に預かり、奉書に判をくわう」（「寛永家系」）。同九年（一六三二）、四万五〇〇〇石を加えて相模国小田原城（小田原市）を与えられ、すべて八万五〇〇〇石を領す。嫡子正則は一一万石を領しその子正往（まさゆき）は寺社奉行・京都所司代・老中となる。

30 平岡頼勝家

平岡氏は河内国平岡郷に住んだことにより家名とする。生国は摂津国溝杭郷である。頼勝の父頼俊は郷里をはなれて諸国を流浪し、のちに小早川秀秋に属す。頼勝も父と同じ秀秋に仕える。家康が秀秋とまじわりを結ぶとき、頼勝は使者となる。石田三成「謀反」で「大坂」（大坂城）に娘を人質にだした。関ヶ原の戦いでは、秀秋は三成との約束で美濃国松尾山に在陣したところが頼勝はかねてから秀秋に家康に属するように進言し、家臣を家康につかわしその意を伝えさせ、そして弟資重を人質にだした。関ヶ原の決戦のとき、秀秋には丸山のあたりに陣をすすめ、頼勝は先陣となり、石田方の大谷吉継はその麓に陣をとる。先手の頼勝は家康方の陣に向かう動きをして、反対に大谷の陣をせめたのである。「敵兵数千をうちとる。よりて敵軍敗北し、吉継もついに自殺」した。戦後、秀秋から二万石を与えられる。そののち、ざん言により流浪していたところ、山岡道阿弥が家康の「恩命」により「いまよりのち憚（はばかる）こととなく諸国を経歴すべきよし」の旨を伝える。慶長九年（一六〇四）、美濃国のうちにおいて一万石の地を与えられ、徳川直臣となる。

31 小早川秀秋家

実は木下家定の五男。豊臣秀吉の猶子（兄弟の子を養子）となる。文禄元年（一五九二）、隆景（毛利元就の三男）の養子となり、隆景の所領である筑前一国に越後の国のうちをあわせ、三〇万七三〇〇石を相続する。朝鮮出兵で一万余の兵をひきいて渡海、総大将となる。のち秀吉の「不興」をうけ、所領を越前国北庄（きたのしょう）（福井市）にうつされのち本領に復した。慶長五年（一六〇〇）、石田三成、秀頼の命と称して大坂城に諸将をあつめる。秀秋もその「催促」にしたがい伏見城を攻めた。また三成の「催促」にしたがい伊勢国津城に向かうところ、関の地蔵（関市）よりひきかえし近江国高宮（彦根市）に在陣した。そして家臣の稲葉正成、平岡頼勝をつかわし、山岡道阿弥、岡江雪に「上方」の様子を告げ、家康に属す意志を伝えた。道阿弥の兄景隆は近江国勢多（せた）（瀬田）城（大津市）の城主で、本能寺の変で家康が堺から三河へ脱出の途中、「勢多より志賀楽越の山中を御供し、一味の兇徒をかけちらし、伊賀の境にいたりておくりたてまつる」とされる。道阿弥は景友という。上杉征討にしたがっている（「寛永家系」）。ともあれ家康と道阿弥は親しい関係にあったのであろう。

秀秋は石田方の軍勢とともに美濃国に出動し松尾山の麓に陣した。脇坂安治・朽木（くつき）元綱・小川祐忠も「秀秋と志をおなじうして」ともに陣す。合戦が開始されると、「秀秋俄に陣を北向にたてなおし」、大谷吉継を攻めたため石田方は「惣軍一時に敗走」した。戦後、秀秋は筑前国を転じて備前、美作両国において五一万石を与えられ、備前国岡山城（岡山市）を居城とする。慶長七年（一六〇二）死去。跡継ぎなく所領は没収される。

32　脇坂安治（やすはる）家

近江国脇坂の庄に住す。秀吉に仕え「禄米三石」を与えられる。数々の軍功により天正一三年（一五八五）、摂津国のうちで一万石を与えられのち三万石を領す。慶長五年（一六〇〇）、「石田三成叛逆」で山岡道阿弥を通じて家康に味方する意をあらわした（「寛永家系」）。安治は「兼てより筑前中納言（小早川）秀秋とおなじく（家康からの）密旨をこうぶるにより」、関ヶ原の合戦場で裏切って家康に味方した。小早川秀秋も脇坂安治も決戦場では家康側につくと通じあっていたのである。のち伊予国大洲城（大洲市）を与えられ加増のうえ、五万三五〇〇石を領す。

33　朽木元綱家

先祖は近江国朽木庄（高島市）の地頭職に補せられる。永禄一一年（一五六八）、室町幕府将軍義昭が京都本国寺に「止宿」のとき、三好三人衆が攻める情報があって、元綱ははせさんじ一方を守って防戦した。のち秀吉に仕える。石田三成「謀反」のときその招きに応じ、元綱父子は大谷吉継の手にくわわり関ヶ原に出陣したが、ひそかに脇坂安治・小川祐忠と藤堂高虎に通じて家康方に味方する意を伝え、小早川秀秋とおなじく大谷陣を攻撃した。戦後、本領を与えられ九五九〇石余を知行する。

34　吉川広家家

広家の祖父元春は元就の二男である。宗家の毛利隆元・弟の小早川隆景と広家を合わせて「毛利三家」といわれる。（隆元をはずして宍戸隆家とする説もあり）。元春は父元長と豊臣秀吉の九州経略にしたがう。天正一八年（一五九〇）、秀吉北条氏征討のとき広家は三河国岡崎城を守衛す。翌一九年、伯耆国、出雲国、安芸国のうちで一一万石を与えられる。のちの上杉征討のさい、広家は米子（米子市）に城を築くため伯耆国にいたが、「従軍の命」により出雲国にかえって兵を備え、大坂に着いたところ、石田三成が征討軍に入ることをやめて、石田方に付くことを求めた。広家は三成をいさめたが、「かえりて広家を害せんとはかる。広家逆徒のなかにありて一己の志を達したがたきにより、偽りてその党にくみし」たとされる。広家は家臣を問道より「関東に下し」、黒田長政に書状を届けた。それには、毛利輝元が大坂城に入り「反逆の張本人」となっているが、「もとより輝元逆意」なく、すべて安国寺恵瓊の「奸計」によるところであるとしている。書状は長政から家康に取り次がれた。家康は「輝元とは御したしみ兄弟のごとくたりし」で、輝元が「張本」とは考えられないと思っていただけに、広家の書状によって諒解したとされる。

ところで広家は石田方から抜けきれられず、関ヶ原陣では南宮山に在陣した。南宮山の石田方（長束・長曽我部・安国寺）は、広家の「軍機を察して」、あえてすすみ戦わなかったが、広家は池田輝政・浅野幸長の軍とともにはさみ討ちにしようとした。このため石田方諸軍は敗走し伊勢国に逃れた。広家は家康の本営に行き、家康から深くその功を賞せられたのである。ところが毛利輝元に対して家康はきびしい姿勢を示した。すなわち、輝元の所領をすべて没収し、周防・長門両国は広家に与えるとした。広家はこれに対し輝元には「逆意」なく、「宗家を捨て一身の栄をむさぶるに似たり。義において安んじがたし」と、宗家毛利家の所領を安堵することを懇願した。家康は「広家一己の栄をむさぼらず、ひとえに宗家をたてんことを願う。貞信の志深く感じおぼしめすところなり」であったとし、広家には、周防国のうちにおいて六万石を与え岩国を居城とせしめた。

(三)　家康に属した美濃の領主たち

(1) 美濃の領主の去就

家康の上杉征討で美濃の諸将たちは去就にまよわざるをえなかった。岐阜城主織田秀信（信長の嫡孫）は家康の上杉征討に加わるはずであったが、石田方が勝利すれば美濃・尾張二国を与えるという話に乗り、三成に加担した。これによって美濃の諸将の多くは三成方に付いた。その数は一一名に及び、家康に応じたのは六名、飛騨で一名、のちに家康方についたものが二名いた（中野効四郎『岐阜県の歴史』）。

以下、家康に属した美濃の領主たちの活動ぶりを家別にみてみる。

⑵家康方についた美濃の領主の系譜

1 妻木家頼家

美濃国妻木領（土岐市）に住んで家名とする。家頼の祖父は明智光秀の叔父で近江国坂本（大津市）の西鏡寺で自殺する。父貞徳は織田信長に仕え、信長横死のあと領知を嫡子頼忠にゆずり妻木村に閑居する。慶長五年（一六〇〇）、同国の岩村城主田丸具安が石田三成にくみし、妻木領池田・多治見両村の人質をとる。郷民の注進で急ぎ兵を出して奪い返し、「敵の侍大将二人を討取、其余首二十余級を得たり」という。また田丸氏の砦を攻めおとし、以上の戦果を小山の家康の陣営に注進すると、「御首途の吉兆なりとて御喜悦あり」という。そののち尾張国犬山城主石河定清が三成方に一味し、石田方になることをすすめたがついに同心せず。嫡子頼忠は父とともに田丸勢と戦い、家康より「御感書をたまわり」、又、「東美濃おぼつかなくおぼしめされ、御旗本に候せし弟左太郎頼之を下され」、かつ「鉄炮の歩卒二隊を添」えられた。家康が関ヶ原へ「進発」のとき、頼忠は「妻木にありて堅固に守る」べしとの命をうける。のち、子の頼利は御小姓組・書院番をつとめ、美濃国において七五〇〇石を知行した。その子頼次のとき後嗣なく、家断絶する。

2 市橋長勝家

先祖は美濃国市橋郷（池田町）に住す。同地名を家名とする。長勝の父は美濃国青柳城（大垣市）に住しのち福塚（福城（輪之内町）にうつり、はじめ信長、のち秀吉に仕える。嫡子の長勝は信長、秀吉に仕え、天正一五年（一五八七）、同国今尾城（海津市）にうつり一万石を領す。のち家康に仕え、上杉征討にしたがう。今尾城は石田方の大垣城に近いが、長勝の家臣が固守したので「敵兵」は攻めてこなかった。関ヶ原戦後、一万石を加えられる。のち家康の「御麾下」となり慶長五年一三年（一六〇八）、今尾城から伯耆国矢橋（やはせ）城を与えられ二万一三〇〇石を領す。大坂の陣で軍功あり、家康からの「御恩言はなはだあつく旦、譜第（代）の士と共に台徳院殿（秀忠）につかえたてまつるべきむね仰をか（こ）うぶ」る。そして矢橋城をあらためて越後国三条城にうつされ、二万石の加増で四万一三〇〇石を領す。そのご長勝が死去し、実子がないため所領は没収されたが、長勝に養育された長政が二万石を与えられ、家を相続した。「このとき近江国は豊熟の地なり、厚く恩賜を拝すべきむね仰下され」る。寛永一〇年（一六三三）、「海内の諸道」の巡検使にえらばれる。のち上方（京都・大坂周辺の地方）の幕領の郡（こおり）奉行となる。

3 遠藤慶隆（よしたか）家

慶隆の祖父常慶は天文年中、朝倉義景としばしば戦い、美濃国郡上郡の赤谷（あかたに）山に城を築きうつり住む。嫡子常尭（つねたか）は「不道の行」あって廃嫡になったが、武力で家督を継ごうとした。常慶は養子の盛数に常尭を討たしめ、常尭は敗北した。盛数は家を継ぎ八幡城を築き齋藤龍興に属す。盛数の子慶隆は信長に属し郡上の本領を安堵される。信長横死後、美濃の領主たちは秀吉に属したが、信長三男信孝を助けた。のち秀吉に属し郡上を転じて東美濃及び近江国のうちで一万五〇〇〇石を領す。秀吉死去後、石田三成「逆意」を企てるとき、美濃国の「諸士」はみな三成にくみしたが慶隆は家康に「志」を通じた。慶隆は本領である郡上の八幡城を攻略するため、城主の稲葉貞通（さだみち）と戦った。関ヶ原の合戦では「御旗本」に備えた。戦後、八幡城主に復帰し二万七〇〇〇石を領す。慶長七年（一六〇二）、家康に願って郡上郡長尾村の銀山を支配する。同一二年、駿府城造営のとき木曽山におもむき用材をえらぶ。大坂の陣においては、討ち取った「首六十六級」を「実検所」にさしだした。寛永中、「参勤の往来」に鉄砲五挺をもつことをゆるされる。子孫のうち、後嗣なく郡上の領地は没収されるが、「先祖の勤労」により一万石を与えられる。

4　西尾光教（みつのり）家

祖父光秀は美濃国曽根城（大垣市）主である。光教は斎藤利政に属す。浅井長政・朝倉義景との戦いに一八歳にして敵将の首を取る。そのご信長のもとでたびたびの軍功ありとする。秀忠は伏見の光教の「宅」を訪れている。上杉征討のとき大坂よりいそぎ在所に帰り準備していると、大谷吉継がすでに垂井（垂井町）まできており「東国におむくことなかれ」と告げた。しかし光教は兵を召集し、「その夜に小山の御陣に」むかった。吉継は怒って光教の領地曽根の近辺を焼きはらった。また大坂にいる光教の妻子を三成が探しもとめた。しかし近衛信尹（このえのぶこれ）が光教との所縁で「妻子をふかくかくした」ため、人質となる難をのがれた。石田三成「逆心」で、光教は岐阜城攻めの案内で先陣にむかう。三成が大垣城を出て関ヶ原へ出陣したあと、光教は水野勝成と大垣城を攻め開城せしめた。戦後、一万石の加増ですべて三万石を領す。

(四)　上杉氏へのおさえで家康に属した大名たち

石田三成の「謀反」で上杉征討軍（家康与党大名）は西方に転じ、三成征討軍となったが、三成に通じている上杉氏また佐竹氏の動きを封ずる措置が必要である。そこで宇都宮城にいる家康二男の結城秀康を総大将、奥羽は最上義光を旗頭として軍制が定められた。

1

堀秀治家

先祖は齋藤道三に仕え美濃国において二カ村を知行する。のち数度の軍功により近辺のものを与力とする。秀治の祖父秀重は信長に属し近江国において三〇〇〇石、旧領あわせて五〇〇〇石を領す。のち秀吉に属したが家康にも通ずる。のち嫡孫秀治の領内において一万四〇〇石の地を与えられる。嫡子秀政は一三歳にして信長に仕え、のち近江国のうちで二万五〇〇〇石を領す。天正九年（一五八一）、近江国長浜の城主となる。信長横死のあと秀吉に従う。同一一年、近江国佐和山城（彦根市）九万石を領す。同一三年、領地を越前国にうつされ北庄の領主となり一八万石を領す。六万六〇〇〇石を村上義明に六万六〇〇〇石、四万四〇〇〇石を溝口秀勝に与え与力とした。その子秀治は慶長三年（一五九八）、越後一国を領し春日山城（上越市）主となる。石田三成「逆意」のとき上杉景勝は兵を越後からつかわし「郡県をたいらげしめ」た。秀治は家康に通じており、兵をだして上杉勢と戦い、国中、ことごとく平定した。のち、嫡子忠俊は家臣の争論の裁定ができず、国政を任せられないとの幕府の判断から所領を没収された。忠俊は二代将軍秀忠から一字を与えられ、松平の称号を許され、妻は家康の養女であった。再興が許されてもいいとおもわれるが断絶した。

2

堀直寄家

先祖は尾張国の出身で奥田を称した。のち美濃国茜部（岐阜市）にうつり「小城」をかまえ五〇〇貫文の地を領した。父の直政は織田信長に仕え堀秀政の与力となる。諸合戦に軍功あり、秀吉が秀政に越前国北庄を与えたさい、秀政は直政の忠節を感じ堀の姓氏を与えた。慶長三年（一五九八）、秀政が越後一国の領主となったとき、直政は同国で五万石を領し三条城を居城とした。同五年、上杉征討のとき上杉景勝は会津の境に一揆をおこさせた。直政はすぐ出陣し一揆を鎮圧した。家康はその功を聞き「御感の御書」を直政あてに送っている。

その子直寄は天正五年（一五七七）、尾張国に生まれる。のち秀吉に仕え同三年、越後国のうちにおいて一万石の領地を与えられ、堀秀治に属せられる。慶長一五年（一六一〇）、兄直次との争論で駿府での採決の結果、直次の「非儀」に決し直次は最上義光領に流罪となった。駿府城火災のとき直寄はすみやかにはせ参じて消火した。その賞として美濃国において一万石を加増された。大坂の陣において討ち取る首「二百余り」という軍功をあげる。元和二年（一六一六）、家康は直寄を病床によび「此後もし天下に叛逆を企るものあるにおいては、一番合戦は藤堂高虎、二番は井伊直孝、直寄は両備（そなえ）の間に在て、横鎗を入べしとの恩命」があったという。このとし三万石を加増され飯山城（飯山市）を転じ越後国長岡城（長岡市）を与えられ、同四年、二万石の加恩で一〇万石を領し、同国村上城（村上市）にうつる。嫡孫直定のとき後嗣なく領知を没収される。

直寄の二男直時は父の遺領三万石を分知され安田を居城とした。子孫は奏者番・寺社奉行となり、また関東国々の論地を巡視した。

3　秋田実季（さねすえ）家

秋田氏は応永年間、出羽国秋田（秋田市）を領し秋田城に住す。実季は「下国（家）安東太郎」と称したが、家康の命により「秋田城介（じょうのすけ）」とあらためる。実季は上杉征討のとき最上義光とともに米沢表に出陣せよとの家康の指令があった。関ヶ原の戦後、二心あったとする最上義光の中傷があったが、対決のうえその事実はないとの結果になった。のち秋田の城地を転じて常陸国宍戸（ししど）城（笠間市）を与えられ五万石を領した。慶長六年（一六〇一）、上杉景勝の所領が会津から米沢に移るにさいし、命により「手勢を率いて」不慮に備える。大坂の陣に出陣する。嫡子俊季のとき城地を陸奥国田村郡三春（三春町）にうつされる。貞享元年（一六八四）、「譜第の列に准ぜられる」とある。つまり準譜代大名ということか。

4　六郷政乗家（ろくごうまさのり）

先祖は出羽国仙北郡六郷に住しこの地名を家名とする。先祖は室町幕府政所（まんどころ）執事職をつとめた。政乗は永禄一〇年（一五六七）に生まれる。慶長五年（一六〇〇）、上杉景勝「反逆」のとき仙北郡の小野寺義道と「土民等」はことごとく景勝にしたがう。政乗は家康に属す決意があり義道としばしば合戦し軍功をつくす。このとき家臣の戦死者が多くでた。のち南部、戸沢、本堂の諸氏とおなじく最上義光の陣に属し景勝の陣にむかい、「即時にこの事御旗下につげたてまつりしかば」、家康の返書があり、「すみやかに着陣せし事を賞せ」られる。のち旧領をあらためられ加増ともに常陸国のうちで一万石を与えられる。大坂の陣で「首一級を得た」軍功あり。元和九年（一六二三）、新恩一万石を与えられ、常陸国の領地を転じ、出羽国のうちにおいてすべて二万石を領し本庄城（本荘市）を居城とした。

5　本堂茂親家（しげちか）

本堂氏は出羽国仙北中郡本堂城に住しこの地名を家名とす。秀吉の北条追討のとき小田原にきてはじめて秀吉に謁す。同年、出羽国増田城主増田左近を追討のとき出陣し数度、戦功あるも、死傷する家臣多し。奥州九戸（くのへ）陣には大谷吉継に属して出陣する。茂親は慶長四年（一五九九）、はじめて家康に面接する。石田三成「謀反」のとき最上領のうち「上休」に在陣すべき命あり。そののち出羽国に帰り本堂城を守る。同年、同国小野寺義道の領内で一揆蜂起する。茂親、六郷政乗とともに一揆を鎮圧する。同六年、佐竹義宣が領地を移されるとき、茂親も本堂の旧領をあらため、常陸国のうちにて八五〇〇石の知行地を与えられる。同一五年、同国の笠間（笠間市）の城番をつとめる。以後、二条城・遠江国久野城・奥州岩城（いわき）城・大坂城・甲州郡内谷村城・甲府城の城番をつとむ。

6　南部利直（としなお）家

南部氏は甲斐国南部郷（南部町）に住んだことにより家名とする。陸奥の名族である。天正一八年（一五九〇）、旧領あわせ一〇万石を領す。同年父とともに小田原に行きこの地で元服し、前田利家の「加冠」で一字を与えられた。慶長二年（一五九七）、岩手郡盛岡（盛岡市）に新城を築く。上杉征討のさい利直は最上義光に属し、米沢口より攻め入るべき命をうけ山形に在陣する。石田三成「反逆」に「異心なきむね」の起請文を義光に提出し、兵をひきいて居城にかえり領内を守る。同五年九月、上杉景勝、直江兼続を将として山形城を攻めんとする情報あり、利直は後援のため出陣する。のち上杉景勝が米沢にうつされるとき、「もし異議におよばこれを鎮むべき最上義光に仰（せ）くだされ」、利直はその先陣をつとめるよう命あり。大坂の陣では「手勢を率いて盛岡を発し」、「御在陣の間しばしば（家康の）御前に候す」という。

7　最上義光（よしあき）家

先祖は出羽国最上郡に住み最上を家名とし山形城（山形市）を居城とする。義光は永禄元年（一五五八）、一三歳で元服し室町幕府将軍義輝より一字を与えられた。天正一八年（一五九〇）、北条追討のとき小田原に行き豊臣秀吉に属し、本領を安堵される。九戸一揆鎮圧に家康が信夫（しのぶ）郡大森（山形市）に着陣したとき、義光は二男家親をともない、側近に仕えさせてくれるように家康に願った。家康は「国主の子を御被官（家臣）となさるるのはじめなれば、ことさらによろこびおぼしめさる」という。

上杉征討のとき家康は義光を「奥州のおさえとたのみおぼし」、その配下に近国の諸将南部、戸沢、六郷、秋田、本堂の諸氏をおき、ことごとく山形城に出陣せしめた。ところが石田三成「謀反」で諸将は領地が侵されることを懸念して、本領へ兵をひきあげさせようとした。義光は石田方に付かない起請文を出させて認めざるをえなかったのである。諸将が山形から離れたあと上杉勢が最上領に侵攻してきた。上杉氏と最上氏の戦いがはじまった。伊達政宗の援軍があり「すべて義光が手に討ち取るところの首数三千七〇〇余級」という。五日間、死闘が続いたというが、これを「最上合戦」という。結局、関ヶ原で石田方の敗北により上杉勢は撤退した。

戦後、家康は義光を「御膝許にめされ手をとらせたまい、去年景勝との合戦比類なしというべし。このたび勝利も、ひとえに汝が忠功によれり」と、御諚ありければ、義光肝に銘じ、感涙をながして「御代萬歳」と祝したという。慶長七年（一六〇二）、本領を合わせ、村山、最上、由利、平刈、雄勝（おかち）、田川、櫛引（くしびき）、遊佐（ゆさ）、置賜（わいたま）などの数郡を領し、石高で一〇万石である。のち義光は病気中でありながら駿府の家康のもとに参上した。そのとき「御玄関前まで輿に乗（る）事をゆるされ、則御座に出るのところ、近くまいるべしとのおほ（う）せにより、御寝所の傍まで伺候せしに、委しく病状をたづねさせたまい、御手づから薬をあたえられ、はやく封地にかえり、心のままに療養を加うべし」とされた。同一九年死去す。嫡孫義俊のとき重臣たちが輔佐を拒否し本領ことごとく没収される。その子義智は五〇〇〇石を与えられのち高家となる。

8 伊達政宗家

伊達氏は陸奥国伊達郡に住し家名を伊達と称す。周辺地域に侵攻して領地を拡大し、政宗の祖父晴宗のとき、陸奥国の「探題」(行政・軍事の執行者)となり出羽国の米沢城(米沢市)に住した。父輝宗は室町幕府将軍義輝より一字を与えられている。伊達氏は中央に知られた奥羽随一の武家であったのであろう。

政宗は永禄一〇年(一五六七)、米沢に生まれる。天正一六年(一五八八)、政宗は、佐竹、蘆名、岩城、相馬、白川、石川、大崎の諸氏と不和の状態となり、なかでも佐竹義重と蘆名義広が伊達領に攻めてきたが、義広は敗北し黒川城(会津若松市)をすてて常陸国にのがれた。政宗は黒川城にうつり「会津十余郡」と「仙道七郡」を手にいれる。しかし北条追討で関東に出向した秀吉が「会津を掠むるは不法の所為」であるとして、会津、岩瀬、安積三郡を没収し、本領などを安堵した。秀吉は政宗を「尋常のものにあらずと深く賞美さられる」という。そして政宗は「奥羽両国の所務を沙汰すべき」と命ぜられ、ふたたび米沢城にもどった。

秀吉死後、政宗の息女と家康の子忠輝との婚姻が成立し徳川・伊達両氏は婚姻関係となった。これには秀吉への誓詞に反するとして騒動がおこりかけたが、堀尾吉晴などの奔走でことなきをえた。上杉征討で会津に発向のとき、命により先に帰国し、上杉氏の所領にある白石城(白石市)をせめるため平山に陣した。城兵は降服し落城する。最上義光は上杉景勝臣直江兼続との戦いで政宗の援兵をこう。家康、政宗の戦功を賞す。大坂の陣においては騎士七〇〇余、総勢一万八〇〇〇人をひきいて進発する。家康と秀忠の陣営でしばしば軍議に同席する。のち家康は臨終で「台徳院殿（秀忠）未だ御年若くましますにより、よく心をつくして仕えたてまつるべし。この事たのみおぼしめすのむね仰ありければ、政宗恩命のかたじけなきあまり落涙に及ぶ」とされる。寛永三年（一六二六）、従三位中納言に昇進する。同一〇年、将軍家光よりすべて六一万五〇〇〇石の判物（はんもつ）（領地の宛行状（あてがい））を与えられ、新恩の地を合わせて六二万石余の地を領す。

小括

以上、関ヶ原の戦いで家康に属した人たちを、㈠上杉征討軍に出陣した秀吉取立ての豊臣大名、㈡美濃国の領主たち、㈢上杉押えに配置された奥羽の大名を家別にして、それぞれの行動と家の履歴をみた。これらの人たちは家康の新しい家臣で、いわば外様（とざま）家臣である。これによって豊臣大名などは徳川大名となり、家康家臣団は全国的に及ぶことになった。徳川氏に対抗する勢力は、大坂城の豊臣秀頼のみとなる。

上杉征討軍のなかで中心的な役割を果していたのは、秀吉死去後、家康を襲撃しようとする石田三成から家康を護衛した人たちで、浅野幸長・黒田長政・細川忠興・加藤清正・池田輝政・福島正則・加藤嘉明などの武功派七将といわれる。家康は三成の襲撃をさけるため伏見城の本丸に入った。これは黒田長政の奔走によるものである。今一人、家康が信頼をおいていたのは藤堂高虎である。家康が大坂城にでかけるとき宿泊したのは藤堂邸であった。これには「多年二心なきこと」がわかる信頼関係があったからである。

家康邸護衛大名

大名氏名	国・城名・領地高
藤堂高虎	伊予・宇和島・8万石
黒田如水	長政の父
黒田長政	豊前・中津・12万石
福島正則	尾張・清須・24万石
加藤清正	肥後・熊本・25万石
池田輝政	三河・吉田・15万石
森　忠政	美濃・金山・7万石
有馬則頼	摂津・三田・1万石
金森長近	飛騨・高山・3万8000石
織田長益	摂津・島下郡・2000石
新庄直頼	摂津・高槻・3万石
大谷吉継	越前・敦賀・5万石

（『朝野舊聞裒藁』による）

彼らが譜代の部将のように家康を護衛したのは何故か。これには三成に対する諸将の反感があった。三成は秀吉の側近として秀吉と諸大名とのあいだの取次役を勤めて、とりなしが公正でないこと、そのためか朝鮮出兵で論功行賞において労苦が報われなかったとされる。蜂須賀至鎮家の家譜には、五奉行の増田長盛から秀吉恩顧の旧臣なのに何故、家康に属するのかと聞かれて、豊臣家にそむくわけではない、ただ石田三成にくみさないだけだと答えたという。

また徳永寿昌家譜によると、五奉行が寿昌に朝鮮におもむき日本軍の帰還をはかるようにとの秀吉の遺命を伝えた。これに寿昌は在世時の秀吉は命令ではないと拒否したが、家康の命令であればしたがうという。家康は至急、朝鮮に行くよう、もし従わなければ家康みずからも渡海すると伝えた。豊臣政権の最高責任者としての采配といえる。今一つ例がある。武功派諸将が三成を征伐する動きがあったとき、三成は、政権から排除したいと画策していた家康に保護を求めた。家康は私闘はよくないとして三成を伏見城に入れた。そのご、長男の秀康に三成を居城佐和山に送らせたのである。公儀（国家）の最高責任者として当然かもしれないが、武功派の諸将は家康の処置を受けいれたのである。

しかしすべての豊臣家臣が家康派ではなかった。三成側にくみして大坂城に集まってきたのは、宇喜多秀家・毛利輝元・上杉景勝・佐竹義宣・小西行長・長曽我部盛親の諸大名で、小西氏を除くと豊臣政権の外様大名で、毛利・上杉両氏は大老であった。秀吉取り立ての武功派諸将が家康派になって上杉征討軍に加わり、家康以外の大老が石田方についたのである。ところで三成が兵を挙げたため上杉征討軍は石田征討軍となり、問題は三成が諸将の妻子を人質にとっていることである。そこで家康派諸将を集め、石田方になってもかまわないと話をすると、福島正則は人質を捨ててもよい、今志をかえて三成にくみすることはできないと発言したという（「福島正則家譜」）。

そして関ヶ原の戦いでは小早川秀秋の裏切りで勝敗がきまるが、これにはあらかじめ工作がなされていた。そのことは、黒田長政・稲葉正成・平岡頼勝家の家譜に記述がある。「高山公実録」には、秀秋の裏切りについて「黒田筑前殿と高山様（高虎）と御両人の御才覚にて御引入れ候由」

とある。両者の努力あってか、合戦の前日、家康重臣の井伊直政と本多正信忠勝の血判の起請文が小早川陣地の稲葉正成・平岡頼勝に、今一つは南宮山に在陣する吉川広家のもとにもたらされた。前者については、裏切れば家康に二カ国の領地宛行状を出させること、広家には、本家にあたる毛利氏の領国を保証する御墨付を家康から出させる内容である。

天下分け目の関ヶ原の戦いの勝利によって家康は天下人となった。軍事力の基盤は三河譜代、松平一族、甲州武士などであるが、ゴールインの御輿（みこし）をかついだのは、秀吉取立ての武功派諸将たちであった。その功に報いるため、既述の家譜にみられるように、家康は領地の大盤振舞をした。これは同時に、かれらを豊臣大名から徳川大名として家康家臣団に編成したことになる。

おわりに

大学院生のとき『徳川家康文書の研究』の著者中村孝也先生から教えを受けて以来、戦国時代の徳川氏に興味をもち、三河から関東へ発展していく徳川領国の跡を歩いた。最初に興味をもったのは三河譜代と松平一族の歴史であった。そこで家康の先祖は源氏の系統ではなく偽系図を作ったこと、そして家康の家は松平氏の宗家ではなく、三河国安城で独立した別家であることもわかった。そのさい、在地で小さな城（家城）をもつ在地領主層が安城松平氏の家臣団に編入された。三河譜代の大半は安城譜代で家康家臣団の核となる。家康と三河譜代の結束は三河一向一揆の克服によって強められた。これが家康の天下取りの原点である。

本事典をまとめて思ったが、関ヶ原の戦いのあとの戦後処理で家康は、武功派の豊臣大名に旧領の二、三倍の領地高をだして、西日本に配置がえをした。これを単に家康の戦略とみるかどうかである。秀吉の死去後、家康与党というべき豊臣大名が家康の身辺を護衛して以来、家康をして関ヶ原の決戦に勝利せしめた。家康のかれらに対する恩義ははかりしれないものがある。三河譜代など中山道軍は、真田攻めで時間をかけ関ヶ原の決戦に間に合わなかったので、恩賞はすくなかった。「三河物語」の著者大久保彦左衛門はこれに憤慨しているが、これは致し方ないことであろう。

三河譜代は家康の三河統一の支えとなったが、天下分け目の関ヶ原の戦いでは武功派豊臣大名が家康の支えになったことにくやしい思いをさせられたであろう。家康に属した豊臣大名はそれぞれの思惑があったであろうが、統一政権を維持してくれる人は家康しかいないと考えていたのではあるまいか。家康のもつ先見性、質実剛健の気性は武功派諸将に好感をもたれたことであろう。

本事典では大方は『寛政重修諸家譜』・『寛政諸家系図伝』に依存せざるをえず、不十分な内容になってしまった。料理でいえば味付けが足りないというところであろうか。それにしても、前記の史料から引用したエピソードは、歴史の面白さを感じさせてくれるものがあると思う。この事典が少しなりとも読者の参考になれば幸いである。

本書の出版にさいしては、斡旋(あっ)の労をとっていただいた竹内誠氏、きびしい出版事情の折から出版していただいた株式会社東京堂、とくにいろいろとお世話になった林謙介氏に厚くお礼を申しあげたい。最後に私事になるが、パソコン原稿を作成してくれた妻千恵子の労に感謝したい。

ま

な

は

た

か

さ

◉ 索　引 ◉

あ

〈著者略歴〉

煎本　増夫（いりもと・ますお）

1930年、兵庫県神戸市生まれ。明治大学大学院修士課程修了。明治大学・國學院大學講師を歴任して、現在、相武歴史研究会代表。

【主な著書】『幕藩体制成立史の研究』（雄山閣）、『戦国時代の徳川氏』（新人物往来社）、『江戸幕府と譜代藩』（雄山閣）、『島原・天草の乱』（新人物往来社）など。

徳川家康家臣団の事典

2015年1月20日　初版印刷
2015年1月30日　初版発行

著　者　煎本増夫
発行者　小林悠一
DTP　株式会社明昌堂
印刷所　東京リスマチック株式会社

発行所　株式会社　東京堂出版
〒101-0051　東京都千代田区神田神保町1-17
03-3233-3741　振替　00130-7-270
http://www.tokyodoshuppan.com/

ISBN978-4-490-10859-0 C0521